AF558040

CHAOS

1. Auflage März 2024

Lektorat: Klara Louber
Satz und Layout: Mohn Media Mohndruck GmbH, Gütersloh
Umschlaggestaltung: Nicole Lechner

ISBN: 978-3-86445-990-0

Gerne senden wir Ihnen unser Verlagsverzeichnis
Kopp Verlag
Bertha-Benz-Straße 10
72108 Rottenburg
E-Mail: info@kopp-verlag.de
Tel.: (0 74 72) 98 06-10
Fax: (0 74 72) 98 06-11

Unser Buchprogramm finden Sie auch im Internet unter:
www.kopp-verlag.de

Peter Orzechowski

CHAOS

Die nächste Stufe der Angstmache hat begonnen

KOPP VERLAG

Inhalt

Vorwort

Wir fürchten das Chaos und sehnen uns nach Ordnung. Das scheint sich seit den Ursprüngen der Menschheit nicht verändert zu haben. Letztlich kann man »die großen intellektuellen Unternehmungen der Menschheit (Mythos, Religion, Philosophie, Wissenschaft, Kunst) allesamt als Bemühungen verstehen, Ordnung ins Chaos zu bringen«.[1] Im antiken Griechenland schlug sich dieser Versuch in dem Begriff »Kosmos« nieder, der die Welt als wohlgestaltete, systemische Ganzheit erfasste.

Nicht anders als ihre Vorfahren geraten auch die heutigen Menschen in Unruhe, wenn ihre Umwelt im Chaos versinkt, und in ihnen entsteht ein tiefes Bedürfnis nach Ordnung. Um diesem Phänomen nachzugehen, haben der Psychologe Diederik A. Stapel und der Soziologe Siegwart Lindenberg kürzlich die Frage untersucht, wie Menschen mit Chaos umgehen, das sie nicht selbst verursacht haben. Was machen sie, wenn sie sich in einem vermüllten Bahnhof oder einer chaotischen Straße befinden? Aus ihren Studien ergab sich die Antwort: Die Menschen schieben die Schuld für das Chaos auf andere und diskriminieren jene, die sie gemäß ihren Vorurteilen für die Schuldigen halten.[2] Dabei fallen sie in ihre altgewohnten Vorurteile zurück, und aus dem mühsam erreichten Miteinander wird ein Gegeneinander. Indem die durch das Chaos ausgelöste Angst die Menschen dazu verleitet, sich gegeneinander zu wenden, fördert Chaos die Spaltung einer Gesellschaft. Chaos befördert also das altrömische Herrschaftsprinzip des »Teile und herrsche«[3].

Der Psychologieprofessor Jürgen Kriz liefert dazu die theoretische Grundlage: »Wenn das Chaos durch die gewohnte Ordnung bricht, wird deutlich, wie die Stabilität unserer (Er-)Lebenswelt und die Strukturen unserer Kultur dem unvorhersehbaren Strom komplexer Naturvorgänge nur mühsam abgerungen sind. Wir sind keineswegs so sehr Herr in unserer Welt, wie uns das Alltagsbewusstsein vorgaukelt. Solche Einbrüche werden meist zunächst als Desaster erfahren: partieller Kontrollverlust, durchkreuzte Pläne, verlorene Fassung.«[4]

Weltwirtschaftsforum: »Polykrise« – Steuerung per Angst

Im mondänen schweizerischen Davos findet regelmäßig das Weltwirtschaftsforum (WEF) statt, wo sich unter dem Schutz von 5000 Sicherheitskräften 2500 sogenannte Philanthropen versammeln, um über das Schicksal der Welt zu beratschlagen. Da diese zu den reichsten und einflussreichsten Menschen auf der Erde gehören, finden ihre Treffen weltweit große Beachtung. Eingeflogen mit Hunderten von Privatjets, widmen sie sich Themen wie dem angeblich vom Menschen verursachten Klimawandel, Cyberbedrohungen oder vermeintlich tödlichen Viruspandemien. Nach der Konferenz werden ihre offiziellen Verlautbarungen dann über die Mainstream-Medien verbreitet und von den Regierungen umgesetzt. Dieses Vorgehen ließ sich in den vergangenen Jahren bestens beobachten.

Bei den letzten WEF-Sitzungen stand der Begriff »Polykrise« im Mittelpunkt, denn die Welt sei, so hieß es, von einer Vielzahl von Krisen betroffen. Als das unmittelbarste und schwerwiegendste globale Risiko betrachtet das WEF die Explosion der Lebenshaltungskosten. Dieses Risiko ist längst Wirklichkeit geworden, seitdem eine inszenierte Pandemie und der von 2014 an stetig ausgeweitete Ukrainekrieg die Energie- und Lebensmittelpreise in die Höhe schnellen ließen. Das

Ergebnis ist eine weltweite Lebenshaltungskostenkrise, die in einzelnen Ländern zu sozialen Unruhen führt.

So lautet jedenfalls die Vorhersage des WEF, die als »Global Risks Report 2023« der Öffentlichkeit vorgestellt wurde und zu dem Resultat kommt: Eine solche Polykrise könne katastrophale Folgen haben und auch bewaffnete Konflikte miteinschließen. Eine »Polykrise« sei »eine Ansammlung zusammenhängender globaler Risiken mit sich verstärkenden Auswirkungen, sodass die Gesamtauswirkungen die Summe der einzelnen Teile übersteigen«.[5]

Hintergrund des Reports war die jährliche »Umfrage zur Wahrnehmung globaler Risiken« (Global Risks Perception Survey, GRPS), die Erkenntnisse von über 1200 Experten aus dem vielfältigen Netzwerk des Forums zusammenführt.

Auf die Frage nach den größten kurz- und langfristigen Risiken nannten die Befragten – wie schon erwähnt – als unmittelbare Hauptgefahr die Lebenshaltungskostenkrise, sahen aber das größte Risiko in den kommenden 10 Jahren darin, dass die Klimakrise nicht eingedämmt werde. Die Mehrheit der Befragten der GRPS hatte auch wenig Hoffnung, eine schnelle Lösung für die zahlreichen Krisen zu finden, mit denen die Welt gerade konfrontiert ist. Danach gefragt, was sie in 10 Jahren erwarten würden, antworteten 20 Prozent, dass »progressive Kipppunkte und anhaltende Krisen zu katastrophalen Ergebnissen führen würden«.[6]

Bei der Präsentation des Global Risks Reports 2023 sagte die Geschäftsführerin des Weltwirtschaftsforums Saadia Zahidi, die Risiken, mit denen wir konfrontiert seien, würden sich im kommenden Jahrzehnt nur langsam verändern: »In 2 Jahren gehen die Experten immer noch davon aus, dass die Lebenshaltungskosten das größte Risiko auf der globalen Agenda sein werden. In 10 Jahren werden sechs der zehn schwerwiegendsten globalen Risiken in großem Maßstab vom Klima und von den damit verbundenen Umweltrisiken – wie beispielsweise der unfreiwilligen Migration – dominiert werden.«[7] Die Staats-

und Regierungschefs sähen sich mit mehreren gleichzeitig auftretenden Krisen konfrontiert, also im Grunde mit einer Polykrise. »Als wir die Führungskräfte fragten, was sie erwarten, sagten weit über 80 Prozent von ihnen, wir hätten es mit anhaltenden Krisen zu tun, die sich gegenseitig verstärken und immer unbeständiger werden. In 10 Jahren wird diese Zahl auf etwa 50 Prozent sinken.«[8] Interessant ist, wie hier das WEF den Staats- und Regierungschefs die politische Linie vorgibt.

Insgesamt sieht der WEF-Bericht die Hauptgefahr in der Überschneidung aktueller Risiken mit neu auftretenden Krisen und warnt, dass es bereits jetzt genügend Krisen gebe: Infolge des Bevölkerungswachstums und des sozioökonomischen Fortschritts steige die Nachfrage nach Lebensmitteln, Wasser und Energie; der Ausbau der erneuerbaren Energiesysteme führe zu einer noch nie da gewesenen Nachfrage nach seltenen Mineralien und Metallen; die Kluft zwischen Angebot und Nachfrage nach diesen Ressourcen könne katastrophale Folgen haben, etwa den Verlust der biologischen Vielfalt, den Zusammenbruch von Ökosystemen, Handelskriege sowie bewaffnete Konflikte zwischen Nationen.

Sind die vielen gleichzeitigen Krisen eine Chaosinszenierung?

Hier werden schwarzmalerisch Krisen über Krisen prophezeit, und das Chaos scheint vorprogrammiert zu sein. Schon vor 8 Jahren habe ich aufgezeigt, wie weltweit Chaos erzeugt wird.[9] In der Zwischenzeit haben die großen Entscheider – also diejenigen, die den Regierungen dieser Erde diktieren, wohin die Reise geht, und die sich gerne an Orten wie Davos treffen – den Turbo gezündet, um die alte Welt zu destabilisieren, und zwar vermittels der von der Weltgesundheitsorganisation (WHO) ausgerufenen Covid-19-Pandemie. Diese soll laut einer Organisation, die von der Pharmaindustrie finanziert wird, durch ein Virus ausgelöst worden sein, welches die Existenz aller Menschen bedrohe. Jetzt haben die Entscheider eine neue Lunte ins Feuer geworfen: weltweites Chaos.

Vor 8 Jahren war ich der Frage nachgegangen, ob diese global und zeitgleich stattfindenden Aktionen Teil eines großen Plans zur Neugestaltung der Welt sein könnten, und glaube, den Nachweis gefunden zu haben. Sehen wir uns die wichtigsten Fakten an, die ich in meinem damals erschienenen Buch ins Feld führe, und überprüfen wir, was sich seitdem verändert hat.

Im Kapitel »Globalisierung der Wirtschaft« hatte ich über die Sanktionen geschrieben, die die Konkurrenten der USA – China, Russland und die Europäische Union – schwächen sollen; diese Sanktionen sind in den letzten Jahren massiv ausgeweitet worden. Wenn wir uns nicht von dem Schauspiel einer neuerlichen Trennung der Welt in einen westlichen und einen östlichen Block täuschen lassen, sondern nach den wahren Ursachen für diese Blockbildung suchen, dann entdecken wir, dass die Motive hinter den Sanktionen über die wirtschaftliche Schwächung des Gegners weit hinausgehen. Wie bereits in Europa, am meisten aber in Ländern wie dem Iran, Syrien, Jemen und Kuba zu sehen ist, kommt es nämlich in denen des Konkurrenten bei Heizung und Nahrung sowie lebenswichtigen Medikamenten und dringend benötigten medizinischen Geräten zu Versorgungsengpässen. Kurzum: Die Sanktionen zielen auf die Bevölkerung ab. Die Engpässe destabilisieren die Gesellschaft, sodass diese zur Meuterei gegen die jeweilige Regierung angestachelt wird. Und damit steigt die Angst vor dem Chaos.

Vor 8 Jahren wies ich auch darauf hin, dass Chaos zu einer Destabilisierung der aufstrebenden Schwellenländer in Bezug auf die Rohstoffpreise führen soll, und siehe da: Die Ölexporteure Brasilien, Venezuela und Nigeria stecken immer noch in einer Wirtschaftskrise, und die Lage in Nahost hat sich seit 2016 sogar noch verschärft. Der am 7. Oktober 2023 ausgebrochene Krieg stürzt nun die gesamte Region ins Chaos, verursacht gigantische Flüchtlingsströme nach Europa und bedroht die Versorgung der Welt mit arabischem Öl. Ich werde die Auswirkungen dieses Krieges auf unsere Versorgung mit lebenswichtigen Ressourcen in diesem Buch ausführlich besprechen.

In dem Kapitel »Die Destabilisierung Europas« hatte ich beschrieben, wie wirtschaftlich wichtige Konkurrenzstaaten durch einen Massenansturm von Flüchtlingen in Unruhe versetzt werden. Mein damaliges Resümee lautete: »Mit dieser Migrationswaffe wird das Zentrum der EU – die wirtschaftlich stärkste Zone der alten EWG-Staaten Deutschland, Frankreich, Italien und Benelux – geschwächt und destabilisiert. Zusammen mit den Zuwanderern sickern Terroristen – oder besser: Söldner verschiedener Geheimdienste – in die schon instabilen Länder. Der Terror wird zum Alltag. Terroranschläge gefährden die innere Sicherheit. In Europa drohen Bürgerkrieg und Chaos wie in Nahmittelost.«[10] Die Ereignisse der letzten 8 Jahre haben diese Aussage bestätigt, und die aktuelle Entwicklung, die ich im Folgenden aufzeigen werde, weist auf eine Zunahme der Bedrohung hin – vor allem in Deutschland, Benelux, Frankreich, Italien und Großbritannien, also im industriellen Norden Europas, der mit Ausnahme von Großbritannien die EU finanziert.

Interessant ist auch, was aus der zunehmenden Umzingelung Russlands geworden ist, die ich damals vermutet hatte: Es werden »Kriegsvorbereitungen getroffen, um die beiden wichtigsten Herausforderer der US-Hegemonie, China und Russland, zu bedrohen und gegebenenfalls anzugreifen.«[11] Heute wissen wir, wie sehr diese Aufrüstung gegen Russland und China vorangetrieben wurde, und ich werde in diesem Buch Fakten dafür vorlegen, weshalb die beiden Großmächte des Ostens allen Grund haben, um ihre Sicherheit besorgt zu sein und einen Angriff durch die USA und ihre Verbündeten zu befürchten. Eines hat die Aufrüstung an den Grenzen zu Russland und China bereits gebracht: Unruhe und Anspannung.

Als weitere Aktionen führte ich in meinem Buch von 2016 an: die Zerstörung der alten Ordnung der nah- und mittelöstlichen Nationalstaaten, die Ausbeutung Afrikas und die Rückeroberung Südamerikas.

Heute sehen wir: Die Zerstörung der bisherigen Ordnung im Nahen Osten ist seit dem 7. Oktober 2023 in eine neue, gewaltsamere Phase eingetreten; ich werde die dortige Situation unter anderem aus der ungewöhnlichen Perspektive eines bekannten Russen beleuchten. In Afrika versuchen die westlichen und östlichen Finanzimperien, sich die Energie- und Rohstoffquellen zu sichern. Und auch die Bemühung von US-Unternehmen um eine Rückeroberung Südamerikas hat sich kurz vor Fertigstellung dieses Buches erneut bestätigt, als in Argentinien ein neuer – vom WEF geförderter – Präsident ins Amt gewählt wurde, der die Währung des Landes auf den Dollar umstellen und sich ganz unter die amerikanischen Fittiche begeben will.

Damals kam ich zu dem Schluss: »Alle diese Aktionen zeigen, dass es einen Masterplan geben muss. Dieser Plan sieht vor, zuerst globales Chaos zu stiften. In dieser Phase befinden wir uns jetzt. Drahtzieher im Hintergrund sind die Netzwerke, die im Auftrag des militärisch-industriellen Komplexes die Regierung des Welt-Hegemons, also der USA, führen.«[12] Seit 2016 ist klar, dass Chaos nicht nur geplant ist, sondern bereits gestiftet wird. Neu hinzugekommen sind globale Aktionen wie Versorgungsengpässe und Kriege, die die bereits vorhandenen Brandherde zu einem weltweiten Chaos ausweiten können.

2016 war ich zu dem Schluss gekommen, dass die »zweite Phase des Masterplans […] noch nicht eingetreten [ist]. Sie wäre erreicht, wenn neue Staatengebilde und Einheiten entstehen, die bisherige nationalstaatliche Strukturen ablösen. Am Ende der Entwicklung stünde die Eine-Welt-Regierung.«[13] Mit dem vorliegenden Buch möchte ich den Nachweis erbringen, dass wir mittlerweile in der zweiten Phase dieser Entwicklung angekommen sind. Während sich die bisherigen nationalstaatlichen Strukturen in den nächsten Monaten und Jahren allmählich auflösen werden, werden die Globalisten, also die wenigen tausend Entscheider in den weltweit operierenden Banken und Unternehmen, ihren Machtanspruch immer offener geltend machen. Dabei wird zunehmend das Säen von Chaos zum Einsatz kommen: Am augenscheinlichsten durch die unkontrollierte Zuwanderung, die neuerdings in Deutschland und in Österreich durch das Entstehen von Subkulturen (Clans und Gangs) zu bürgerkriegsähnlichen Zuständen führt, doch auch durch die Entstehung rechtsfreier Räume, weil sich die Polizei aus ganzen Stadtvierteln zurückzieht. Hinzukommen werden das blitzartige und unbefristete Aussetzen von bestehenden Gesetzen, die Unterbrechung globaler Lieferketten sowie der wirtschaftliche Ruin von Teilen der Industrie und des Mittelstandes, wie wir es während des Coronalockdowns erlebt haben.

Ebenfalls gefasst machen sollten wir uns auf die bereits eingeleitete Destabilisierung der Stromversorgung: Infolge des Ausbaus fluktuierender Stromerzeugung (Windkraft- und Photovoltaikanlagen) bei gleichzeitiger Digitalisierung sowie Forcierung neuer Verbraucher wie Wärmepumpen und Elektrofahrzeuge drohen Stromnetze zusammenzubrechen und damit alle wichtigen Dienstleistungen unserer modernen Gesellschaft auf unbestimmte Zeit gleichzeitig zum Erliegen zu kommen. Wie katastrophal die Folgen wären, kann man sich leicht ausmalen.

Last, but not least wird Chaos in unserem Denken erzeugt: Während Bestehendes abgeschafft wird, werden absurde Wertvorstellungen propagiert und alternative Lebensformen etabliert. Augenfällige Beispiele dazu werde ich im zweiten Kapitel anführen.

Am Ende von Recherchen fragt man sich immer: Und nun? Aus den im Folgenden dargelegten Fakten und Entwicklungen geht deutlich hervor, dass es in den folgenden Monaten und Jahren zu immer mehr Chaos kommen wird. Wie gehen wir damit um? Genügt es, seinen Vorratskeller zu füllen und sich zufrieden zurückzulehnen? Am Ende des Buches versuche ich, ein paar Antworten auf diese Fragen zu geben.

KAPITEL 1

Chaos – die Waffe der Wahl

Die meisten Menschen sehnen sich nach Ruhe, Frieden und Sicherheit. Doch die Medien berichten vom genauen Gegenteil: Kriege brechen aus; Truppen und Waffen werden mobilisiert; Terroristen bomben unschuldige Menschen in den Tod; Staaten versinken in blutigen Bürgerkriegen; ganze Völker begeben sich auf Wanderschaft; Wirtschaften brechen zusammen; die Versorgung mit Nahrung und Energie ist ungewiss geworden. In einer derart chaotischen Welt scheinen Ruhe, Frieden und Sicherheit nicht mehr möglich zu sein. Doch dieses Chaos wird absichtlich herbeigeführt, ja regelrecht inszeniert. Denn Chaos erzeugt Angst, und Angst lähmt, macht uns gefügig und treibt uns in die Arme mächtiger Retter.

Ein erstes Beispiel dafür ist die »Überflutung der wirtschaftlich wichtigen europäischen Staaten Frankreich, Benelux, Deutschland und Italien mit Flüchtlingen«[14]. Da ich im dritten Kapitel ausführlich darauf eingehen werde, möchte ich mich hier auf ein paar entscheidende Beispiele für das bereits erzeugte Chaos konzentrieren. Allein seit 2015 geben die offiziellen Zahlen mehr als 2 Millionen Einwanderer nach Deutschland an, ganz zu schweigen von der halben Million nicht registrierter Flüchtlinge, die in den Akten keiner Behörde auftauchen.

In den Jahren 2022 und 2023 kamen noch einmal eine halbe Million Afrikaner dazu, die auf der Südroute über Libyen und Italien nach

Europa vordringen und vor allem aus Westafrika – Gambia, Nigeria, dem Senegal und von der Elfenbeinküste – stammen. Als klassische Wirtschafts- und Sozialmigranten machen sich die meisten von ihnen infolge Überbevölkerung, Armut und Perspektivlosigkeit auf den Weg. Seit Oktober 2023 fliehen Palästinenser vor dem Blutbad im Gazastreifen, und vom 1. Januar 2024 an wird Hunderttausenden Afghanen von Pakistan das Bleiberecht verwehrt. Mit dieser Migrationswaffe wird Europa destabilisiert, und die Konflikte in den Herkunftsländern der Migranten werden auf europäischen beziehungsweise deutschen Straßen ausgefochten.

Ein zweites Beispiel für den Weg ins Chaos sind die zeitgleich verordneten Sanktionen gegen Konkurrenzländer wie Russland und China, durch welche nicht nur die Wirtschaft der europäischen Staaten geschwächt wird, sondern Energie- und Versorgungsengpässe vorprogrammiert sind. Mehr dazu im vierten Kapitel.

Diesem Punkt schließt sich nahtlos die ständige Gefährdung der Energiequellen an, denn die erdölfördernden Schwellenländer geraten aus dem Gleichgewicht: In Venezuela schwelt ein Bürgerkrieg zwischen rechten und linken Kräften; in Nigeria »kämpft die Regierung des 180-Millionen-Volkes nicht nur mit einer wirtschaftlichen Stagnation, sondern auch noch gegen islamistische Terroristen, beides mit bescheidenem Erfolg«.[15] Der Irak und Libyen, zwei weitere Ölstaaten, sind durch die militärischen Angriffe der westlichen Mächte zerstört worden, sodass dort anstelle einer funktionsfähigen Regierung Chaos herrscht. Und seit dem Angriff der palästinensischen Terrorgruppe Hamas auf Israel am 7. Oktober 2023 ist zu befürchten, dass dem gesamten Nahen Osten ein ähnliches Schicksal droht. Sollte der Iran in den Krieg eingreifen, wird er vermutlich die Seestraße von Hormuz im Persischen Golf blockieren und damit ein Fünftel des Weltölhandels stoppen. Weniger Öl bedeutet immer eine enorme Preissteigerung bei allen Gütern, denn zum globalen Güteraustausch benötigt man große Mengen Öl, schließlich kommt man da mit dem Lastenfahrrad nicht weit. Mit steigenden Preisen nimmt die Armut zu, Menschen hungern, und die alte Ordnung zerbröselt.

Auch unser nächstes Beispiel findet simultan statt: die Vorbereitungen für einen eventuellen Krieg, jedenfalls als Drohung, gegen die beiden wichtigsten Herausforderer der US-Hegemonie, China und Russland. Diesbezügliche Aktionen und Prozesse werden im fünften Kapitel ausführlich beschrieben. Sogar ein umfassender Krieg ist nicht mehr auszuschließen, der freilich das ultimative Chaos bedeuten würde.

Die Anstifter

Die Destabilisierung nimmt also auf der ganzen Welt zu, und in ihrem Schlepptau schwimmen Chaos und Angst. Stimmt es also, dass wir von einer plötzlich hereingebrochenen Polykrise heimgesucht werden, vor der das WEF warnt? Oder sind diese Krisen bewusst herbeigeführt worden? Und wenn ja, wer sät diesen Unfrieden?

Über unsere Köpfe hinweg kontrollieren nicht gewählte Menschen und Organisationen die Regierungen der Länder. Diese Machtelite habe ich in meinen letzten Büchern ausführlich dargestellt: die Bilderberg-Gruppe, verschiedene Round-Table-Organisationen wie beispielsweise der Entrepreneurs' Roundtable, höchst einflussreiche Denkfabriken wie das Council on Foreign Relations, dem die deutsche Stiftung Wissenschaft und Politik entspricht, transatlantische Netzwerke wie der German Marshall Fund oder mächtige Einzelpersonen wie Bill Gates, Larry Fink und George Soros beziehungsweise Clans wie die Rothschilds oder Rockefellers.

Dennoch möchte ich hier eine Organisation hervorheben, denn sie ist für unsere Fragestellung nach den Chaosauslösern von enormer Wichtigkeit: das National Endowment for Democracy (NED, »Nationale Stiftung für Demokratie«). In Ronald Reagans Regierungszeit auf einen Vorschlag des damaligen CIA-Chefs William Casey hin gegründet, entspricht das NED der Beschreibung eines seiner Mitgründer, des im Juni 2015 verstorbenen Historikers Allen Weinstein: »Vieles, was wir [das NED, Anm. d. Verf.] heute tun, tat vor 25 Jahren verdeckt die CIA.«[16]

Aus einem inzwischen deklassifizierten Dokument vom Juni 2015 mit dem Titel »Management Assistance Report: Oversight of Grants to the National Endowment for Democracy« (»Übersicht über Zuschüsse für das NED«) geht hervor, dass das NED von 2006 bis 2014 allein vom US-Außenministerium 963 Millionen Dollar erhalten hat,[17] also allein an vom amerikanischen Kongress autorisierten Geldern ohne Berücksichtigung von Spenden. Das ist viel Geld für eine – nach eigener Darstellung – private Non-Profit-Organisation, die sich – ebenfalls laut Selbstaussage – der Förderung und Konsolidierung demokratischer Einrichtungen auf der ganzen Welt widmet und mehr als tausend Zuschüsse jährlich vergibt, um Initiativen von Nichtregierungsorganisationen (NGOs) in mehr als neunzig Ländern zu unterstützen.

William Engdahl kommt in seinem Buch *Die Denkfabriken* zu folgendem Ergebnis: »Zusammen mit der regierungseigenen NGO Freedom House und verschiedenen lokalen Ablegern von Soros' Open Society Foundations war das NED ab dem Jahr 2000 zentral an jeder wichtigen vom US-Außenministerium unterstützten Destabilisierungsorganisation – genannt ›Farbrevolution‹ – beteiligt: in Jugoslawien, der Ukraine, Georgien, Weißrussland, Iran, China, Myanmar und Venezuela sowie beim Arabischen Frühling in Tunesien, Ägypten und Syrien.«[18]

Neben dem NED möchte ich noch eine zweite Organisation vorstellen, die unter dem Radar der Öffentlichkeit operiert: die Fabian Society, welche Ioan Ratiu auf den über 500 Seiten seines Buchs *The Milner-Fabian Conspiracy – How an International Elite is Taking Over and Destroying Europe, America and the World* vorstellt.[19] Die Fabian Society wurde 1884 in London gegründet, um »eine größere Gleichheit von Macht, Wohlstand und Chancen, den Wert kollektiven Handelns und öffentlichen Dienstes, eine verantwortliche, tolerante und aktive Demokratie, Bürgerrechte, Freiheit und Menschenrechte, nachhaltige Entwicklung und multilaterale internationale Zusammenarbeit zu fördern«.[20]

Das Logo der Fabian Society, eine Schildkröte, stand für die Vorliebe der Gruppe für einen langsamen, unmerklichen Übergang zum Sozialismus, während ihr Wappen, ein Wolf im Schafspelz, ihre bevorzugte Methode zur Erreichung ihres Ziels darstellte. Zu den illustren Mitgliedern der Gesellschaft gehörten Dramatiker, Eugeniker, Theosophen und Freimaurer wie George Bernard Shaw und Annie Besant, die als britische Doyenne der Gesellschaft den ersten Premierminister des unabhängigen Indiens, Jawaharlal Nehru, beriet, der ebenfalls ein Fabianer war; und Lee Kuan Yew, der erste Premierminister von Singapur, soll zugegeben haben, dass seine anfängliche politische Einstellung vom Fabianismus geprägt war.

Mit den üppigen Geldern der anglo-amerikanischen Oligarchie gründete die Gesellschaft renommierte Hochschulen wie die London School of Economics, das Imperial College (genau jene Universität, die falsche Modellrechnungen zu Beginn der Pandemie veröffentlichte, die als Begründung für die Lockdowns dienten), die London Business School sowie eine Vielzahl von Denkfabriken, Interessengruppen und Geheimgesellschaften. Die Fabianer hatten sogar 200 Abgeordnete im britischen Unterhaus. Mit einem solchen Einfluss spielten sie natürlich eine wichtige Rolle bei der Gestaltung globaler Angelegenheiten – bis hin zur Gründung der Vereinten Nationen und darüber hinaus.

Die Tatsache, dass sich die Fabian Society von Anfang an für die Abschaffung des Privateigentums an Grund und Boden einsetzte, erinnert uns an das Weltwirtschaftsforum, das uns wissen ließ, wir würden bis 2030 »nichts besitzen und glücklich sein«. Doch damit hören die Ähnlichkeiten nicht auf. Auch die Idee des Fabianers George Bernard Shaw, die »nutzlosen Esser«[21] (»useless eaters«) abzuschaffen, wurde von Yuval Noah Harari, dem führenden Ideologen und Berater des WEF, aufgegriffen.[22]

Die Strategie der Fabianer ist zweigleisig: Während sie ihrer Ideologie mit geeigneten Wirtschaftstheorien eine wissenschaftliche Grundlage verleihen, haben sie mithilfe von akademischen Einrichtungen, Denkfabriken und angesehenen Stipendien mehrere Generationen von hohen Beamten und nationalen Führungskräften ausgebildet, die darauf programmiert sind, die fabianische Politik umzusetzen. Erinnert dies nicht an die offenkundige Prahlerei eines Klaus Schwab, sein WEF beherrsche vermittels junger globaler Führungspersönlichkeiten die nationalen Kabinette weltweit?

Wer gibt Gesellschaften wie dem NED oder der Fabian Society die Richtung vor? Denn die zahlreichen transatlantischen Organisationen sind ja nicht die eigentlichen Drahtzieher, sondern nur deren Propagandisten. Wer steht ganz oben auf dem Kommandodeck? Bei der Beantwortung dieser Frage stoßen wir auf folgende Akteure:

- die Wall Street und die westlichen Großbanken mitsamt ihren Offshore-Geldwäsche-Einrichtungen, Steueroasen, Hedgefonds und Geheimkonten;
- der militärisch-industrielle Komplex, mitsamt seinen Sicherheits- und Söldnerunternehmen und Geheimdienst-Tarnfirmen;
- die angloamerikanischen Erdöl- und Energiekonzerne;
- die Biotech-Großkonzerne, die zunehmend die Landwirtschaft und die Nahrungskette kontrollieren;
- die großen Pharmakonzerne sowie
- die Kommunikationsgiganten und Medienkonzerne.

Diese hier aufgeführten Akteure beeinflussen die westlichen Regierungen und ihre Geheimdienste. Die staatlichen Strukturen haben sich in Richtung dessen entwickelt, was der viel beachtete amerikanische Politanalyst Peter Dale Scott im Jahr 2014 in seinem Buch *The American Deep State* als den »tiefen Staat« (»Deep State«)[23] bezeichnet. Im Buch kommt Scott zu dem Schluss, dass eine geheime Regierung aus

Denkfabriken, Ausschüssen und beratenden Gremien existiert. Sie trifft die wichtigen Entscheidungen im Sinne der Unternehmen. Gleichzeitig infiltrieren nachrichtendienstliche Akteure zunehmend die Vereinten Nationen und ihre Unterorganisationen. Sie durchsetzen Nichtregierungsorganisationen (NGOs), Gewerkschaften und politische Parteien mit ihren Verbindungsleuten.

Entscheidungen, die vom Wirtschaftsestablishment hinter verschlossenen Türen getroffen wurden, werden dann von diesen Vertrauensleuten in den jeweiligen Regierungen und Parlamenten umgesetzt. Dazu ist es wichtig, bei Abstimmungen zu einer absoluten Parteidisziplin zu gelangen und Personen in die Spitzenpositionen der Parteien zu hieven, die die Vorgaben pflichtschuldigst umsetzen. Dafür ist der bereits erwähnte Ausspruch des WEF-Vorsitzenden Klaus Schwab, seine Organisation habe viele entscheidende Positionen in den nationalen Regierungen besetzt, nur ein Beispiel. Auch die Investmentfirmen und Banken haben in der Spitze ihre Leute platziert. Man denke nur an den französischen Präsidenten Emmanuel Macron, der im Jahr 2012 für seinen Arbeitgeber, die Investment-Bank Rothschild, eine der größten Übernahmen des Jahres – den Kauf der Babynahrungssparte des US-amerikanischen Konzerns Pfizer durch Nestlé – für 11,9 Milliarden US-Dollar einfädelte, oder an den CDU-Vorsitzenden Friedrich Merz, der zuvor Deutschland-Chef von BlackRock war, oder an die AfD-Politikerin Alice Weidel, die sowohl für Goldman Sachs als auch für Allianz Global Investors gearbeitet hat. Doch selbst Politiker ohne besondere Nähe zu Banken und Unternehmen sind für die ausgegebene Marschrichtung leicht zu begeistern, denn es locken Privilegien, Status und ein höherer Verdienst, als ihn die meisten Politiker in der Wirtschaft je erzielen könnten, sowie eine stattliche Pension, die das Gehalt von mehr als 90 Prozent der deutschen Bevölkerung übersteigt. Aus den Meldungen der letzten Jahre ist überdies ersichtlich, dass neben Vernetzungen und Verlockungen auch das Mittel der Erpressung bestens geeignet ist, um einen Politiker auf Linie zu bringen. Zur Abschreckung der Abweichler kommt es mitunter sogar zu unerklärlichen Suiziden, Unfällen oder Herzstillständen, wobei der Justizapparat die Legitimität der politischen Entscheidungen dann sicherstellt.

Die Medienkonzerne schließlich fungieren als Propagandamaschine: Ihre Aufgabe besteht darin, die Maßnahmen der Regierungspolitik als Erfolg zu präsentieren oder aber durch einen Medienrummel, um unbedeutende Ereignisse oder Personen abzulenken.

Die Blaupause

Um ein Dogma wie etwa jenes des menschengemachten Klimawandels oder der plötzlich schuldlos über uns hereingebrochenen Polykrise zu rechtfertigen, bedarf es immer einer passenden wissenschaftlichen Untermauerung. Diese wird in der Regel von einflussreichen Professoren geliefert, die von der Öffentlichkeit nicht der Parteilichkeit verdächtigt, sondern als der Wissenschaft verpflichtet betrachtet werden. So hatte sich Adolf Hitler beispielsweise des Geopolitikers Karl Haushofer von der TU München bedient.

In den USA gibt es mehrere sogenannte Berater, die diese Funktion wahrnehmen. Im Sommer tat sich Professor Samuel Huntington von der Harvard-Universität hierin hervor, als er in der Zeitschrift *Foreign Affairs*[24] eine These über das neuartige Phänomen des »Zusammenpralls der Kulturen« (»Clash of Civilizations«, im Deutschen ungenau als »Kampf der Kulturen« übersetzt) publizierte, mit der er großes internationales Aufsehen erregte, weshalb er dem Aufsatz 1996 ein Buch mit dem Titel *The Clash of Civilizations and the Remarking of World Order*[25] folgen ließ.

Der amerikanische Politologe behauptet, die »Kulturen der Erde, die bisher unter der westlichen Übermacht mehr ein Leben als Kolonialstaaten und nicht als eigenständige Zivilisationen geführt haben, würden ihre kulturellen, ethnischen und religiösen Identitäten wiederentdecken. Gewaltsame Auseinandersetzungen würden nicht länger auf der Grundlage von politischen oder wirtschaftlichen Unterscheidungsmerkmalen geführt werden, sondern die entscheidenden Trennlinien und Konfliktursachen würden kultureller, letztlich religiöser Art sein. An die Stelle des Kampfes der Supermächte und der Blockkonfrontationen trete das Aufeinanderprallen der Kulturen beziehungsweise der Konflikt der ›Kernmächte‹ der Großkulturen.

Die bisherige Vormachtstellung des westlichen Kulturkreises sieht der Politologe durch ein antiwestliches Bündnis der islamischen und der sinisch-konfuzianistischen Großkultur bedroht, wobei er die slawisch-orthodoxe Region und Japan als potenzielle Verbündete des Westens und eventuelle Brücken zur asiatischen Welt sieht. Wichtig ist, dass Huntington die westliche Gemeinschaft auf den christlich-abendländischen Westen begrenzt, der Westeuropa, Nordamerika, Australien und Neuseeland einschließt, nicht aber die OECD-Mitglieder Japan, Südkorea, Mexiko und die Türkei; auch Israel zählt er nicht zum Westen.«[26]

Huntingtons Kernaussagen

Huntingtons These vom »Clash of Civilizations« beruht auf vier Kernpunkten:

- es gebe unterschiedliche Zivilisationen;
- das Aufeinanderprallen dieser Zivilisationen führe zu einer neuen Form von Konflikt;
- diese Konfliktform sei kulturell determiniert;
- die Frontlinien zwischen den Zivilisationen wären die »Schlachtfelder« der Zukunft.

Um Huntingtons Hintergrund zu verstehen, müssen wir zunächst die von ihm verwendeten Grundbegriffe »Kulturkreis« und »Kernstaat« erläutern, wie ich sie 2013 in meinem Buch *Am Vorabend des Dritten Weltkrieges* vorgestellt habe:

»Kulturkreise sind nach Huntington die größten kulturellen Einheiten in der Welt, die ultimativen menschlichen Stämme, die zu keiner Einheit mehr zusammengefasst werden können, allerdings etliche Untereinheiten besitzen, beispielsweise Dörfer, Regionen, ethnische Gruppen, Nationalitäten, religiöse Gruppen. Sie definieren sich über bestimmte Merkmale, die alle im jeweiligen Kulturkreis lebenden Menschen gemeinsam haben. Hierzu zählen ›Herkunft, Religion, Sprache, Geschichte, Werte, Sitten, Gebräuche und Institutionen‹. Dementsprechend gehört zu jedem Kulturkreis eine gewisse Anzahl von Staaten, welche aufgrund ähnlicher Merkmale ein Zusammengehörigkeitsgefühl besitzen. Innerhalb der Kulturkreise entsteht die ›allgemeinste Ebene der Identifikation‹, die als Quelle der Selbstidentifikation und der gleichzeitigen Abgrenzung gegenüber den anderen dient. Dies gipfelt bei Huntington in einem Gegenüber von ›wir‹ und ›sie‹: die eigene, vertraute Kultur auf der einen, die fremde, unbekannte, unheimliche Kultur auf der anderen Seite.« Das entscheidende Merkmal eines Kulturkreises ist die Religion, denn »letztlich definieren sich Menschen über ihren Glauben«. Huntington zufolge ist »›Religion kein kleiner Unterschied [...], sondern vielmehr der wahrscheinlich tiefgreifendste Unterschied, den es zwischen Menschen geben kann‹.« Kernstaaten innerhalb dieser Kultur sind diejenigen, welche aufgrund einer lokalen Vormachtstellung gegenüber den anderen Staaten ihres Kulturkreises die Führung übernehmen und somit die Kapazität haben, zwischen den Staaten ihrer kulturellen Einflusssphäre für Frieden und Ordnung zu sorgen. »Kernstaaten werden zum ›Hauptpool für Anziehung und Abstoßung‹ und die handelnden Kräfte, welche über die neue Weltordnung entscheiden werden.«[27]

Die Kulturkreise der Welt

Huntington teilt die Welt in seinem Buch in sieben Kulturkreise ein:

- den sinischen Kulturkreis mit dem Kernstaat China, der die Kultur Chinas, der chinesischen Gemeinschaft in Südostasien und außerhalb von China sowie die verwandten Kulturen Vietnams und Koreas umfasst.
- den hinduistischen Kulturkreis, der zwar über den indischen Kernstaat hinausgeht, vor allem aber auf den indischen Subkontinent konzentriert ist.
- den japanischen Kulturkreis, der sich dadurch auszeichnet, dass er auf einen einzigen Staat, Japan, begrenzt ist, der zugleich Kernstaat ist.
- den islamischen Kulturkreis, dem das Nationalstaatliche stets fremd war, weshalb seine Grenzen nur schwer zu ziehen sind. Huntington zählt die arabische Halbinsel, Nordafrika, zentral- und südostasiatische Gebiete sowie Teile des indischen Subkontinents dazu. Bisher ohne Kernstaat, sieht Huntington in »The Clash of Civilizations« als potenzielle Führungskräfte Indonesien, Ägypten, Iran, Pakistan, Saudi-Arabien und die Türkei.
- den westlichen Kulturkreis mit drei Schwerpunkten: Europa mit den Kernstaaten Deutschland und Frankreich, Nordamerika sowie Lateinamerika, wobei sich dieser Kontinent nur bedingt dem Westen zurechnen lässt; richtiger wäre es wohl, ihn als eigenen Kulturkreis zu betrachten.
- den afrikanischen Kulturkreis, der dieser Liste von Huntington nur mit einem Fragezeichen hinzugefügt wird, da Teile Afrikas bereits zu anderen Kulturen wie beispielsweise der islamischen gehören. Ein Kernstaatkandidat wäre hier Südafrika.
- den slawisch-orthodoxen Kulturkreis mit Russland als Zentrum.

Mit seiner Annahme, dass es zwischen diesen Kulturkreisen und besonders zwischen deren Kernstaaten zu Konfrontationen kommen werde und die Reaktionen auf die bislang so dominante Position der westlichen Kultur mit dem Ende des Kalten Krieges immer heftiger und aggressiver werden würden, hat Huntington tatsächlich die aktuelle Entwicklung vorweggenommen. Die westliche Kultur habe sich in alle nicht westlichen Kulturen hineingegraben und sei eine Zeit lang sogar im Begriff gewesen, diese von innen her auszuhöhlen. Der Westen wollte seine Ideale verbreiten und sich für das universell Beste verkaufen. Doch was für den Westen Modernisierung heiße, bedeute für alle anderen Kulturen Imperialismus, woraus als natürliche Reaktion eine unterschiedlich dosierte Abkehr vom Westen erfolge.

Der Politologe beobachtete eine erhebliche Orientierungslosigkeit der Nationen, die nach neuen Bündnispartnern und Zuordnungspunkten suchen, welche seiner These zufolge kultureller Art sein werden. »Handlungsmuster« würden in zunehmendem Maße »von Kulturmustern geprägt« und insbesondere Freund-Feind-Schemata von kulturellen, ethnischen und religiösen Faktoren bestimmt werden. Die Religion werde den wichtigsten Einfluss haben, ja es sei sogar eine »weltweite Renaissance der Religion« zu erwarten.[28] Huntington behauptet jedoch keineswegs, kulturelle Kontexte würden zukünftig die alleinige Ursache für Konflikte sein, sondern Staaten würden ihre Entscheidungen weiterhin nach Macht- und Sicherheitsfaktoren treffen.

Folgt man den Thinktanks in Washington, so erhärtet Huntington nur die Vorhersagen von Militärs, Rüstungskonzernen und Geheimdiensten seit Ende des Kalten Krieges: Der industrialisierte Norden kämpft ums Überleben gegen den aufbegehrenden Süden, der sich seine Frontkämpfer aus den geburtenstarken Jahrgängen der islamischen Länder holt.

Den Zündstoff in diesem Konflikt liefert der Rohstoff, den die reichen Nordlichter brauchen und den die gereizten Moslems besitzen: Öl. Der verstorbene geopolitische Vordenker der US-Außenpolitik,

Zbigniew Brzeziński, sprach von einer geopolitischen Konfliktzone, dem »eurasischen Balkan« als dem »Hexenkessel« der nächsten Jahre, wie er es in seinem Buch *Die einzige Weltmacht* nennt. »Eurasien ist somit das Schachbrett, auf dem der Kampf um globale Vorherrschaft in Zukunft ausgetragen wird.« Zwischen den westlichen (Westeuropa) und östlichen (Südostasien, Japan) Randgebieten erstreckt sich Brzeziński zufolge ein »gewaltiger, dünn besiedelter, derzeit politisch instabiler Raum« (Russland). »Südlich von diesem großen zentraleurasischen Plateau liegt eine politisch anarchische, aber an Energievorräten reiche Region.«[29] Um diese Region – die ehemaligen muslimischen Südstaaten der UdSSR – werde das globale Schachspiel gehen. Die Spieler: West gegen Ost, genauer: USA und Europa gegen China (plus die islamischen Staaten?).

In diesem globalen Schachspiel sind die Europäer für die Amerikaner der große Unsicherheitsfaktor. So schreibt Robert Kagan, ein Mitglied des Council on Foreign Relations, die USA müssten bei der Ausübung ihrer Weltherrschaft wohl ohne die Europäer auskommen, denn die seien von der Venus, die Amerikaner vom Mars. Anders ausgedrückt: Europa stehe mit seiner Appeasement- und Friedenssehnsuchtspolitik immer mehr im Gegensatz zur amerikanischen Hegemonie.[30]

Aber es muss gar kein Kampf der Kulturen ausbrechen, eine Völkerwanderung aus Arbeitsmangel genügt: Über eine Milliarde Menschen, also ein Siebtel der Weltbevölkerung, hat weniger als einen US-Dollar pro Tag zur Verfügung und lebt damit unterhalb der Armutsgrenze. 700 Millionen Menschen in der Dritten Welt suchen Arbeit, und so wandern rund 75 Millionen jedes Jahr als Fremdarbeiter in andere Länder ab. Eine Studie des US-Instituts Population Action International zeigt, dass weltweit 125 Millionen Menschen nicht in ihrem Heimatland leben, denn immer mehr sind vor Krieg, Unterdrückung und Armut auf der Flucht.[31] Diese moderne Völkerwanderung ist zum globalen Konfliktherd dieser Zeit geworden, und ihr Sprengstoff explodiert bereits heute in Auseinandersetzungen zwischen Einwanderern und nationalistischen Bewegungen, wie sie in Amerika, in Japan und Europa gleichermaßen anzutreffen sind.

Die geistigen Väter

Neben Samuel Huntington gibt es einen weiteren Vordenker, dessen Wirkung auf die politische Elite des Westens viel zu wenig beachtet wird: der politische US-Philosoph Leo Strauss (1899–1973). Zwar war er der größeren Öffentlichkeit unbekannt, formte aber Studenten, die später großen Einfluss auf die US-Politik ausüben sollten.

Als die amerikanische Presse im Jahr 2003 begann, die sogenannte »Chaostheorie« des Leo Strauss publik zu machen, reagierte das Weiße Haus mit dem Slogan des »Konstruktiven Chaos«, was bedeuten sollte, dass man unterdrückende Strukturen zerstören würde, damit Leben ohne Einschränkung entstehen könne. Aber weder Leo Strauss noch das Pentagon hatten je zuvor diesen Begriff verwendet. Im Gegenteil, ihrer Meinung nach sollte das Chaos so sein, damit sich nichts strukturieren könnte, abgesehen von dem Willen des Schöpfers der neuen Ordnung, den Vereinigten Staaten.

Das Prinzip dieser strategischen Doktrin lässt sich so zusammenfassen: Das Einfachste, um natürliche Ressourcen eines Landes über einen langen Zeitraum zu plündern, ist nicht, es zu besetzen, sondern den Staat zu zerstören. Ohne Staat keine Armee. Ohne feindliche Armee kein Risiko für eine Niederlage. Deshalb ist das strategische Ziel der US-Armee und der von ihr geleiteten Allianz, der NATO, die Staaten zu zerstören. Was aus der betroffenen Bevölkerung wird, ist nicht Washingtons Problem.

Die damalige US-Außenministerin Condoleezza Rice sprach im Jahr 2006 davon, im Nahen Osten ein »kreatives Chaos« zu stiften, aus dem ein »neuer Naher Osten« hervorgehen solle – natürlich unter dem Deckmantel der Verbreitung von Demokratie.[32] Mit der Invasion des Iraks 3 Jahre zuvor hatte die US-Regierung bereits einen entscheidenden Beitrag für dieses »kreative Chaos« geleistet, aus dem heraus die Region neu zu ordnen ist.

Eine Krise zu schaffen, die den eigenen Zielen dient, ist eine Taktik, die von den Eliten seit Generationen eingesetzt wird und der hegelschen Dialektik folgt.

Georg Wilhelm Friedrich Hegel (1770–1831) war ein begeisterter Anhänger eines Gesellschaftsmodells, in dem eine zentrale Regierung das Kollektiv steuert, und der Individualismus für das größere Wohl geopfert werden muss. Hegel schrieb, dass der Staat »die überlegenen Rechte gegenüber dem Individuum, dessen oberste Pflicht es ist, ein Mitglied des Staates zu sein, besitzt [...]. Das Recht des Weltgeistes steht über allen Sonderrechten«[33].

In seiner Gesellschaftstheorie beschwört Hegel eine Strategie, mit deren Hilfe die bestehenden Eliten die Massen kontrollieren können. Um die hegelsche Dialektik herunterzubrechen: Die Herrschenden müssen zuerst ein Problem oder eine Krise schaffen, die die Bürger in Angst versetzt, sodass diese eine Lösung fordern. Die Herrscher bieten dann eine Lösung an, die sie vor der von ihnen inszenierten Krise vorbereitet hatten und die den Eliten in der Regel mehr Macht, für die Bürger jedoch weniger Freiheit bedeuten.

Leo Strauss' politische Philosophie

»Das eigentliche, einzige und tiefste Thema der Welt- und Menschengeschichte, der alle übrigen untergeordnet sind, bleibt der Konflikt des Unglaubens und Glaubens«[34], schrieb Johann Wolfgang von Goethe in seinem 1819 erschienenen Werk *West-östlicher Divan.*

Mit diesem Zitat pflegte Leo Strauss auf die Bedeutung eines fundamentalen Konfliktes aufmerksam zu machen. Der Philosoph wurde am 20. September 1899 im hessischen Kirchhain geboren, einem Städtchen, das zu seiner Zeit ungefähr 2400 Einwohner zählte, von denen fast 10 Prozent orthodoxe Juden waren. Diese lebten großteils seit vielen Generationen hier, trieben Handel und waren trotz ihrer Strenggläubigkeit in die Gemeinde integriert. Auch Strauss' Familie handelte mit Getreide und hatte es damit zu einem ansehnlichen Vermögen gebracht. »Sowohl sein Großvater wie auch sein Vater übernahmen öffentliche Ämter, förderten den Synagogenbau, engagierten sich politisch im Stadtrat, führten Prozesse, um ihre Rechte durchzusetzen.« Vor diesem Hintergrund erklärt sich, dass sich Leo Strauss zeit seines Lebens mit der jüdischen Frage auseinandersetzte. »Man könnte auch sagen, mit dem Verhältnis von Glaube und Unglaube. Oder, noch einmal anders gewendet, mit dem Verhältnis zwischen Philosophie und Religion.«[35]

Berühmt aber wurde Strauss für eine ganz andere Theorie: die Chaostheorie. Sein Fachgebiet war nämlich die politische Philosophie. Inzwischen in die USA ausgewandert, versammelte er eine kleine Gruppe von Studenten um sich, »von denen die meisten später für das Verteidigungsministerium arbeiteten. Sie bildeten eine Art Sekte und inspirierten die Pentagon-Strategie.« So veröffentlicht das US-Verteidigungsministerium schon »seit sehr vielen Jahren alle Arten von Dokumenten über die ›Chaostheorie‹« von Strauss.[36]

Dass das Pentagon Strauss' Theorie verinnerlicht hat, zeigt zum Beispiel die Operation »Vereinigte Beschützer« in Libyen. Das dortige Chaos hatte »sich nicht gebildet, weil es den ›libyschen Revolutionären‹ nicht gelungen« war, nach dem ›Sturz‹ von Muammar el-Gaddafi untereinander eine Vereinbarung zu treffen – genau das war das strategische Ziel der Vereinigten Staaten. Und sie waren erfolgreich. Es hatte niemals eine ›demokratische Revolution‹ in Libyen gegeben, sondern eine Abspaltung der Kyrenaika. Es hatte niemals eine Durchführung des Mandats der Vereinten Nationen zum ›Schutz der Bevölkerung‹ gegeben, sondern das Massaker von

160 000 Libyern – drei Viertel davon Zivilbevölkerung – durch die Bomben der NATO.«[37]

Weitere Beispiele für die Umsetzung von Strauss' Chaostheorie sind die Flüchtlingsströme aus dem Irak, Syrien, Libyen, vom Horn von Afrika, aus Nigeria und Mali, die nicht auf die jeweiligen autoritären Regierungen, sondern auf das Chaos zurückzuführen sind, in das ihr Land absichtlich gestürzt wurde. Desgleichen sind die »islamistischen« Attentate in Europa nicht als Erweiterung der Nahostkriege zu verstehen, sondern als Werk derjenigen, auf die auch das Chaos in dieser Region zurückzuführen ist.

Wir haben es hier also mit zwei Problemen zu tun, die rasch große Ausmaße annehmen werden: Auswanderungen und »islamistische« Attentate.

Die Cloward-Piven-Strategie

Vor der Chaostheorie von Strauss hatten die amerikanischen Soziologen Richard Cloward und Frances Fox Piven eine politische Strategie entworfen. Sie forderten 1966 die Demokratische Partei auf, die damals die Präsidentschaft und beide Häuser des US-Kongresses kontrollierte, bundesweite Maßnahmen zur Unterstützung der armen Bevölkerung zu ergreifen, und erklärten, dass eine vollständige Erfassung der Sozialhilfeempfänger zu einem bürokratischen Chaos in den Sozialämtern und zu einer finanziellen Zerrüttung in den lokalen und bundesstaatlichen Verwaltungen führen würde, die die bereits bestehenden Spaltungen zwischen den Elementen der demokratischen Koalition in den Großstädten vertiefen würden: zwischen der verbleibenden weißen Mittelschicht, den ethnischen Gruppen der Arbeiterklasse und den wachsenden armen Minderheiten.

Sie schrieben weiter: Das Endziel sei die Beseitigung der Armut durch die Einführung eines garantierten Jahreseinkommens. Wie so ein Umbruch zu einem neuen System, in dem der einst mündige Bürger von staatlichen Geldern abhängig wird, gelingen kann, erläuterten die beiden Soziologen anhand der sogenannten Cloward-Piven-Strategie. Demnach soll:

- das bestehende System (in diesem Fall das des Sozialstaates) durch die ungezügelten finanziellen Ansprüche von Migranten gezielt überlastet werden;
- gezielt Massenpanik und Hysterie geschürt werden, sobald die zu erwartende Überlastung des Wohlfahrtsprogramms tatsächlich eintritt;
- die Verantwortlichkeit für die Wohlfahrtskontrolle von den lokalen Regierungen hin zur Bundesverwaltung verlagert werden und
- das alte Wohlfahrtssystem durch ein staatlich garantiertes Grundeinkommen ersetzt werden.[38]

Heute wissen wir, dass gleichzeitig das Finanzsystem umgebaut – Stichwort: Klaus Schwabs »Großer Neustart« –, dieses Grundeinkommen in steuerbarem CBDC (digitalem Zentralbankgeld) ausgezahlt und der Bürger an das digitale Gängelband genommen werden soll.

Ein weiteres Beispiel der jüngsten Zeit ist der organisierte »Regimewechsel« in der Ukraine. Die große Angst von Washington, seit der Rede von Wladimir Putin 2007 auf der Münchner Sicherheitskonferenz – ich komme später auf sie zurück – war, dass Deutschland verstehen könnte, »wo sein Interesse liegt: nicht bei Washington, sondern bei Moskau. Der Hauptkanal der Verständigung zwischen der EU und der Russischen Föderation wurde von den Vereinigten Staaten durch die schrittweise Zerstörung des ukrainischen Staates abgeschnitten.«[39] Ihr einziges Ziel war, dieses Gebiet in eine gefährliche Zone zu verwandeln.

Doch noch einmal zurück zur Chaostheorie: Im Jahr 1991 gab Präsident Bush senior Paul Wolfowitz, einem Schüler von Leo Strauss, der damals der breiten Öffentlichkeit noch unbekannt war, den Auftrag, eine Strategie für die postsowjetische Ära zu entwerfen. Die »Wolfowitz-Doktrin« erklärte, dass die Vorherrschaft der Vereinigten Staaten über den Rest der Welt nur gelinge, wenn die Europäische Union gezügelt werde.[40] Während der Finanzkrise in den Vereinigten Staaten 2008 »erklärte die Präsidentin des Wirtschaftsrates des Weißen Hauses, die Historikerin Christina Rohmer, dass der einzige Weg zur Rettung der Banken die Sperrung der Steueroasen in Drittländern sei, und man dann Probleme in Europa schaffen müsste, damit das Kapital in die Vereinigten Staaten zurückfließe«.[41] Heute sind die USA diesem Ziel einen großen Schritt nähergekommen.

Wie hervorragend die Politik des bewusst herbeigeführten Chaos funktioniert, kann man nicht nur in Libyen, Syrien, Afghanistan, im Irak, in der Ukraine und in weiten Teilen Nord- und Zentralafrikas beobachten, sondern ebenso in Europa: Die Armut greift immer weiter um sich und die Zahl der Obdachlosen steigt dramatisch an. Allerdings geht diese Entwicklung weiter, denn es werden noch Millionen von Migranten kommen, ohne dass Europa sie wird aufnehmen können. Angesichts des aktuellen europäischen Umgangs mit der Migrationswelle sind Chaos und Bürgerkrieg vorprogrammiert, denn jene Hunderttausende von Wirtschaftsflüchtlingen, die sich unter die wirklich Notleidenden mischen, werden nicht abgeschoben, obwohl ihr Asylantrag abgelehnt wurde. Sie bleiben illegal in Europa und werden mangels Arbeitserlaubnis und Unterstützung quasi zur Kriminalität gezwungen. Obwohl die Behörden und die politisch Verantwortlichen davon Kenntnis haben, sehen sie tatenlos zu.

Die bewusst herbeigeführte Pleite Griechenlands hat uns einen Vorgeschmack davon gegeben, was mit dem Rest Europas geschehen wird: Das Staatsvermögen (Häfen, Flughäfen, Straßennetze, Energieunternehmen und die Trinkwasserversorgung) wird einigen wenigen internationalen Großkonzernen überlassen, während die Staatsschulden aufgrund der horrenden Verzinsung trotzdem weiter ansteigen. Wenn dann noch weitere Flüchtlingsströme hinzukommen, bricht die innere Ordnung zusammen. Am Ende werden die Nationalstaaten abgeschafft sein, und mit ihnen nationale Identität, Grenzen, Freiheit und Eigenständigkeit.

Der amerikanische Publizist Michael Morris bringt dieses Vorgehen auf den folgenden Nenner: »Das Prinzip lautet: Würfle alle Völker, Ethnien, Religionen und Kulturen durcheinander, zerstöre alle gemeinschaftlichen Strukturen, wenn nötig auch mit Gewalt, solange, bis am Ende keiner mehr weiß, wo er herkommt, wer er ist und wo er hingehört. Zwing die Menschen in die Knie, dann werden sie allem zustimmen, was Du von ihnen verlangst!« Dann spannt Morris den großen Bogen von Huntington bis Strauss: »Der akribisch vorbereitete Kampf der Kulturen sorgt für das nötige und gewollte Chaos, um die Neue Weltordnung umzusetzen. Die meisten der oberen Zehntausend sind Mitglied in einer der großen Geheimlogen, und der Wahlspruch der Obersten Räte des freimaurerischen Systems des Alten und angenommenen schottischen Ritus lautet: ›Ordnung aus dem Chaos‹ (›Ordo ab Chao‹). Es läuft also alles nach Plan. […] Der Widerstand der europäischen Bevölkerung gegen eine Weltregierung kann am einfachsten dadurch gebrochen werden, dass man Europa so sehr schwächt, dass die Menschen mit dem täglichen Überleben ausgelastet sind und ihnen durch Angst und Konflikte die Energie geraubt wird. Dieser Plan geht voll auf.«[42]

Unter den hier angeführten Vordenkern darf George Friedman nicht fehlen. Er leitet den Informationsdienst Stratfor (Strategic Forecast, »Strategische Vorhersage«), der innerhalb der US-Beratungsindustrie geradezu legendär ist. Stratfor bietet Analysen und Zukunftsprognosen zu Geopolitik, Sicherheitsfragen und Konflikten in aller Welt und berät das US-Außenministerium, das US-Verteidigungsministerium, Hedgefonds-Manager und Finanzoligarchen. Welch enormen Einfluss diese Denkfabrik hat, lässt sich an ihrer Rednerliste ablesen, die von Kennedy, Kissinger, Mubarak, Thatcher, Kohl und Shamir bis hin zu Obama reicht.

Die strategische Vision von Stratfor wurde auf einer Pressekonferenz am 4. Februar 2015 deutlich, als Friedman vor dem Chicago Council on Global Affairs sein Buch *Flashpoints: The Emerging Crisis in Europe* (»Brennpunkte: Die entstehende Krise in Europa«) vorstellte: »In außerordentlichen Fällen können wir mit Spoiling Attacks [›Störangriffen‹, Anm. d. Verf.] intervenieren, so wie wir in Vietnam, im Irak und in Afghanistan vorgegangen sind. Spoiling Attacks haben nicht das Ziel, den Feind zu besiegen, sondern zielen darauf ab, den Feind aus dem Gleichgewicht zu bringen.«[43] In seinem 2010 erschienenen Buch *Die nächsten hundert Jahre. Die Weltordnung der Zukunft* schreibt Friedman auch über den Krieg der USA mit der islamischen Welt, dessen augenfälligste Aktionen der Einmarsch in Afghanistan und in den Irak war: »Das Ziel war kein militärischer Sieg. Das Ziel war lediglich, die islamische Welt aus dem Gleichgewicht zu bringen und zu spalten und auf diese Weise die Entstehung eines islamischen Reichs zu verhindern. Die Vereinigten Staaten müssen keine Kriege gewinnen. Es reicht aus, wenn sie die andere Seite aus dem Gleichgewicht bringen.«[44]

Doch Staaten zu destabilisieren, um sie besser kontrollieren und ihre Bodenschätze ausbeuten zu können, ist nur ein Aspekt der Chaostheorie, denn ihr eigentliches Ziel besteht darin, generelles, globales Chaos auszulösen, um dann die in Angst versetzten Menschen steuern zu können. Genau dieser Ansatz wird derzeit in den Ländern des westlichen Kulturkreises umgesetzt: In allen Lebensbereichen sollen Verunsicherung und Chaos geschaffen werden, um uns in Angst zu versetzen – der Angst zum Beispiel, dass alles, was man bisher geglaubt hat, ein Irrtum war, und dass die neuen Lebensformen, die man mit viel medialem Einsatz propagiert, die alten zwingend ersetzen müssen.

KAPITEL 2

×

Wirr im Kopf – die Umwertung aller Werte

Um Chaos zu erzeugen, ist es notwendig, Menschen geistig zu verwirren. Wie das funktioniert, erlebten wir 2020, als ein Virus zur lebensbedrohenden Pandemie erhoben und infolgedessen alles umgekehrt wurde, was wir bis dahin als sinnvoll empfunden hatten: Nicht die Kranken wurden – wie es bis dahin allgemeiner Konsens war – isoliert, sondern die gesamte Bevölkerung. Die Aussagen der verantwortlichen Politiker und die von ihnen verordneten Maßnahmen widersprachen sich von einem Tag auf den anderen. Mit einem Mal war das gewohnte Leben auf den Kopf gestellt. Menschen- und Grundrechte galten nicht mehr, und die Bürger waren der staatlichen Willkür ausgeliefert. Publizisten und Wissenschaftler, die dem offiziell verbreiteten Irrsinn und der von den Medien geschürten Panik widersprachen, wurden aus der Öffentlichkeit verbannt. Denn es sollte nur noch in eine Richtung gedacht werden, wobei sich diese aber fortwährend änderte, sodass die Bevölkerung in Verwirrung geriet und aus Unsicherheit die widersprüchlichen Anweisungen der Autoritäten befolgte. Ich habe diesen Vorgang in meinem 2021 im Kopp Verlag erschienenen Buch *Durch Corona in die Neue Weltordnung* ausführlich dargestellt.

Doch Covid-19 war keineswegs das erste Manöver dieser Art. Seit Jahren wird das Vertrauen in die amtierende nationale Regierung erschüttert, indem die politischen Parteien Personen in Ämter hieven, für die sie absolut keine Qualifikation besitzen. Wie soll die Bevölkerung ein Gefühl von Sicherheit und Ordnung – also dem Gegenteil von Chaos – haben, wenn ein Wirtschaftsminister in seinem früheren beruflichen Leben Kinderbuchautor, ein Landwirtschaftsminister gelernter Sozialpädagoge, ein Verteidigungsminister Oberbürgermeister und Minister für Inneres in einem Bundesland, ein Finanzminister Philosophie und Politikwissenschaftsstudent oder eine Familienministerin Volkswirtin war? Oder wenn die politische Führungsriege zum Großteil aus Studienabbrechern ohne profunde Berufsausbildung besteht? Wenn Minister nach Belieben in andere Ressorts versetzt werden, von denen sie noch weniger Kenntnis haben als in ihrem vorherigen Aufgabenbereich? Wenn die Spitzenpolitiker in zahlreiche Korruptionsvorwürfe verstrickt sind? Oder wenn Posten nicht nach Eignung, sondern nach geschlechtsspezifischen Quoten vergeben werden?

Genau diese Frage der Geschlechtszugehörigkeit ist von den Medien zum alles beherrschenden Thema der öffentlichen Diskussion hochgepeitscht worden, obwohl jeder weiß, dass es wahrhaft wichtigere Themen gibt.

Regenbogen, Woke und Pride

Auch in deutschen Schulen wehen sie inzwischen, die Fahnen mit den Regenbogenfarben, und in amerikanischen Schulen flattern daneben die Flaggen der Pride- und der Black-Lives-Matter-Bewegung. Die sogenannte »Woke«-Ideologie hält Einzug in den öffentlichen Raum. Was wollen uns diese neuen Denkweisen sagen? Welche Botschaft haben sie? Und was bezwecken sie?

Der Begriff »Woke« existiert bereits seit den 1930er-Jahren. Er stammt aus dem Afroamerikanischen und leitet sich von »woke«, auf Deutsch »aufgeweckt, aufmerksam, wachsam« ab, womit ein ausgeprägtes Bewusstsein für mangelnde soziale Gerechtigkeit und

Rassismus gemeint ist. Wirklich populär wurde der Begriff allerdings erst 2014, als es in den USA zu landesweiten Protesten wegen der Erschießung des 18-jährigen Afroamerikaners Michael Brown kam. Die Bewegung namens Black Lives Matter (»Schwarze Leben sind wichtig«) entwickelte daraus den Ausdruck »stay woke«, was heißen soll »bleib wachsam gegenüber Polizeiübergriffen«, aber auch »bleib wachsam gegenüber jeglicher Benachteiligung wegen deiner Rasse«.[45]

In den Folgejahren seit 2014 wurde »woke« auf immer mehr Lebensbereiche angewendet, sodass damit heute auch gemeint ist: »Bleib wachsam gegenüber den bisherigen Normen der Sexualität.« Männlichkeit wird als toxisch verunglimpft und Frauen wird beigebracht, männliche Annäherungsversuche als Bedrohung zu betrachten. Heterosexuelle werden systematisch entsexualisiert und gleichzeitig LGBTQ-Menschen übersexualisiert bis zu dem Punkt, an dem auf Pride-Paraden unter dem Beifall der Zuschauer – darunter auch Kinder – Sado-Maso-Demonstrationen dargeboten werden. Im Übrigen lehnen viele Lesbische oder Schwule diese öffentliche Sexshow total ab und möchten lediglich ein normales Leben wie die Heterosexuellen führen. Zumindest bestätigten mir dies alle Betroffenen, die ich dazu befragt habe.

LGBTQ ist die Abkürzung für »Lesbian, Gay, Bisexual, Transgender, Queer« (»lesbisch, schwul, bisexuell, transsexuell, queer«). Aber auch andere Geschlechtsidentitäten und sexuelle Orientierungen, die von zweigeschlechtlichen und heterosexuellen Normen abweichen, benutzen dieses Kürzel. Sie fordern die Auflösung der bisherigen zweigeschlechtlichen Norm.[46]

Im Jahr 2016 kam eine Onlineumfrage unter knapp 12 000 Personen in der Europäischen Union zu dem Ergebnis, dass sich in Deutschland 7,4 Prozent der Bevölkerung dem LGBTQ-Spektrum zuordnen. Damit belegte Deutschland unter den neun europäischen Ländern mit statistisch signifikanten Ergebnissen zwar den Spitzenplatz, noch vor Spanien (6,9 Prozent) und England (6,5 Prozent, in Ungarn ordneten sich mit 1,5 Prozent die wenigsten Personen der LGBTQ-Community zu),[47] doch angesichts solcher Zahlen verwundert die enorme Aufmerksamkeit, die der LGBTQ-Community in den Medien zukommt, doch sehr. Natürlich sorgt diese mit ihren LGBTQ-Pride- oder Gay-Pride-Paraden beziehungsweise -Demonstrationszügen in den westlichen Ländern für öffentliche Aufmerksamkeit, präsentiert ihre selbstbestimmte sexuelle Identität mit »Stolz« (»pride«) und feiert diese unter der Regenbogenflagge als dem gängigsten Symbol.[48] Im Grunde handelt es sich bei der Pride-Bewegung um eine Farbrevolution, denn es gilt ja, das bisherige System zu destabilisieren. Es ist interessant, dass die Mainstream-Medien diese sehr offensichtliche Tatsache nie erwähnen.

In den ersten Jahren konzentrierte sich die Pride-Bewegung auf LGBT-Themen, »Q« kam erst später dazu und schloss alle anderen Formen der Sexualität mit ein – daher wird das Q statt mit »queer« auch oft als »questioning« übersetzt für Menschen, die sich über ihre geschlechtliche Zuordnung nicht im Klaren sind.

Heute wird die Pride-Flagge als Symbol verwendet, um alle woken Konzepte in einer einzigen Organisation zu vereinen, von der Antifa über Black Lives Matter bis hin zu Transgender. Die Fahne steht nicht mehr für eine Bürgerrechtsbewegung, sondern ist zum Symbol einer Ideologie geworden. Und diese und die mit ihr verbundenen LGBTQ-Gruppen werden von jedem Machtzentrum in unserer Gesellschaft unterstützt. Großbanken, Unternehmen, Denkfabriken und Regierungen stellen unglaubliche Summen für deren Projekte zur Verfügung.

Die Ideologie von Pride, also Stolz, ist in sich selbst bereits eine Umkehrung der alten Werte: Stolz ist eigentlich ein Fehler und eine Schwäche, keine Tugend. Warum sollte jemand auf seine sexuellen Neigungen stolz sein? Homosexualität macht einen Menschen weder zu etwas Besonderem noch zu einem besseren oder schlechteren Bürger. Sie ist keine Leistung, die eine Parade oder einen ganzen Kalendermonat verdient. Pride-Aktivisten geben sich kämpferisch, ohne eigentlich einen Grund dafür zu haben, denn im Westen gibt es keine gesetzlich verankerten Rechte mehr, von denen Schwule und Transsexuelle ausgeschlossen sind.

Die Pride-Bewegung ist Teil der aktuellen Kulturrevolution. Moral und Recht werden nicht mehr durch den gesellschaftlichen Konsens, sondern von jedem Einzelnen etabliert, und sind damit subjektiv und veränderbar. Uralte Lebensregeln, herkömmliche Identitäten und angeborene Geschlechtszugehörigkeit sind abgeschafft beziehungsweise werden zu einer Angelegenheit subjektiver Wahrnehmung. Der moralische Kompass, der das gesellschaftliche Leben bisher geregelt hat, wird als soziales Konstrukt diffamiert, das nicht mehr zeitgemäß und durch die »Cancel Culture« ersetzt wird, auf die ich gleich zu sprechen kommen werde.

Eine Gesellschaft, die zunehmend LGBTQ-konditioniert ist und ihre Mitglieder von Kindheit an indoktriniert, sodass sie sich durch Hormone und Operationen umwandeln lassen, wird eine kollabierende Bevölkerungszahl haben. Vielleicht verbirgt sich dahinter eines der Ziele des Establishments: nämlich den Westen unfruchtbar zu machen[49]. Vielleicht geht es aber auch darum, noch mehr Chaos zu stiften und, sobald sich der Staub gelegt hat, die Macht zu übernehmen.

In seinem Beitrag »Wenn der Regenbogen zur Farce wird«[50] für die *NachDenkSeiten* illustriert Jens Berger die Regenbogen-Manie mit vielen Beispielen. »Banken, Rüstungskonzerne und die EU-Grenzschützer der Frontex nutzen die Regenbogenfarben, um sich als ›fortschrittlich‹ darzustellen.« Das beste Beispiel dafür war das Länderspiel Deutschland-Ungarn Mitte Juni 2021: Die deutsche Nationalmannschaft durfte »dank UEFA-Einspruch nicht in einer mit Regenbogenfarben illuminierten Münchner Allianz-Arena« kicken, und prompt priesen sich »Politiker jeglicher Couleur über die sozialen Medien als aufrechte Anhänger von ›Freiheit und Toleranz‹.« So zeigten sich beispielsweise CSU-Generalsekretär Markus Blume und Parteichef Markus Söder stolz mit einer regenbogenfarbigen Schutzmaske. Darin liest Jens Berger die Botschaft: »Schaut her, die CSU ist ganz toll für Schwule und Lesben und protestiert so richtig rebellisch gegen die böse UEFA.«[51]

Die Kassen von Werbeagenturen und Grafikern, »die fix die Logos westlicher Konzerne durch den Regenbogenfilter von Photoshop laufen lassen«, so Berger weiter, »füllen sich«. Und man staunt nicht schlecht, wer sich da alles an diesem Hype beteiligt: Die Arbeitgeber-Lobbyorganisation INSM ließ ihr Logo »pünktlich zum öffentlichkeitswirksamen Fußballspiel in einem von Kinderhand gemalten Regenbogen« erstrahlen »und an die Vielfalt […] appellieren«. Die deutsche Polizei schloss sich »dem systemkonformen ›Protest‹« an und »lackierte einige ihrer Dienstfahrzeuge extra für die Fotografen mit einem Regenbogen«. Und die Frontex-EU-Grenzschutztruppe stärkt der LGBTQ-Community den Rücken, indem sie sich auf die »›Grundwerte der EU‹ von Gleichheit und Nicht-Diskriminierung« beruft.

Doch die Unterordnung europäischer Konzerne und Organisationen unter die Regenbogenflagge ist noch gar nichts gegen jene in den USA, denn dort wagt kaum noch ein Konzern, »nicht dem ›Pride Month‹ Tribut zu zollen und sich öffentlichkeitswirksam unter dem Banner des Regenbogens zu positionieren. Dazu zählen natürlich auch die weltgrößten Rüstungskonzerne.« Damit hat für Berger der Regenbogen »als Symbol des Widerstands und der Forderung nach Gleichheit und Toleranz leider ausgedient«, denn: »Der inflationäre und inhaltsleere Gebrauch des ursprünglich kritischen Symbols hat zur Beliebigkeit geführt, sodass der Regenbogen heute systemkonform und belanglos geworden ist. Der Regenbogen ist verblasst.«[52]

Für die Jugend trifft das leider nicht zu. Für sie ist die LGBTQ-Bewegung verlockend, weil sie sexuelle Freiheit verspricht, während in der Heterosexualität allgemeine Verwirrung herrscht: Die Frau ist verunsichert, weil sie sich bedroht fühlt, und der Mann, weil seine Sexualität angeblich toxisch ist. Dieses aktuelle Chaos im Denken und Fühlen kann langfristig zu einem kompletten Umbau der Gesellschaft führen.

Die Auflösung der westlichen Identität

Eine vorzügliche Analyse der LGBTQ-Bewegung verdanken wir dem in Polen lehrenden belgischen Historiker David Engels, weshalb wir ihn im Folgenden ausführlich zu Wort kommen lassen. Von der Position Polens in dieser Frage ausgehend, warnt Engels vor den unwiderruflichen Konsequenzen:

»Zwischen der Toleranz der freien Gestaltung des Privatlebens einerseits und der Gleichstellung hetero- und homosexueller Beziehungen andererseits liegt ein gewaltiger Schritt. [...] Es geht in der aktuellen Debatte also keineswegs um den bloßen ›Schutz von Minderheiten‹, denn diese Minderheiten haben schon heute von der Gesellschaft oder dem Staat absolut nichts zu befürchten. Im Gegenteil, es handelt sich um eine fundamentale ideologische Entscheidung mit schwerwiegenden Folgen für die gesamte Gesellschaft, und aus diesem Grund müssen wir von einer echten ›LGBTQ-Ideologie‹ sprechen, die untrennbar mit dem gesamten ›politisch korrekten‹ Universalismus verbunden ist.«[53]

Folge man dieser Ideologie, so sei »die sexuelle Identität eines Menschen eine bloße ›soziale Konstruktion‹ ohne realen Bezug zu seiner körperlichen Konstitution«, weshalb er über die Freiheit verfüge, »ständig ein anderes ›Geschlecht‹ und damit andere sexuelle Rollen« anzunehmen. Dies impliziere nicht nur »die Verharmlosung von Geschlechtsumwandlungstherapien und -operationen, die Forderung nach repräsentativen ›Quoten‹ in allen denkbaren Körperschaften und die Einführung von LGBTQ-Themen bereits in der Grundschule oder sogar im Kindergarten«, sondern letztlich die »Auflösung des Begriffs der natürlichen Familie selbst«. Doch wenn »nicht mehr das Naturrecht und der Respekt vor den grundlegenden historischen Institutionen die Konstruktion der Familie und der Erziehungseinheiten bestimmt, auf denen unsere Gesellschaft beruht, sondern der reine soziale Konstruktivismus, werden auch alle anderen Grenzen früher oder später fallen.« Sobald das, was zuvor als Ausnahme betrachtet worden sei, »unter dem

Deckmantel des ›Minderheitenschutzes‹« zur Norm werde, verliere »letztere jegliche Bedeutung, und die Gesellschaft implodiert schnell in eine Vielzahl von Parallelgesellschaften, in denen nicht mehr der Konsens aller, sondern die stärkste Minderheit den Rest dominiert (was natürlich nicht nur für sexuelle Minderheiten gilt, sondern auch für ethnische, kulturelle, religiöse oder politische Gruppen)«.

Würde Homosexualität in ihren unterschiedlichen Ausprägungen »der traditionellen Familie gleichgestellt« und nicht nur anerkannt, so würden auch der »Legalisierung polygamer, inzestuöser oder gar pädophiler beziehungsweise zoophiler Konstellationen« Tür und Tor geöffnet. Die LGBTQ-Ideologie zeichne sich »geradezu durch ihre Feindschaft gegenüber dem etablierten heterosexuellen Modell aus. Die Linke begnügt sich nicht damit, sie als eine Option unter vielen möglichen Kombinationen überleben zu lassen, sondern assoziiert die traditionelle Familie, die durch die Banalisierung von Scheidungen und das Aufkommen der Patchwork-Familie bereits auf eine harte Probe gestellt wurde, mit einem vermeintlich unterdrückerischen, reaktionären, ja ›faschistoiden‹, ›patriarchalischen‹ Modell.« Als solche »zutiefst antihumanistisch«, zerstöre diese Ideologie »die letzten Grundlagen eines Familienmodells, das von allen Seiten angegriffen« werde.

Cancel Culture: Der Krieg gegen die Tradition

Die sogenannte »Cancel Culture« (»Lösch«- oder »Zensurkultur«) ist ein weiterer Begriff in diesem Systemumbau. Er bedeutet, dass Personen oder Organisationen öffentlich an den Pranger gestellt werden, wenn sie angeblich diskriminierende, rassistische, antisemitische, verschwörungsideologische, homophobe oder transphobe Aussagen gemacht, im Grunde aber gegen jenes Gedankengut verstoßen haben, welches in einem gegebenen Moment als politisch korrekt etabliert wurde. Ein mit Cancel Culture verwandter Begriff ist »Deplatforming«, was bedeutet, dass man den Betroffenen die öffentlichen Plattformen entziehe.[54]

Der totalitäre Wahnsinn der Cancel Culture wird am Phänomen des »Sensitive Reading« deutlich: Belletristische Bücher werden von Tugendwächtern auf nicht genderneutrale Sprache untersucht und politisch korrekt umgeschrieben. Dieser Prozedur fallen mittlerweile sogar Klassiker der Weltliteratur zum Opfer, sodass der Inhalt von Büchern, die ganze Generationen wertgeschätzt und geliebt haben, zensiert und ideologisch verunstaltet wird, was im Übrigen gegen das Urheberrecht verstößt. So soll das schriftstellerische Vermächtnis von Agatha Christie von »Sprache und Beschreibungen befreit« werden, »die das moderne Publikum als anstößig empfinde«, wobei bereits die Kennzeichnung ethnischer Herkunft als »anstößig« gilt.[55]

Abgesehen davon, dass hier überliefertes Kulturgut verunstaltet wird, bedeuten derartige Eingriffe im Grunde eine Missachtung und Vergewaltigung geistigen Eigentums. Doch wer gedacht hätte, dass Literaturwissenschaftler, Kritiker, Intellektuelle und Autoren Sturm gegen diese beispiellose Anmaßung laufen, wird enttäuscht, denn sie schweigen. Ja, der Verdacht drängt sich auf, dass sie sich an dieser Aktion sogar beteiligen, die intendiert, das Bewusstsein für Geschichte und historische Wahrheiten auszulöschen, um diese durch eine globale, gesichtslose Neutralität zu ersetzen.

Mittlerweile »befinden in den Verlagen und Redaktionen ›Spezialisten‹ und ›Experten‹ darüber, was dem sensiblen, modernen Menschen noch zugemutet werden kann oder eben nicht«. Nicht mehr künstlerische Qualität und Leserinteresse sind die entscheidenden Kriterien einer Publikation, sondern deren »politisch-korrekte Konformität. […] Die Freiheit der Kunst und des Wortes gelten nicht mehr.«[56] Doch was geschieht, wenn berühmte Werke wie Goethes *Faust* oder Thomas Manns *Zauberberg* dem literarischen Bildersturm zum Opfer gefallen sein werden? Wird es dann einen Aufschrei geben?

Redefreiheit

Es sind indes nicht nur die Intellektuellen, die unter dieser Schreib- und Sprechzensur leiden. In einer allgemeinen Umfrage der *New York Times* gaben »55 Prozent der Befragten an, dass sie im vergangenen Jahr ihre Zunge im Zaum gehalten hätten, weil sie Angst vor Vergeltungsmaßnahmen oder harscher Kritik hatten«.[57] In den Universitäten ist es sogar noch schlimmer, denn folgt man einer Umfrage von *College Pulse* aus dem Jahr 2021, an der über 37 000 US-Studenten an 159 Hochschulen teilnahmen, so zensieren sich unter den Studenten 80 Prozent – zumindest zeitweise – selbst.[58]

Und in Deutschland? Das Institut für Demoskopie in Allensbach befragt seit 1953 die deutsche Bevölkerung regelmäßig, wie frei sie sich fühle, ihre Meinung zu äußern. Die jüngste Umfrage vom Herbst 2023 ergibt, dass noch nie so viel Angst herrschte, frei zu reden.[59] Den positiven Höchstwert erreichte die Umfrage übrigens 1971 zur Amtszeit von Bundeskanzler Willy Brandt, als 83 Prozent der Bevölkerung erklärten, sich in ihrer Meinungsäußerung frei zu fühlen. Im Jahr 2023 dagegen gaben 44 Prozent an, es sei besser, vorsichtig zu sein, und lediglich 40 Prozent meinten, frei reden zu können. Seit Beginn der Umfrage 1953 ist dies der Tiefstwert.

Auffällig im Ergebnis der Umfrage ist der Unterschied zwischen den Anhängern verschiedener Parteien. Unter den AfD-Anhängern waren 62 Prozent der Ansicht, nicht mehr frei reden zu können. Aber auch die Anhänger von FDP (57 Prozent), SPD (46 Prozent), Linkspartei (45 Prozent) und CDU/CSU (43 Prozent) sehen dies mehrheitlich so. Nur die Wähler der Grünen – 75 Prozent – glauben fest daran, in Deutschland herrsche uneingeschränkte Meinungsfreiheit; nur 19 Prozent von ihnen haben Zweifel daran. Das ist weniger als die Hälfte der Anhänger aller anderen Parteien.

In Ostdeutschland war der Anteil der Bürger, die lieber vorsichtig sind, mit 47 Prozent höher als in den westlichen Bundesländern, wo er bei 44 Prozent liegt, und auch die Bildung spielt eine Rolle. Während Befragte mit einfacher und mittlerer Schulbildung mehrheitlich bekundeten, sie hätten den Eindruck, man könne seine politische Meinung nicht frei äußern, waren unter den Bürgern mit Abitur oder Studienabschluss lediglich 34 Prozent dieser Ansicht. Demnach haben nur Grüne und Akademiker das überwiegende Gefühl, sich frei äußern zu können, alle anderen Bevölkerungsgruppen nicht.

Politische Korrektheit

Der sozialistische Schriftsteller Freddie DeBoer fasste die sogenannte politische Korrektheitsmethode folgendermaßen zusammen: »Korrekte Gedanken werden durch ein System der gegenseitigen Überwachung durchgesetzt, das sich die Möglichkeiten der Internettechnologie zunutze macht, um zu überwachen und dann zu bestrafen.«[60] Diese Agenda wurde seit Jahrzehnten aufgebaut, behauptet die ehemalige Vizepräsidentin für Bildung bei der Ford Foundation und stellvertretende Dekanin der Fakultät in Princeton, Alison R. Bernstein. In ihrem Buch *Funding The Future: Philanthropy's Influence On American Higher Education* (»Die Finanzierung der Zukunft: Der Einfluss der Philanthropie auf die amerikanische Hochschulbildung«)[61] beschreibt Bernstein die Woke-Ideologie als ein künstliches Gebilde des Astroturf-Aktivismus, der aus den USA stammt und sich seit Ende der 1990er-Jahre auch in Europa zunehmender Beliebtheit erfreut. Nach dem Lobby-ABC von Lobbypedia versteht man unter Astroturfing »das künstliche Nachahmen einer Bürgerbewegung, die hinter den Kulissen von Unternehmen oder Lobbyorganisationen gesteuert oder finanziert wird«. Die Tarnung habe den Zweck, Letztere »von der besonderen Glaubwürdigkeit von Bürgerinitiativen« profitieren zu lassen. »Bei solchen künstlichen Bürgerinitiativen werden die Unterstützer meist unter falschen Voraussetzungen und ohne Wissen um die wahren Drahtzieher angeworben.«[62]

Kapitel 2

Dekonstruktion

Ein weiterer Begriff aus der Cancel-Bewegung, der unsere Aufmerksamkeit verdient, ist »Dekonstruktion«. Eingeführt hatte ihn in den 1960er-Jahren der situationistische Philosoph Jacques Derrida als eine kritische Hinterfragung von Texten unter besonderer Beachtung der Widersprüche zwischen Form und Inhalt, was lange unangetastet gebliebene Normen miteinbezog. In den 1990er-Jahren wurde dieser ursprünglich differenzierte Ansatz vulgarisiert, und ausnahmslos alles wurde infrage gestellt beziehungsweise »dekonstruiert«: die Grundlagen der Zivilisation, Ordnung, Regeln und Prinzipien. Folglich sollten von nun auch alle abweichenden Verhaltensweisen als normal akzeptiert werden.

Zweck der Dekonstruktion ist es, grundlegende Systeme und Definitionen zu zerpflücken und zu versuchen, sie als inhärent fehlerhaft, problematisch oder absurd zu erweisen. In der Regel stützt sich diese Methode eher auf Appelle an Emotionen und subjektive Erfahrungen als auf echte Analyse. Damit sich dieses neue Denken in der Gesellschaft durchsetzen kann, müssen Emotionen als Direktiv an die Stelle von kritischem Denken treten. Die dekonstruktive Denkweise betrachtet nichts als heilig, auch nicht den moralischen Kompass.

Aus diesem Grund sollen jetzt bereits sehr junge Kinder in den Transaktivismus getrieben werden, schießen im Westen Hunderte von Kliniken für Geschlechtsangleichung von Kindern aus dem Boden, gibt es zahlreiche sexualisierte Dragshows für Kinder und wird hochgradig sexualisiertes Lesematerial in Schulbibliotheken platziert. Und aus diesem Grund werden Pädophile in den Medien plötzlich als Opfergruppe dargestellt, statt als abartige Kriminelle, die nach Gesetz und Recht zu bestrafen sind. Weil die traditionelle Moral einschränkend und unterdrückend ist, soll sie beseitigt werden. Das Gewissen sei, so heißt es, lediglich ein Produkt sozialer Konditionierung, und Recht und Unrecht, Wahrheit und Lüge, Gut und Böse beruhen angeblich nur auf persönlichen Vorlieben. Genau betrachtet, ist dies eine Philosophie des reinen Chaos.

Daher sind »Gendersprech und transsexuelles Kostümspiel […] zum beherrschenden sozialen Thema unserer Zeit geworden«,[63] und das Thema der Rechte für Transsexuelle hat »alle anderen Konflikte um bürgerliche Freiheiten verdrängt. Eine Gruppe, die weniger als 0,5 Prozent der US-Bevölkerung[64] beziehungsweise 0,35 Prozent in Deutschland[65] ausmacht, hat die (inter-)nationale Diskussion übernommen und diktiert diese zunehmend.«[66] Ihr Hauptziel ist die Beeinflussung der Kinder. Wer hat sie nicht gesehen, »die Videos in den sozialen Medien […], in denen erwachsene Männer in Frauenstrip-Kleidung vor Kleinkindern auftreten und die Kleinen dann den Strippern Geld in den Slip stecken«.[67] Oder wo grell geschminkte Dragqueens Kindern Bücher vorlesen und sich dabei ungehemmt ans Glied fassen. Dazu ein anschauliches Beispiel aus Deutschland.

Von der Bundesregierung wird ein Verein finanziert, der die Jugendzeitschrift *out!*, ein Fetischmagazin für Minderjährige, herausgibt. Die Ausgabe 59 liefert allerhand Informationen über Fetisch, Lack und Leder, Körperflüssigkeiten und Rollenspiele, und ein Mann mit behaarten Achseln, Ziegenbart und Schnauzer sowie in Reizwäsche verrät: »Jedes Jahr bekomme ich von meiner Mutter einen Adventskalender geschenkt. Diesmal hatte sie sich dazu entschieden, mir einen Sexspielzeug-Adventskalender zu besorgen.«[68]

Sexualtherapeuten erklären, Fetische seien normal und mitunter sogar gesund. Ein anonymisierter Erfahrungsbericht soll dies verdeutlichen: Eine Jugendliche hatte mit 15 Jahren auf Pornoseiten herumgeklickt und dabei ein Video mit dem Titel »DDLG« (Daddy Dom Little Girl) gefunden, in dem sich eine Frau in die Rolle eines kleinen Mädchens versetzt und sich vorstellt, sie trage Windeln, vergnüge sich mit Kinderspielzeug und werde im Fall von Unartigkeit von ihrem Daddy »bestraft«. Daraufhin verfiel die 15-Jährige in eine Pornosucht und lebte mit 16 Jahren ihren Fetisch zum ersten Mal aus. »Als ich dann endlich das erste Mal in die Windel urinieren durfte, fühlte ich mich einfach nur frei und überglücklich«, berichtet sie und kommt zu dem Schluss: »Einen untypischen Fetisch zu haben, ist nichts Verwerfliches.«[69]

Herausgeber dieser Zeitschrift ist das Jugendnetzwerk Lambda e.V., ihre Zielgruppe sind Minderjährige ab 14 Jahren. Der Queer-Beauftragte der Bundesregierung, Sven Lehmann (Grüne), war begeistert und sicherte dem Verein 2023 eine Förderung von 467 000 Euro aus den Kassen des Bundesfamilienministeriums zu. 2022 waren es sogar 646 000 Euro gewesen, für 2024 sind 360 000 Euro geplant.

Neben Fetisch, Lack und Leder sind auch Geschlechtsumwandlungen inzwischen zu einem raumgreifenden Medienthema geworden. Offenbar steht eine ganze Genderindustrie bereit, und zahlreiche Gesundheitseinrichtungen versuchen, beeinflussbare Eltern und Kinder davon überzeugen wollen, sich lebensverändernden Hormontherapien und sogar Operationen zu unterziehen.

Wie erklärt sich all dies? Und warum machen Lehrer und Eltern da überhaupt mit? Bei der Beantwortung dieser Fragen sind wir wieder bei der Dekonstruktion der Gesellschaft angelangt, bei der es darum geht, die Grundlagen der Gesellschaft zu untergraben, die Lehren aus der Geschichte zu annullieren und die Säulen der Stabilität zu unterhöhlen. Sie gelingt am schnellsten, wenn man einen Keil zwischen die Eltern und ihre eigenen Kinder treibt. Das wussten schon Hitler, als er die Hitlerjugend ins Leben rief, und Mao Tse-tung, als er die Jugend zur Kulturrevolution anstachelte. Kinder sind das effektivste Druckmittel, um die Eltern gefügig zu machen.

Zu diesem Zweck müssen wir neue Pronomen und Wörter verwenden und dürfen nicht mehr »Vater« und »Mutter« sagen. Und das führt zu folgenden flagranten Beispielen: Ende November 2023 beschloss die Stadt München, den Begriff »Tagesmutter« durch die geschlechtsneutrale Formulierung »Kindertagespflegeperson« zu ersetzen, und im Winter 2023 empfahl die EU in einem Leitfaden, in Rücksichtnahme gegenüber Nichtchristen von Wörtern wie »Maria« oder »Weihnachten« Abstand zu nehmen. »›Inklusive

Kommunikation‹, mit der Menschen ›unabhängig von Geschlecht, Hautfarbe, Religion oder ethnischer Zugehörigkeit‹ sowohl ›wertgeschätzt‹ als auch ›anerkannt‹ werden, müsse sichergestellt sein.«[70] Statt »Weihnachtszeit« solle man nun »Ferienzeit« und statt »Maria und Josef« »Malika und Julio« sagen.

Nachdem mehrere Abgeordnete des Europaparlaments eine offizielle Beschwerde gegen diesen Wahnsinn eingereicht haben, lässt die Gleichstellungskommissarin Helena Dalli den Leitfaden nun überarbeiten.

Doch das hält politisch korrekte Einrichtungen in Deutschland nicht davon ab, selbst schon einmal in dieser Richtung aktiv zu werden. So verzichten mittlerweile deutsche Kindertagesstätten darauf, einen Weihnachtsbaum aufzustellen. »Wir haben uns im Team dagegen entschieden, da wir kein Kind und seinen Glauben ausschließen wollen«, heißt es zum Beispiel in einem Schreiben der Kindertagesstätte Hamburg-Lokstedt an die Eltern. Zwar würden die Räumlichkeiten mit den Kindern gemeinsam geschmückt, doch sollten dabei keine »christlichen Feste gefeiert werden«. Daher habe man das »Symbol« des Weihnachtsbaums gestrichen.[71] Doch dies ist absolut kein Einzelfall. Im Mai 2023 hatte ein katholischer Kindergarten in Hessen die Idee, das Basteln von Geschenken zum Muttertag abzuschaffen, und im November cancelte ein österreichischer Kindergarten das jährliche Nikolausfest, was er »mit Sensibilität gegenüber ›Diversität‹« rechtfertigte.[72]

Doch es werden nicht nur alte Bräuche gekippt, sondern auch neue geschaffen. Erinnern wir uns an den Kniefall der Fußballspieler als Ehrerbietung an Black Lives Matter: Wir sollen Geboten und Fahnen huldigen, und falls wir anderer Meinung sind, diese herunterschlucken. Bevor die Neugestaltung der Zukunft – von Schwabs »Great Reset« bis zur Agenda 2030 der UN – Wirklichkeit wird, werden wir sicher noch weitere Aktionen erleben, die unsere innere Kompassnadel aus dem Lot bringen sollen. In einem Bereich klappt das bereits hervorragend: in dem der Information. Wer beim Konsum der heutigen Medien seinen inneren Kompass beibehalten will, der muss sich die Mühe machen, alles zu hinterfragen, denn ganz besonders die Mainstream-Medien lieben die von ihnen – gleichwohl beschimpften – Fake News. Doch diese Lügengeschichten funktionieren nur so lange, bis wir die Fakten nacheinander aufreihen, genau betrachten und uns unser eigenes Urteil bilden. Ich möchte dies an der folgenden Geschichte erläutern.

Fake News: Die Wahrheit wird verdreht

Seit einigen Jahren bläuen uns die Mainstream-Medien ein, sie allein seien die Garanten für korrekte Information über die Weltlage. Die Versorgung mit Energie ist ein wunderbares Beispiel dafür, wie sie versuchen, unseren Blick auf die Wirklichkeit zu manipulieren, sodass wir am Ende nicht mehr wissen, was die Wahrheit ist.

So hieß es 2022 beispielsweise in den Mainstream-Medien, Russlands Präsident Wladimir Putin sei für die Engpässe der Gasversorgung in Deutschland verantwortlich. Dabei war die Pipeline Nord Stream 1 im Sommer wegen Wartungsarbeiten stillgelegt worden, weshalb im Juli ein Drittel der monatlichen Liefermenge ausfiel. Außerdem war die Erdgasmenge, die täglich durch Nord Stream 1 geleitet wurde, seit dem 14. Juni von zuletzt gut 167 Millionen Kubikmetern auf rund 100 Millionen Kubikmeter reduziert worden. Die Ursache waren verzögerte Reparaturarbeiten, da nach Angabe von Siemens Energy eine Gasturbine für einen Verdichter zur Druckerhöhung des Erdgases im kanadischen Montreal überholt werden musste.[73] Bundeswirtschaftsminister Robert Habeck log also, als er bei der Berliner Tagung des Bundesverbandes der Industrie (BDI) am 21. Juni die Reduktion der Gaslieferungen durch die Pipeline Nord

Stream 1 auf eine Drosselung der Gaslieferungen durch Russland zurückführte und als »ökonomischen Angriff auf uns« bezeichnete.[74]

Tatsächlich wurde in jenen Tagen sanktionsbedingt russisches Erdgas verknappt, und dazu hatten die folgenden Schritte geführt: Im Juni hatte Gazprom die Ausfuhr nach Bulgarien, Dänemark, Finnland, Polen und in die Niederlande sowie die Lieferung an Shell Energy Europe eingestellt, denn die Empfänger hatten die von Moskau geforderte Zahlung in Rubel abgelehnt. Als Polen dann die Gazprom gehörende Infrastruktur in Polen unter Zwangsverwaltung stellte und die Bestellungen bei Gazprom einstellte, wurde die Gaspipeline Jamal-Europa geschlossen, die über Belarus und Polen russisches Erdgas nach Mallnow in Brandenburg leitet. Des Weiteren erhielt Gazprom Germania, die deutsche Tochterfirma des russischen Gazprom-Konzerns, kein russisches Erdgas mehr; sie war nämlich im April 2022 von der Bundesregierung unter Zwangsverwaltung gestellt und folglich im Mai von Russland mit Gegensanktionen belegt worden. Aber zur geplanten Verknappung gehörte noch ein weiterer Schritt: Naftogaz, der ukrainische Gasmonopolist, hatte Mitte »Mai eine Teilleitung stillgelegt und damit den gesamten Erdgastransit über sein Territorium um rund ein Drittel verringert«.[75] Nach Berechnungen des Energieinformationsdienstes ICIS lieferte Russland insgesamt fast zwei Drittel weniger Gas nach Europa als in dem Jahr davor.

Mitte Juni 2022 kam es dann auch noch im Flüssiggasexportterminal Freeport LNG bei Houston (Texas) zu einer Explosion. »Diese Anlage verflüssigt 20 Prozent des gesamten LNG, das die USA exportieren und auf das die EU-Kommission ihre Hoffnungen für die zukünftige Gasversorgung setzt.«[76] Infolgedessen fiel Freeport LNG bis mindestens September aus, konnte aber auch in den Folgemonaten nur reduziert arbeiten, weshalb 2,8 Millionen Tonnen LNG weniger aus den USA exportiert wurden. Das waren 10 Prozent des Gasimports der EU. Wie wir wissen, beauftragte die USA dann im September 2022 die Sprengung der Pipeline Nord Stream 2, sodass die

Gasversorgung aus Russland zusammenbrach. Und was machten die Mainstream-Medien daraus? Sie deuteten diesen Terrorakt in eine Sabotage Russlands an seiner eigenen Pipeline um: Fake News.

Diese Fake-News-Aktion über die Versorgung Deutschlands und Europas mit Gas ist nur ein Beispiel von vielen, wie durch Verdrehung von Tatsachen unser Denken verwirrt werden soll. Aufgrund meiner Beobachtung der Weltereignisse in den letzten 25 Jahren bin ich zu der Überzeugung gelangt, dass das große Lügen seit den Ereignissen des 11. September 2001 immer weiter gesteigert wurde. Internet und soziale Medien leisten bei dieser Entwicklung die besten Dienste. Selbstverständlich reicht diese Lügentaktik noch viel weiter zurück – von Pearl Harbour über Tonking bis Bagdad, denn Amerikas Kriege wurden stets mit Lügen begründet –, aber was wir heute sehen, ist eine deutliche Steigerung. Das Ziel? Uns geistig zu verwirren.

Waldrodung rettet, der menschliche Atem schädigt das Klima

Ein weiteres anschauliches Beispiel dafür, wie uns Fake News verwirren sollen, ist der sogenannte Klimawandel, auch Klimakrise genannt. Es müsse unbedingt der CO_2-Ausstoß reduziert werden, verlautbaren die Mainstream-Medien und vernebeln unsere geistige Klarheit mit abstrusen Argumenten. Ein geradezu grotesker Auswuchs davon ist ein absurder Plan von Bill Gates: Er hat eine Firma gegründet, die vorgibt, den Planeten retten zu wollen, indem sie riesige Waldflächen rodet und dann das gefällte Holz vergräbt,[77] wohingegen die Logik nahelegt, Bäume zu pflanzen, um die CO_2-Bilanz auszugleichen. »Wälder abholzen, um den Planeten zu retten, vielleicht gar nicht so verrückt, wie es sich anhört«, schreibt das amerikanische Mainstream-Magazin *Forbes*[78] und erklärt, Bill Gates und andere Investoren würden auf das sogenannte »Kodama Systems«[79] setzen, das Kohlendioxid in der Luft reduzieren soll, indem man Bäume fällt und vergräbt. Andernfalls würden diese Bäume nämlich verbrennen oder verrotten, wodurch der gespeicherte Kohlenstoff in die Luft gelangen würde. Die gewaltigen Waldbrände in Kalifornien im Jahr 2020 hätten deutlich gemacht, welche Gefahren für Luft, Eigentum und Leben von großen Wäldern ausgehen würde, erklärt Jimmy Voorhis, der die Abteilung Biomassenutzung und -politik bei Kodama leitet.[80] Die Alarmglocken wären derzeit noch deutlicher vernehmbar, da kanadische Waldbrände gefährliche Luftbedingungen bis nach New York, Washington, D.C., und Chicago verbreitet hätten. Kodama hat 6,6 Millionen Dollar Startkapital von Bill Gates' Initiative Breakthrough Energy und anderen Unternehmen erhalten.

Der U.S. Forest Service ist ganz auf Linie: Er will in den nächsten 10 Jahren 70 Millionen Hektar westlicher Wälder (vor allem in Kalifornien) ausdünnen und dabei mehr als eine Milliarde Tonnen Biomasse gewinnen. Üblicherweise werden nach einer solchen Durchforstung die Stämme in marktfähiger Größe an Sägewerke geliefert, während der Rest aufgestapelt und später kontrolliert verbrannt wird. Doch Kodama will die Reste in Erdwällen vergraben, die so konzipiert sind, dass sie trocken und anoxisch (sauerstofffrei) bleiben und das Holz vor Fäulnis oder Verbrennung schützen.

Neben dem Startkapital hat Kodama bereits 1,1 Millionen Dollar an Zuschüssen von der kalifornischen Waldbrandschutzbehörde und weiteren Einrichtungen erhalten sowie Kaufzusagen für die Kohlenstoffgutschriften, die an die ersten 400 Tonnen vergrabener Bäume gebunden sind. Auf dem freien Markt dürften diese Gutschriften einen Preis von 200 Dollar pro Tonne erzielen. Schließlich beabsichtigt Kodama, mehr als 5000 Tonnen Bäume pro Jahr zu fällen und zu vergraben. Eine weitere Einnahmequelle für diesen Irrsinn sind die zu erwartenden staatlichen Zuschüsse für diese »nachhaltige« Aktion.

Gleichermaßen in die Kategorie Irrsinn fällt eine Meldung aus Großbritannien von Dezember 2023. Dr. Nicholas Cowan, ein Atmosphärenphysiker am britischen Zentrum für Ökologie und Hydrologie in

Edinburgh, will herausgefunden haben, dass die Gase, die der Mensch ausatmet, ein wichtiger Faktor für die globale Erwärmung sind. »Die ausgeatmete menschliche Atemluft kann die Treibhausgase Methan (CH_4) und Distickstoffoxid (N_2O) enthalten, die beide ein viel höheres Erderwärmungspotenzial haben als Kohlendioxid (CO_2)«, heißt es in Cowans Studie. »Wenn Kohlenwasserstoffketten (Nahrungsarten) vom Menschen konsumiert und in CH_4 (und N_2O aus der Stickstoffaufnahme) umgewandelt werden, ist das globale Erwärmungspotenzial nicht mehr neutral, und die menschliche Atmung hat einen Nettoerwärmungseffekt auf die Atmosphäre.« Cowan kommt zu dem Schluss: »Wir mahnen zur Vorsicht bei der Annahme, dass die vom Menschen verursachten Emissionen vernachlässigbar sind.«[81]

Hier Überzeugungsarbeit zu leisten, dürfte schwierig werden, denn der Anteil der britischen »Treibhausgas«-Emissionen, der aus dem Atem der Menschen stammt, beträgt gerade einmal 0,05 Prozent für Methan und 0,1 Prozent für Distickstoffoxid. Da taucht doch sofort die Frage auf: Wie lange dauert es noch, bis die ersten Forderungen nach einer Besteuerung der Atemluft in den Mainstream-Medien auftauchen?

Es ist offensichtlich, dass Medien den Machthabern die ideale Plattform bieten, um die Bevölkerung in ein geistiges Chaos zu stürzen. Und es ist ebenso offensichtlich, dass diese Manipulation von Jahr zu Jahr intensiver wird. Ein überaus anschauliches Beispiel dafür ist die Art und Weise, wie uns schon seit Jahren die Masseneinwanderung verkauft wird.

KAPITEL 3

×

Zuwanderung – Europas Weg in den Untergang

Kriege vertreiben Menschen aus ihrer Heimat. Das konnten wir in den letzten Jahren in Afghanistan, im Irak, in Libyen, in Syrien, in der Ukraine und jetzt in Palästina beobachten. So haben sich Millionen Flüchtlinge auf den Weg nach Europa gemacht, wodurch die politische Landschaft in Europa destabilisiert wurde.

Neben und mit den Flüchtlingen gelangt auch Terror nach Europa und gefährdet die innere Sicherheit. Dann wird, wie in Frankreich bereits geschehen, der Ausnahmezustand verhängt, entgegen bisherigen Verfassungsgrundsätzen das Militär im Inland eingesetzt, und Bürgerrechte werden eingeschränkt. Somit wird der von Samuel Huntington propagierte Krieg der Religionen auch nach Europa getragen, und die Lunte zu einem großflächigen europäischen Brand ist damit gelegt.

Ich habe bereits in früheren Büchern darauf hingewiesen, dass die riesige Flüchtlingsflut eine bewusste Strategie der USA ist.[82] US-Organisationen bezahlen die Schlepper, die täglich Tausende von Flüchtlingen nach Europa bringen.

Die Beweggründe dafür erklärt der US-Spezialist Henry Paul folgendermaßen: »Die Flüchtlinge sind keine Flüchtlinge, sondern aufgeforderte Zuwanderer, die erst über beeinflusste Menschenhändler abgezockt und dann zwangsrekrutiert werden, um Europa zu bevölkern und ins Chaos zu stürzen.«[83] Deutschland sei das erste Land, das für die Chaostheorie der US-Allmacht-Strategie »gebrochen« werden müsse, weil es das erfolgreichste europäische Land sei. Und Deutschland entwickle sich bereits nach IWF-Standard: »Alle Arbeitskosten runter, alle Renten runter, alle Ansprüche runter, alle Zinsen runter, alle Steuern und Lebenserhaltungskosten rauf. Verteilung von unten nach oben. Und dann Übernahmen aller ertragreichen Firmen durch US-Investoren. Die Scouts am Markt sind sehr fleißig, und es wird keine 10 Jahre dauern, bis es keine deutschen Großfirmen oder Konzerne mehr gibt.« Der Plan dahinter sei, alles auszubeuten, »was geht, und der Kontinent muss den Oligarchen der USA gehören. Dazu müssen die Flüchtlinge ihren sozialen Auftrag ordentlich erledigen. Wenn das Land pleitegeht, werden – wie in Griechenland – die Ressourcen übereignet.«

Pauls Analyse lautet weiter, spätkolonialistische Machenschaften und Kriege der USA, von Großbritannien und Frankreich hätten den aktuellen Flüchtlingsstrom vorsätzlich verursacht und befördert, »damit der deutsche Machtblock im Herzen Europas endlich zerstört werden kann«. Und deutsche Politiker, die in den europäischen Gremien, in Landtagen sowie im Bundestag säßen, durchliefen Trainingszentren wie beispielsweise die American Academy, das Aspen Institute, die Atlantik-Brücke, Fulbright, den German Marshal Fund, die Steuben-Schurz-Gesellschaft, die Duke University Berlin, die Stanford University Berlin, die American Chamber of Commerce, den American-German Business Club, CASE und Democrats Abroad, »um diese Völkerwanderung abzusegnen«. Die damit einhergehenden enormen Kosten und das zwangsläufig entstehende Chaos seien gewollt.[84]

Der bereits zitierte amerikanische Autor Michael Morris (»Die Cloward-Piven-Strategie«) sieht das ähnlich: »Das Flüchtlingsdrama in Europa war vorhersehbar, es ist geplant und gut organisiert und es ist Teil des Krieges, den die Mächtigen in den USA gegen die eigene

Bevölkerung und gegen den Rest der Welt führen.« Ein wesentlicher Part dieser Strategie sei »die Abschaffung von Nationalstaaten und somit von nationaler Identität, von Grenzen, von Freiheit und Eigenständigkeit. [...] Zwing die Menschen in die Knie, dann werden sie allem zustimmen, was Du von ihnen verlangst! Denken Sie, dass ein solcher Plan aufgehen kann? Nun, ich denke, das tut er bereits.«[85]

Der Kampf der Kulturen in Europa

Im Oktober 2023 verschärfte sich die Migration erneut. Werner Reichel hat in einem bemerkenswerten Artikel den neuen Nahost-Krieg als Kampf der Kulturen bezeichnet, einen »Kampf der islamischen gegen die westliche Welt, gegen das sich im Niedergang befindliche Abendland«.[86] Die Muslime in Wien, Berlin oder Brüssel seien geistig und kulturell nie im Westen angekommen, denn ihre seit Jahrzehnten diskutierte Integration »war nie mehr als eine Lüge, ein leeres Versprechen, um die Bürger ruhig zu stellen, ihnen die Massenmigration als positive Entwicklung verkaufen zu können«. Daher warnt Reichel: Sollten sich »die neuen, extrem brutalen Strategien der Hamas als nützlich und erfolgreich herausstellen [...], werden sie auch in europäischen Städten und an Europäern angewandt werden. Der islamische Terror wird auch in Europa eine neue Eskalationsstufe erreichen, zumal die EU-Staaten über weit weniger effektive Sicherheitskräfte als Israel verfügen.«[87] Der mangelnde Selbstbehauptungswille und die sinkende Bereitschaft zum Schutz des eigenen Landes und seiner Werte sei »auch in Israel mit ein Grund für den brutalen und massiven Terrorangriff der Hamas«, glaubt Reichel. »Wokeismus, LGBTQ-Kult und Klimahysterie, sprich: die Dekadenz der westlichen Gesellschaften ist auch ein Problem Israels.«[88]

Reichel belegt seine Behauptung mit einer internationalen Studie aus dem Jahr 2018, die zu dem Schluss gekommen war: »In Staaten im Mittleren Osten, in Nordafrika oder in Pakistan wären aktuell bis zu 94 Prozent der Landsleute bereit, ihr Land militärisch zu verteidigen, es ist für sie selbstverständlich. In Westeuropa dokumentierten die Meinungsforscher dagegen eine andere Haltung: Im Schnitt wollte nur ein Viertel der Bevölkerung im Krisenfall mit der Waffe in der Hand das Heimatland schützen.« Der eskalierende Nahostkonflikt wirke wie ein Turbo und würde »nicht nur die Islamisten in aller Welt stärken und ermutigen, sondern auch die Migrantenströme Richtung Europa anschwellen lassen«. Mit Ausweitung des Nahostkrieges werde sich der Migrationsdruck auf Europa erhöhen, und mit der dadurch verursachten Einwanderungswelle würden deutlich mehr Islamisten, Terroristen und Gotteskrieger nach Europa strömen als bisher. Folglich wachse die Terrorgefahr und die Bedrohung des inneren Friedens massiv an. Dass die EU jegliche Zuwanderungsbegrenzung ablehne, zeige, dass es »offensichtlich der Wille des politmedialen Establishments [ist], Europa mit Muslimen zu fluten«.[89]

Der ehemalige libysche Diktator Muammar al-Gaddafi hatte diese Entwicklung kommen sehen, als er im Februar 2011 prophezeite: »Ihr sollt mich recht verstehen. Wenn ihr mich bedrängt und destabilisieren wollt, werdet ihr Verwirrung stiften, Bin Laden in die Hände spielen und bewaffnete Rebellenhaufen begünstigen. Folgendes wird sich ereignen: Ihr werdet von einer Immigrationswelle aus Afrika überschwemmt werden, die von Libyen aus nach Europa überschwappt. Es wird niemand mehr da sein, um sie aufzuhalten.«[90]

Gaddafi sollte recht behalten: Laut dem UN-Flüchtlingshilfswerk (UNHCR) waren ab März 2011 rund 11,6 Millionen Syrer auf der Flucht, von denen mindestens 4 Millionen das eigene Land definitiv verlassen haben. Mit der Vertreibung dieser Menschen ist der größte Exodus seit dem Zweiten Weltkrieg ausgelöst worden. Hinzu kamen Flüchtlinge aus Afghanistan, dem Irak und Palästina. Überdies prophezeit die Organisation für wirtschaftliche Zusammenarbeit und Entwicklung (OECD) für die nächsten Jahren eine nie da gewesene Flut von

Immigranten aus dem Orient und Afrika nach Europa, wobei Deutschland nach den USA mittlerweile das zweitbeliebteste Zielland weltweit ist.[91] In Nigeria gaben 44 Prozent der über 15-Jährigen der OECD gegenüber an, dauerhaft auswandern zu wollen; so sind es in Albanien 39, im Senegal 37 und in Syrien 31 Prozent. Und fast immer wird mindestens ein EU-Land unter den beliebtesten drei Zielen genannt.

In den meisten der 34 OECD-Länder nehmen die Flüchtlingsströme bereits zu. Doch sie werden noch weiter ansteigen: Etwa 2 Millionen syrische Flüchtlinge leben derzeit in der Türkei, wo zudem rund 300 000 Menschen aus Afghanistan, dem Irak und Pakistan ausharren, um einen Weg in die EU zu finden, und über 1,1 Millionen Syrer halten sich im immer unsicherer werdenden Libanon auf.

Als problematisch für die Lage Europas betrachtet die OECD den Umstand, dass viele Krisen in Nahost und Afrika, also im Umfeld Europas, gleichzeitig stattfinden, ohne dass eine Verbesserung der Lage in Sicht ist. Ja, das genaue Gegenteil ist zu erwarten. Denn nachdem Pakistans Innenminister Sarfraz Bugti die »illegalen Einwanderer« aufgefordert hat, bis Ende 2023 das Land zu verlassen, droht Europa eine weitere Migrationskrise.[92] Sollte Pakistan mit den gewaltsamen Massenabschiebungen, Inhaftierungen und Schikanen der Afghanen fortfahren, dann werden sich diese in ihrer Flucht vor der Taliban-Herrschaft besonders nach Deutschland auf den Weg machen. Zwar kündigte Pakistan nach Gegenreaktionen von Menschenrechtsorganisationen am 10. November 2023 an, den legalen Aufenthaltsstatus von etwa 1,4 Millionen afghanischen Flüchtlingen bis zum Jahresende zu verlängern, wies aber Forderungen zurück, die Abschiebungen von Millionen Afghanen, die sich illegal im Land aufhalten, grundsätzlich zu stoppen.

Aus Sicht der Taliban ist es für Afghanistan bereits eine enorme Herausforderung, die derzeitige Bevölkerung zu versorgen. Die Rückkehr weiterer Millionen Afghanen, die ihrer Herrschaft zumeist feindlich gegenüberstehen, würde ihre verzweifelte Lage nur noch verschlimmern.

So kündigten die pakistanischen Behörden an, Geld und Eigentum von »illegalen Ausländern« zu konfiszieren, und das Innenministerium eröffnete eine Hotline für Pakistaner, um »illegale Ausländer« zu melden, von denen sie Kenntnis hätten. Die Polizei warnte davor, dass Vermieter und Firmen, die an Afghanen ohne ordnungsgemäße Papiere vermieten oder diese beschäftigen, mit Geldstrafen belegt werden würden. Registrierte Flüchtlinge berichteten, die Polizei hätte ihre Wohnungen durchsucht, Eigentum beschlagnahmt, Meldenachweise vernichtet, Bestechungsgelder verlangt und ohne Anklage Verhaftungen vorgenommen.

Die Menschenrechtskommission Human Rights in Criminal Proceedings (HRCP, »Menschenrechte im Strafverfahren«) verurteilte die Entscheidung Islamabads, bis Jahresende über eine Million sich illegal im Land aufhaltender Afghanen auszuweisen und wies die Begründung der pakistanischen Regierung zurück, diese hätten Verbindungen zu kriminellen Gruppen und terroristischen Organisationen. Eine solche verstoße auch »gegen internationale Menschenrechtsnormen und muss sofort rückgängig gemacht werden«, sagte die Menschenrechtsorganisation in einer Erklärung. Sie zeige »nicht nur einen Mangel an Mitgefühl«, sondern spiegle auch »eine kurzsichtige und engstirnige Sicht der nationalen Sicherheit« wider. »Die große Mehrheit dieser Menschen sind schutzbedürftige afghanische Flüchtlinge und Staatenlose, für die Pakistan seit mehreren Generationen ein Zuhause ist.«[93]

Wenn Millionen von Afghanen aus Pakistan vertrieben werden und weder willens noch in der Lage sind, nach Afghanistan zurückzukehren, ist zu erwarten, dass es an den Grenzen der Europäischen Union zu einer zusätzlichen Flüchtlingskrise kommt, die mit jener auf dem Höhepunkt des Syrienkrieges vergleichbar wäre. Denn der benachbarte Iran oder die Türkei sind nicht bereit, weitere Millionen von Flüchtlingen aufzunehmen, und auch das benachbarte China winkt dankend ab.

Einige europäische Konservative erkennen das Potenzial dieses Szenarios und fordern Pakistan zum Handeln auf, da es für einen Großteil des Krieges und der Destabilisierung in Afghanistan verantwortlich ist. Pakistan hatte 1979 mit der Finanzierung, Ausbildung und Unterstützung islamistischer Gruppen in Afghanistan begonnen, um sich der säkularen und fortschrittlichen, von der Sowjetunion unterstützten Republik Afghanistan entgegenzustellen. Es unterstützte 10 Jahre lang die Mudschaheddin, bis diese im Jahr 1989 mit Waffenhilfe der USA die sowjetische Armee vertrieben hatten. Pakistan half 1996 dabei, die Taliban an die Macht zu bringen, und unterstützte islamistische Gruppen auch während der amerikanischen Besatzung von 2001 bis 2021. Deshalb liegt es nach Ansicht westlicher Politiker nicht in der Verantwortung Europas, sondern Pakistans, sich mit den Afghanen zu befassen. Das mag zwar theoretisch richtig sein, doch in der Realität werden viele vertriebene Afghanen versuchen, nach Europa zu gelangen. Es bleiben ihnen kaum andere Optionen.

Eine düstere Prophezeiung gab der langjährige Exekutivdirektor des Welternährungsprogramms der UNO, David Beasley, ab. Er warnte: »Ich möchte den Europäern sagen: Wenn ihr ein Problem mit der Migration, die aus dem Syrienkonflikt und der Destabilisierung eines Landes mit 20 Millionen Einwohnern resultierte, gehabt zu haben glaubt, dann wartet ab, bis die gesamte Sahelzone mit ihren 500 Millionen Menschen weiter destabilisiert wird. Wenn dies geschieht, müssen Europa und die internationale Gemeinschaft aufwachen.«[94]

Laut Beasley machen sich IS-Anführer nach der Zerstörung ihres »Kalifats« aus Syrien aus dem Staub und verbünden sich mit anderen Terrororganisationen wie al-Qaida und Boko Haram. Ihre Absicht ist es, in der Sahelzone durch Konflikte und Hunger eine gigantische Migrationswelle auszulösen, in deren Zuge sie nach Europa gelangen und es ins Chaos stürzen können: »Es wird sich dasselbe Muster wie vor ein paar Jahren wiederholen, nur dass sich diesmal mehr IS und andere extremistische Gruppen in den Flüchtlingsstrom einschleusen werden.«

Wiederholt weist Beasley auf den Zusammenhang zwischen unterlassener Hilfeleistung für die Menschen vor Ort und der daraus resultierenden Mobilisierbarkeit der Notleidenden durch Extremisten hin. Laut der Bilanz des Forschungsprojekts »Costs of War«[95] der amerikanischen Brown University haben mindestens 37 Millionen Menschen infolge der sogenannten »Antiterrorkriege« nach dem 11. September 2001 ihre Heimat verlassen. In diese Zahl wurden Binnenflüchtlinge und Flüchtlinge jenseits der jeweiligen Staatsgrenzen aufgrund von acht Kriegen miteinberechnet. Eine weniger vorsichtige Schätzung würde sogar auf bis zu 59 Millionen Flüchtlinge kommen, fügt der leitende Autor des Berichts, David Vine von der American University in Washington, gleich eingangs hinzu.[96] Für die massenhaften Fluchtbewegungen nach 9/11 seien militärische US-Interventionen in acht Ländern als Reaktion auf die Terroranschläge vom 11. September verantwortlich.[97] So begaben sich offiziell mehr als 9 Millionen Iraker, 7 Millionen Syrer, über 5 Millionen Afghanen, jeweils an die 4 Millionen Pakistanis, Yemeniten und Somalier, fast 2 Millionen Filipinos und über 1 Million Libyer auf die Flucht. Allerdings schätzt David Vine die Zahl von 37 Millionen Flüchtlingen als zu niedrig ein, denn man habe bei der Zählung eine Menge weiterer Konflikte ausgespart. So wurden in dem Bericht zwar »Kampfeinsätze von US-Truppen in Afrika, in Burkina Faso, Kamerun, der Zentralafrikanischen Republik, in Mali, Niger, Südsudan oder auch in Tunesien« erwähnt, die »dort über Kämpfe ausgelösten Fluchtbewegungen […] aber nicht mit hineingenommen in den Bericht«.[98] Insgesamt hätten US-Truppen seit George W. Bush's Ankündigung des »Global War on Terror« in 21 Ländern Kampfeinsätze bestritten, so Vine, der auch Autor eines Buches über die Geschichte endloser US-Konflikte ist.[99]

Dem Bericht liegen die Statistiken über Flüchtlinge und Asylsuchende zugrunde, die vom Hohen Flüchtlingskommissar der Vereinten Nationen (United Nations High Commissioner for Refugees, UNHCR) stammen, sowie die Statistiken über Binnenflüchtlinge vom Internal

Displacement Monitoring Centre (IDMC). Genutzt wurden ferner Daten der Internationalen Organisation für Migration (IOM) wie auch vom UN-Büro für die Koordinierung von humanitärer Hilfe (OCHA).

Auf jeden Fall kann man festhalten, dass das Vorhaben, den Nahen und Mittleren Osten ins Chaos zu stürzen und die Nationalstaaten zu zerstören, gelungen ist. Und auch das zweite Ziel wurde erreicht, nämlich Europa durch Massenmigration zu destabilisieren.

Hinzu kommt, dass durch die weltweite Nahrungsmittelkrise eine neue Migrationswelle ausgelöst wird (ich komme darauf im nächsten Kapitel zurück). Im Juni 2022 veröffentlichte die EU einen 27-seitigen Bericht, in dem auf die Gefahr einer katastrophalen Hungersnot in Nordafrika und im Zuge dessen auf »neue Wellen sozialer Proteste, Binnenvertreibung und Migration in benachbarte Regionen und möglicherweise in die EU« hingewiesen wird.[100]

Und der Vorsitzende der Italienischen Liga, Matteo Salvini, fürchtet, dass bis zu 20 Millionen Afrikaner versuchen könnten, nach Europa zu gelangen, wenn die Unterbrechung der Getreidelieferungen anhält. Salvini warnt: »Auf dem afrikanischen Kontinent ist ein erheblicher Hunger zu erwarten, der zunächst ein humanitäres, dann ein soziales und schließlich ein italienisches Problem sein wird.«[101]

Doch die Abwanderung von Menschen aus Afrika mit Europa als bevorzugtem Ziel ist längst im Gange. Laut einer Umfrage in fünfzehn afrikanischen Ländern vom Juni 2022 möchten mehr als die Hälfte der jungen Afrikaner ihren Kontinent in den kommenden Jahren verlassen.[102]

»Geordnete Migration« für jährlich 20 Millionen Klimaflüchtlinge

Die Migration nach Europa wird nicht nur von der Politik, sondern auch von den Kirchen gefördert. Caritas Internationalis hat im Herbst

2023 frühzeitige Migrationsmöglichkeiten für vom Klimawandel betroffene Bevölkerungen gefordert. Ungeregelte Fluchtbewegungen seien mit Menschenrechtsverletzungen verbunden. Anders gesagt: Was derzeit bei uns ungeregelt stattfindet, sei inhuman. Und offensichtlich nicht ausreichend, um all das Elend dieser Welt zu schultern. Von Wirtschaftsmigranten zu sprechen, wenn Menschen aufgrund des Klimawandels ihre Unterhaltsmöglichkeiten entzogen würden, sei irreführend. Man könne nicht erwarten, dass sie so lange mit einer Auswanderung warten, bis es um Leben und Tod gehe, heißt es bei der Caritas. Die Absicht ist klar: Aus dem Wirtschaftsmigranten soll der Klimamigrant werden. »Caritas Internationalis sieht als Problem, dass ein klimabedingter Verlust von Lebensgrundlagen nicht unter die Fluchtgründe der UN-Flüchtlingskonvention falle. Das Genfer Abkommen von 1951 sollte entsprechend geändert werden.«

Das Problem gehe aber weit darüber hinaus, denn in jenen Ländern, in denen der Klimawandel erhebliche Auswirkungen auf die Lebensbedingungen haben könne, lebten ungefähr 3,3 Milliarden Menschen. »Der menschliche Ursprung des Klimawandels könne nicht mehr bezweifelt werden, schreibt der Papst in dem dreizehn Seiten langen Schreiben« der Caritas.«[103]

Allerdings könnte Europa noch viel dramatischer überrannt werden. So stellte der kürzlich verstorbene deutsche Wirtschaftswissenschaftler und Soziologe Professor Gunnar Heinsohn die Prognose auf, bis zu 950 Millionen Afrikaner und Araber könnten in den nächsten Jahren aus ihren Heimatländern in den »gelobten« Kontinent auswandern wollen.[104]

Die Berechnungen des ehemaligen Professors für Militärdemografie am NATO Defense College ergeben kein rosiges Bild für Europas Zukunft. Stellt man den fast eine Milliarde umfassenden auswanderungswilligen Afrikanern und Arabern die demografischen Entwicklungen in Europa bis 2050 gegenüber, so hätte Europa – wenn das Wirtschaftswachstum annähernd konstant bleiben würde – »lediglich«

250 Millionen Plätze frei. Allerdings sollte es sich bei den 250 Millionen Zuwanderern um hochqualifizierte Arbeitskräfte handeln.

Dass damit bei den Zuwanderern jedoch nicht zu rechnen sei, erklärt Professor Heinsohn wie folgt: »Wer jetzt den Weg über die Schlepper-Boote wählt, hat schließlich schon daheim den Ansprüchen nicht genügt.«[105] Und daher werde es zu einem erbitterten Wettkampf zwischen Migranten um freie Plätze auf dem Markt kommen. Die überwiegende Mehrheit der Migranten, welche sich bereits jetzt auf dem Kontinent befänden, sei unterqualifiziert und müsse dauerhaft, aufgrund der hohen Geburtenrate unter diesen, durch weitere Migranten finanziert werden. Dies werde angesichts des ungezügelten Zuzuges schlussendlich zu einem Kollaps führen, da die Sozialsysteme an einem gewissen Punkt zusammenbrechen.

Gefahr für die innere Sicherheit

Wir brauchen gar nicht zu warten, bis sich Heinsohns Prophezeiungen erfüllen. Schon heute erleben wir, wie die Flüchtlingskrise die Gesellschaft radikalisiert, Auseinandersetzungen zwischen »Rechten« und »Linken« schürt und die Gefahr politischer Anschläge erhöht. Nicht zuletzt trägt die Wohnungsnot in den Städten ihren Teil zu dieser Radikalisierung bei.

Bereits am 17. September 2015 – nicht einmal 2 Wochen nach der Einladung der Bundeskanzlerin an die Flüchtlinge, nach Deutschland zu kommen – räumten die deutschen Behörden ein, dass sie den Überblick über die Flüchtlinge verloren hätten. Offenbar bewegten sich Tausende von Flüchtlingen ohne Registrierung durch das Land. Für die Bundesländer sei die Lage unübersichtlich.[106]

Das Bundesamt für Migration und Flüchtlinge kam in seinem Migrationsbericht zu dem Ergebnis: »Somit ergab sich im Jahr 2015 eine Differenz zwischen den Registrierungszahlen des EASY-Systems

(Erstverteilung der Asylbegehrenden) und den Asylantragszahlen. Im Jahr 2015 wurden im EASY-System zunächst 1 091 894 Zugänge von Asylsuchenden registriert, diese Zahl lag deutlich über der Zahl der Erstantragstellungen des Jahres 2015 (441 899; Folgeanträge: 34 750). Allerdings konnten bei der Erfassung im EASY-System Fehl- und Doppelerfassungen sowie Weiter- oder Rückreisen nicht ausgeschlossen werden, da in EASY keine personenbezogenen Daten aufgenommen wurden.«[107] Am Ende des Jahres waren also mehr als eine halbe Million Asylsuchender noch nicht ordnungsgemäß registriert, woraufhin die *Frankfurter Allgemeine Zeitung* von »Kontrollverlust« sprach und schrieb, »die Besorgnis der Bürger« wachse.[108] Eine Umfrage des Instituts für Demoskopie Allensbach ergab eine »tiefe Beunruhigung in der Bevölkerung«, und ihre Zahlen sprachen für sich: Im August 2015 hatten 40 Prozent der Befragten »große Sorgen«, was die »Entwicklung der Flüchtlingssituation in Deutschland« betraf. Im September waren es 44 und im Oktober schon 54 Prozent. Mehr als die Hälfte, nämlich 57 Prozent der Bürger seien überzeugt, »dass Deutschland jegliche Kontrolle darüber verloren hat, wie viele Flüchtlinge ins Land kommen«. Die Umfrage kommt zu dem Schluss: »Besonders kritisch ist, dass in der Bevölkerung Zweifel daran weitverbreitet sind, ob die Politik überhaupt eine Vorstellung hat, wie die Probleme eingegrenzt und bewältigt werden können.«[109]

Vorschub geleistet habe »diesem Gefühl des Kontrollverlusts wohl auch jene Bemerkung von Bundeskanzlerin Merkel, dass man 3000 Kilometer Grenzen Deutschlands gar nicht schützen könne«. Ein solcher Satz habe eine »enorme Wirkung«, sagte die Leiterin der Allensbacher Umfrage, Renate Köcher.[110]

Viele Flüchtlinge drängten in die deutschen Großstädte. Eva Lohse, die Präsidentin des Deutschen Städtetags sowie Ludwigshafens Oberbürgermeisterin, warnte, dort wäre nicht genügend Wohnraum vorhanden. »Sie forderte, dass Flüchtlingen ein Wohnsitz außerhalb der Großstädte zugewiesen wird. Die Städte seien überfordert, sagte Lohse, wenn alle Flüchtlinge ihren Wohnsitz frei wählen könnten. »Wir sind gut beraten, den Zuzug zu entzerren.« Sie empfahl eine Wohnsitzauflage und eine Bindung der ersten Integrationsleistungen für Flüchtlinge an die Verpflichtung zu einem bestimmten Wohnsitz, solange diese noch ohne Arbeitsplatz sind. Die von Bund und Ländern zur Verfügung gestellten Mittel für den sozialen Wohnungsbau seien nicht ausreichend, weshalb die Städte »in mehreren Ländern ohne hinreichende finanzielle Zusagen bauen« müssen.[111]

Die deutschen Gemeinden und Städte haben seit 2015 allen Grund, beunruhigt zu sein, denn das Bundeskriminalamt gab Ende November 2023 bekannt, dass im ersten Halbjahr des Jahres ein Anstieg der Gewalttaten um 17 Prozent im Vergleich zum Vorjahreszeitraum zu verzeichnen gewesen sei. Die Begründung bietet echten Zündstoff für die Einwanderungsdebatte: »Deutschland verzeichnet aktuell eine hohe Zuwanderungsrate. Dadurch steigt die Bevölkerungszahl an, und der Anteil an Nichtdeutschen an der Gesamtgesellschaft nimmt zu. Es ist davon auszugehen, dass viele Schutzsuchende mehrere Risikofaktoren aufweisen, die Gewaltkriminalität wahrscheinlicher machen.«[112] Was die Delikte angehe, so sei »ein stärkerer Anstieg bei den nicht deutschen Tatverdächtigen festzustellen«. Während der Prozentsatz unter Deutschen (wozu auch Doppelstaatler gerechnet werden) 8 Prozent betrug, läge dieser bei Nichtdeutschen bei 23 Prozent. Noch dramatischer ist die Zunahme von Gewaltkriminalität unter ausländischen Kindern und Jugendlichen, nämlich 37 im Vergleich zu 12 Prozent unter deutschen Minderjährigen (auch hier einschließlich der Doppelstaatler).

Ähnliche Daten liefert die niederländische Kriminalitätsstatistik.[113] Ihr zufolge sind Einwanderer und Nachkommen außereuropäischer Einwanderer bei den von der Polizei gesammelten Kriminalitätsdaten alarmierend überrepräsentiert.

Nicht westliche Einwanderer machen zwar nur 14 Prozent der niederländischen Bevölkerung aus, stellen aber einen unverhältnismäßig hohen Anteil der Angeklagten: Bei Sexualdelikten 35 Prozent, bei

Körperverletzung 40 Prozent, ebenfalls 40 Prozent bei Drogendelikten und sogar 60 Prozent bei Raubüberfällen.

Insbesondere Afrikaner sind in beunruhigendem Ausmaß an Verbrechen beteiligt, ihr Anteil an den Verdächtigen ist vier- bis fünfmal höher als der der »indigenen« Niederländer. Und 70 Prozent der marokkanischen 30-Jährigen, die in den Niederlanden leben, waren mindestens einmal in ein Verbrechen oder Vergehen verwickelt.

Die größte Gefahr besteht jedoch darin, dass unter den vielen wehrfähigen jungen Männern, die seit 2015 unkontrolliert nach Deutschland kommen, erhebliche Anteile ausgebildeter Kämpfer sein könnten, die vom IS gezielt als Schläfer nach Europa beziehungsweise Deutschland geschickt werden, um zu gegebener Zeit für die Errichtung eines Kalifats zu kämpfen. Solche islamistischen Terroristen könnten auch als vermeintliche Flüchtlinge aus der Ukraine eingereist sein, warnt der Präsident des thüringischen Verfassungsschutzes Stephan Kramer: »Islamisten haben stets auch Fluchtrouten und Fluchtbewegungen genutzt, um potenzielle Kämpferinnen und Kämpfer nach Europa einzuschleusen.«[114] Kombiniert mit den bereits in Deutschland lebenden Hamas-Sympathisanten bestehe derzeit ein »beachtliches Gefahrenpotenzial«. Dabei seien vor allem Einzeltäter gefährlich, die »jederzeit ohne Befehl und Strukturen losschlagen« könnten. Der Krieg zwischen der Hamas und Israel sei für Islamisten »zum Motivationstrigger geworden«, und davon seien nicht nur Juden, sondern alle betroffen, die als Unterstützer Israels wahrgenommen würden.

2024 würden sich die Fußballeuropameisterschaft in Deutschland und die Olympischen Sommerspiele in Paris vorzüglich als Anschlagsziele für Terroristen eignen. »Die Aussagen der Dschihadisten zu den möglichen Anschlagszielen sind eindeutig, bis hin zur Wahl einfacher und alltäglicher Waffen«, bestätigte Kramer.

Die Bilder, die der Weltöffentlichkeit die brutale Zerstörung des Gazastreifens durch Israel zeigen, die uns daran teilhaben lassen, wie gezielt Krankenhäuser und Zivilisten bombardiert werden, die uns grinsende israelische Soldaten präsentieren, während sie Kinderspielzeug verbrennen – all diese Bilder könnten eine bewusste Provokation sein, um die Islamisten in der westlichen Welt zu Terroranschlägen aufzustacheln.

Europa drohen Bürgerkriege

Wir steuern also auf bürgerkriegsähnliche Zustände und damit auf ein Chaos zu. Der ehemalige Direktor der CIA, Michael V. Hayden, warnt: »Europäische Länder, von denen viele bereits große Einwanderergruppen haben, werden ein besonderes Wachstum ihrer muslimischen Bevölkerung sehen, während die Zahl der Nichtmuslime mit sinkenden Geburtenraten schrumpfen wird. Die soziale Integration von Einwanderern wird für viele Aufnahmeländer eine große Herausforderung darstellen – was wiederum das Potenzial für Unruhen und Extremismus erhöht.«[115]

Alfred Ellinger, der Präsident der Vereinigung österreichischer Kriminalisten, Strafrichter und Vizepräsident des Landesgerichts Eisenstadt in Österreich, prophezeit in seiner Analyse der Islamisierung Österreichs und Europas, Europa werde zum »Schlachtfeld für einen großen Kampf werden«, und beendet seine Ausführungen mit dem Satz: »Wenn sich Europa nicht sehr schnell von einer völlig verfehlten Migrationspolitik, der Vision einer multikulturellen Gesellschaft und einer verfehlten Toleranz im Umgang mit verhetzten Islamisten verabschiedet, wird der gebetsmühlenartige Aufruf zu Dialog und Toleranz zu ungeahnten Problemen und zu neuen politisch motivierten Glaubenskriegen in unseren Städten führen.«[116]

Wie dieser Bürgerkrieg von muslimischer Seite angefacht werden soll, darüber gibt der Vortrag des Imams der al-Aqsa-Moschee in Jerusalem, Scheich Muhammad Ayed, Aufschluss, der über die Videoplattform YouTube verbreitet wurde. Die Aufnahme muslimischer Einwanderer habe nichts mit Barmherzigkeit zu tun, sondern solle nur die Fabriken mit jungen Arbeitern füllen. Denn die Europäer »haben ihre Fruchtbarkeit verloren, deswegen verlangen sie nach unserer. Wir werden mit ihnen Kinder zeugen, weil wir ihre Länder erobern werden.« Und dann ruft Ayed aus: »Oh Deutsche, oh Amerikaner, oh Franzosen, oh Italiener und alle, die so sind wie ihr. Nehmt die Flüchtlinge auf! Wir werden sie bald im Namen des kommenden Kalifats einsammeln.« Man werde diesen Völkern sagen: »Das sind unsere Söhne.« An die Muslime gewandt, erklärte er: »Die Juden und Christen werden euch nie mögen, aber ihr werdet dennoch nie ihren Religionen folgen. Diese dunkle Nacht wird bald vorüber sein, und dann werden wir sie niedertrampeln, so Allah will.«[117]

Neben Terroranschlägen droht deutschen Städten eine weitere Gefahr, die durch den permanenten Krieg der türkischen Regierung gegen die Kurden im Südosten des Landes ausgelöst wird. Nun sind die aus der Türkei geflohenen Kurden keine IS-Kämpfer, aber sie sind kriegserprobt und könnten ihren Freiheitskampf in deutsche Städte tragen.

Türkische Nationalisten sind bereits bundesweit gegen die kurdische Befreiungsbewegung, die Arbeiterpartei Kurdistans PKK und auch nach dem angeblichen Militärputsch zur Unterstützung Erdoğans auf die Straße gegangen, und zwar in Hamburg, Frankfurt am Main, Stuttgart, Nürnberg, München, Köln und Hannover. Diese Aufmärsche wurden als »Protest gegen den Terror der PKK und des IS« deklariert, und der türkischsprachige Aufruf lautete in deutscher Übersetzung: »Alles für das Vaterland. Märtyrer sind unsterblich. Das Vaterland ist unteilbar.« Unter den gleichen propagandistischen Losungen mobilisiert man in der Türkei zu Demonstrationen und rechtfertigt die Angriffe der Armee auf kurdische Städte.

In Frankreich ist die Lage noch schlimmer. »Wir stehen am Rande eines Bürgerkrieges«, stand schon Mitte Juni 2016 in der Pariser Tageszeitung *Le Figaro* zu lesen, und sie stammten nicht von irgendwem, sondern aus dem Munde von Patrick Calvar, Chef des französischen Inlandsgeheimdienstes.[118] »Die Terroranschläge von 2015 und 2016, die anhaltende islamistische Terrorgefahr und die sichtbar fortschreitende islamische Radikalisierung in sogenannten Banlieue-Siedlungen haben die Stimmung im Lande verändert«, wird der *Figaro* von Heinrich Maetzke im *Bayernkurier* zitiert. »Nichts sei ausgeschlossen, ›in einem Land, das so eruptiv ist wie das heutige Frankreich‹.« Auf die Frage, welcher Funke eine Explosion auslösen »und das Land in unkontrollierbares Territorium« verwandeln könne, »wo Gruppen zu den Waffen greifen, um Selbstjustiz zu üben, und wo dann die Spirale der Gewalt nicht mehr anzuhalten« sei, mutmaßt das Blatt: möglicherweise »eine Massenvergewaltigung wie diejenige, die in der Neujahrsnacht [2015/2016] von maghrebinischen Einwanderern in Köln verübt wurde«.[119]

Vor 10 Jahren habe es schon einmal eine ähnlich kritische Situation gegeben: »Während des letzten Konfliktes zwischen Israel und Gaza tobten in Paris, und nicht nur dort, muslimische Gaza-Anhänger aus den Banlieues mit wilden antisemitischen Parolen. Im Vorort Sarcelles, nördlich von Paris, kam es fast zum Sturm auf die Synagoge. Angehörige einer jüdischen Verteidigungsliga bauten sich vor der Synagoge auf und konnten das Schlimmste verhindern.« Nach dem Hamas-Angriff vom 7. Oktober 2023, dem darauffolgenden Bombardement des Gazastreifens durch Israel und den Zehntausenden toten palästinensischen Zivilisten dort eskalierten die Unruhen auf Frankreichs Straßen mit neuer Heftigkeit. Der Historiker Georges Bensoussan kommentiert dies folgendermaßen: »Wir schauen gerade zu, wie in Frankreich zwei Völker entstehen, was so weit geht, dass manche schon die Keime des Bürgerkriegs heraufbeschwören.« Vor 10 Jahren hätte man die Idee eines Bürgerkriegs noch für lächerlich gehalten, heute aber ist immer häufiger die Rede davon. »Das Gefühl, dass sich gerade zwei Völker bilden, Seite an Seite, die sich oft mit Feindseligkeit betrachten, dieses Gefühl wird heute von vielen geteilt.«[120]

Aber nicht nur Terrorkämpfer aus Nahost versetzen Europa in Angst und Schrecken. Die USA und die NATO haben während des

Kalten Krieges in Europa sogar eine unter dem Namen »Gladio« bekannt gewordene eigene Terrortruppe aufgebaut, die im Fall einer sowjetischen Invasion als Widerstandsorganisation aktiv werden sollte; daher auch die Bezeichnung »Stay behind» (»im Hintergrund bleiben«). Dieses Gladio-Netzwerk hat in mehreren europäischen Staaten Terroranschläge verübt und »Operationen unter falscher Flagge«, organisiert, um die politische Landschaft gemäß den Interessen der USA zu beeinflussen. So geht beispielsweise der Bombenanschlag auf den Bahnhof von Bologna vom 2. August 1980, der 85 Todesopfer und mehr als 200 Verletzte forderte, auf das Konto von Gladio. Ein Untersuchungsausschuss des italienischen Parlaments stellte fest: »Diese Massaker wurden organisiert oder unterstützt von Personen in Institutionen des italienischen Staates und von Männern, die mit dem amerikanischen Geheimdienst in Verbindung standen.«[121]

Der Schweizer Historiker und Friedensforscher Daniele Ganser, dessen Buch *NATO-Geheimarmeen in Europa* für internationale Furore sorgte, vermutet, dass Gladio auch hinter dem Oktoberfestattentat steckte. Der Terroranschlag am 26. September 1980 am Haupteingang des Oktoberfests in München hatte dreizehn Menschen getötet und 211 verletzt, 68 davon schwer. Der Anschlag gilt als schwerster Terrorakt der deutschen Nachkriegsgeschichte. Der Täter Heinz Lembke war angeblich ein Einzeltäter.

Daniele Ganser sagte 2015 in einem Interview mit *Telepolis*: »In Deutschland wurde 1990 von der Regierung Kohl die Existenz einer Stay-behind-Geheimarmee bestätigt. Das ist ein Fakt. Doch als man in den 1980er-Jahren das Oktoberfestattentat untersuchte, war die Existenz von *Stay behind* noch nicht bekannt. Daher konnte man das damals auch nicht untersuchen, oder zumindest lag diese Piste sehr im Dunklen. Heute sind wir in einer besseren Situation. Man kann gezielt untersuchen, ob die Geheimarmee in den Anschlag involviert war, ob zum Beispiel Sprengstoff aus Stay-behind-Waffenlagern verwendet wurde oder ob der verstorbene Heinz Lembke ein Mitglied der Stay-behind-Geheimarmee war. Kurz nach dem Anschlag hatten ja Mitglieder der Deutschen Aktionsgruppen erklärt, Lembke habe sie immer wieder mit Waffen und Sprengstoff versorgt. Man müsste unbedingt den Sprengstoff, den man bei Lembke gefunden hat, mit jenem vom Oktoberfest vergleichen.«[122]

In jenem höchst aufschlussreichen Interview nannte Ganser noch ein weiteres Beispiel für die Arbeit von Gladio: die Ukraine. »Dort hat es am 20. Februar 2014 auf dem Maidan in Kiew ein Massaker durch Scharfschützen gegeben. Das Massaker führte zum Sturz von Janukowitsch und danach zum Ausbruch des Krieges in der Ukraine. Ein Politologe in Kanada, Ivan Katchanovski, hat nun zu diesem 20. Februar geforscht und herausgefunden, dass vermutlich nicht Janukowitsch, sondern Verbündete der jetzigen Regierung hinter dem Anschlag stehen. Wenn das so stimmt, und das wäre ungeheuerlich, dann hätten wir hier ein sehr aktuelles Beispiel von False Flag Strategy of Tension, also genau dieser Technik, welche ich in meinem Buch zu den NATO-Geheimarmeen für den Kalten Krieg beschrieben habe.«[123]

Die Ideologie hinter der Zuwanderung

Barbara Coudenhove-Kalergi ist die Nichte des 1972 verstorbenen Gründers der Paneuropabewegung, der für den europäischen Kontinent bereits 1925 eine eurasisch-negroide Mischrasse prophezeite und 1950 den ersten Karlspreis verliehen bekam. Sie warnte 10 Tage vor der Öffnung der deutschen Grenzen für eine Million Asylanten im Jahr 2015, Europa bekomme »ein neues Gesicht, ob es den Alteingesessenen passt oder nicht. Wir leben in einer Ära der Völkerwanderung. Sie hat eben erst begonnen, und sie wird mit Sicherheit noch lange nicht zu Ende sein.«[124] Damit sagte sie punktgenau voraus, was wenige Tage später eintraf. 3 Jahre später schreibt sie: »Ein Europa, das homogen, weiß und christlich ist, gibt es nicht mehr und wird es nie mehr geben. Auch dann nicht, wenn es kein einziger Flüchtling mehr auf unseren Kontinent schafft.«[125]

Am 4. August 1999, als er noch UN-Sonderbotschafter im Kosovo war, äußerte Sergio Vieira de Mello dem US-Fernsehen gegenüber: »Unvermischte Völker sind eigentlich ein Nazi-Konzept. Genau das haben die alliierten Mächte im Zweiten Weltkrieg bekämpft. Die Vereinten Nationen wurden gegründet, um diese Konzeption zu bekämpfen, was seit Jahrzehnten auch geschieht.« Und genau dies sei der Anlass für den militärischen Einsatz der NATO im Kosovo gewesen »sowie der Grund, warum der Sicherheitsrat der Vereinten Nationen eine derart starke Militärpräsenz im Kosovo verlangte – nämlich um ein System ethnischer Reinheit zu verhindern«.[126] Dieser Argumentation stimmte auch Wesley Clark zu, der Oberbefehlshaber der NATO-Streitkräfte im Kosovo-Krieg: »Es gibt keinen Platz in einem modernen Europa für ethnisch reine Staaten. Das ist eine Idee aus dem 19. Jahrhundert; wir versuchen, den Übergang in das 21. Jahrhundert zu gestalten, und das werden wir mit multiethnischen Staaten machen.«[127]

Ricardo Diez-Hochleitner, von 1991 bis 2000 Präsident des Club of Rome, bläst ins gleiche Horn: »Ich hoffe, dass im Jahr 2030 oder 2050 große Anteile von Menschen aus anderen Regionen in Europa leben werden; um es ganz deutlich zu sagen, Menschen anderen ethnischen Ursprungs: schwarz, gelb, oder was immer. So wird aus Europa ein Schmelztiegel aus Ost und West, Nord und Süd. Und Europa verschmilzt auch mit dem Rest der Welt.«[128] Dementsprechend empfiehlt eine UN-Studie, das Schrumpfen der Bevölkerung in Europa durch eine »Bestandserhaltungs-Migration« aus Afrika und dem Nahen Osten auszugleichen. Um das »potenzielle Unterstützungsverhältnis«, das heißt das Verhältnis zwischen der Zahl der Menschen im erwerbsfähigen Alter (15–64 Jahre) und der Zahl der Senioren (65 Jahre oder älter) zu erhalten, seien für Deutschland jährlich 3 630 000 und für die gesamte EU jährlich 13 480 000 Migranten erforderlich.[129]

Aber die Pro-Migrationspropaganda geht noch weiter: Einem Bericht der EU-Statistikbehörde Eurostat ist zu entnehmen, dass einem Plan Brüsseler Ökonomen zufolge bis 2050 insgesamt 56 Millionen Immigranten aus Afrika nach Europa geholt werden sollen, um den Bevölkerungsrückgang auszugleichen, und überdies Einwanderer legale Rechte und Zugang zu Sozialleistungen erhalten sollen. Ferner wird die EU aufgefordert, afrikanische Regierungen bei der Einrichtung von Migrationsinformationszentren zu unterstützen, um die Arbeitskräftemobilität zwischen Afrika und der EU besser zu managen.[130]

In einer Rede bekannte sich der ehemalige französische Präsident Nicolas Sarkozy ganz offen zur geplanten ethnischen Vermischung: »Was also ist das Ziel? Das Ziel ist die Rassenvermischung. Die Herausforderung der Vermischung der verschiedenen Nationen ist die Herausforderung des 21. Jahrhunderts. Es ist keine Wahl, es ist eine Verpflichtung! Es ist zwingend! Wir können nicht anders, wir riskieren sonst Konfrontationen mit sehr großen Problemen. Deswegen müssen wir uns wandeln und werden uns wandeln. Wir werden uns alle zur selben Zeit verändern: Unternehmen, Regierung, Bildung, politische Parteien, und wir werden uns zu diesem Ziel verpflichten. Wenn dies vom Volk nicht freiwillig getan wird, dann werden wir staatlich zwingende Maßnahmen anwenden.«[131]

Peter Sutherland, inzwischen verstorbenes Mitglied des Lenkungsrats der Bilderberger, vormaliger EU-Kommissar und bis 2017 Sonderberichterstatter der UNO für Migration, hielt Deutschland und Europa für ethnisch zu homogen und hatte die EU zu verstärktem Vorgehen gegen dieses Problem ermahnt. Wild entschlossen, den Europäern ihre nationale Souveränität und den »lästigen prähistorischen« Nationalstaat auszutreiben und als das Böse schlechthin zu brandmarken,[132] riet Sutherland zu einer »Entwicklung multikultureller Staaten« und forderte die EU auf, ihr Bestes zu tun, um die Homogenität der Mitgliedstaaten zu untergraben und den noch immer gehegten Sinn für unsere Homogenität und Unterschiedlichkeit anderen gegenüber zu unterminieren.[133] So schlug er vor, die Geschlossenheit und die Souveränität der Nationalstaaten dadurch zu zerstören, dass man große Migrationsströme dorthin lenke, denn es sei ein Affront gegenüber den europäischen Werten, der europäischen Würde und gegen die Gleichheit aller Menschen, nicht alle, auch die Wirtschaftsflüchtlinge, die in Europa leben möchten, hereinlassen zu wollen. Wirtschaftsflüchtlinge seien Kämpfer für das Überleben und für die Zukunft Europas.[134]

Deutsche Politiker marschieren im Gleichschritt bei dieser Umgestaltung Europas mit. So äußerte beispielsweise der frühere Vizekanzler Sigmar Gabriel den Wunsch, die europäischen Staaten sollten mehr afrikanische Flüchtlinge aufnehmen.[135] Und Joachim Gauck forderte die Deutschen in seiner Funktion als Bundespräsident dazu auf, sich beim Wandel Deutschlands hin zum Einwanderungsland in Geduld und Offenheit zu üben. Es sei ein langer Prozess, bis aus der alten Mehrheitsgesellschaft und den Einwanderern ein verändertes Deutschland hervorgehe. Dann aber werde das »gemeinsame Deutschsein« nicht mehr nur die gemeinsame Staatsbürgerschaft meinen, sondern es werde selbstverständlich sein, dass Deutsche auch schwarz, muslimisch oder asiatisch sein könnten.[136]

Yascha Mounk, bis 2015 Mitglied der SPD, gestand ganz offen: »In Westeuropa läuft ein Experiment, das in der Geschichte der Migration einzigartig ist: Länder, die sich als monoethnische, monokulturelle und monoreligiöse Nationen definiert haben, müssen ihre Identität wandeln. Wir wissen nicht, ob es funktioniert, wir wissen nur, dass es funktionieren muss.«[137] Mounk lehrt in Harvard politische Theorie, ist Deutscher mit jüdischer Religionszugehörigkeit und seit 2017 US-Staatsbürger; ferner ist er Fellow dreier Thinktanks, hinter denen zahlungskräftige Eliten stehen. Dieses Ziel erklärt er ein weiteres Mal öffentlich in den abendlichen *Tagesthemen* der ARD und, wie es hieß, »ganz locker« im Interview mit Caren Miosga: »[…] dass wir hier ein historisch einzigartiges Experiment wagen, und zwar eine monoethnische und monokulturelle Demokratie in eine multiethnische zu verwandeln. Das kann klappen, das wird, glaube ich, auch klappen, dabei kommt es aber natürlich auch zu vielen Verwerfungen.«[138] Wer dieses »wir« ist, mit dem ganz sicherlich nicht die Bevölkerung gemeint sein kann, bleibt undefiniert.

Einer Rede von Frans Timmermans, erster geschäftsführender Vizepräsident der EU-Kommission im Europäischen Parlament von 2019–2023, ist Folgendes zu entnehmen: Er fordert die Mitglieder des EP dazu auf, ihre Anstrengungen zu verstärken, monokulturelle Staaten auszuradieren und den Prozess der Umsetzung der multikulturellen Diversität bei jeder einzelnen Nation weltweit zu beschleunigen. Timmermans zufolge seien europäische Kultur und europäisches Erbe lediglich soziale Konstrukte – das erinnert uns an die Cancel Culture oder den Dekonstruktivismus aus dem letzten Kapitel. Timmermans weiter: Europa sei schon immer ein Kontinent von Migranten gewesen, und europäische Werte bedeuteten, dass man multikulturelle Diversität zu akzeptieren habe. Wer sich dieser Diversität, dieser kulturellen Vielfalt entgegenstelle, stelle den Frieden in Europa infrage. Wie Timmermans ferner erklärt, beruht »die Zukunft der Menschheit nicht länger auf einzelnen Nationen und Kulturen, sondern auf einem Vermischen von Kulturen und Identitäten«. Kein Land soll der unvermeidlichen Vermischung entgehen, vielmehr sollen die Zuwanderer dazu veranlasst werden, auch die entferntesten Plätze des Planeten zu erreichen, um sicherzustellen, dass nirgends mehr homogene Gesellschaften bestehen bleiben. Die Vielfalt werde jetzt in einigen Teilen Europas als Bedrohung angesehen; aber die Vielfalt sei das Schicksal der Menschheit. »Es wird keinen Staat mehr geben, selbst an den entferntesten Orten, der künftig nicht mit Vielfalt konfrontiert sein wird. Europa wird vielfältig sein, wie alle anderen Teile der Welt vielfältig sein werden.«[139]

António Guterres, bis 2015 Flüchtlingskommissar und seit dem 1. Januar 2017 Generalsekretär der UNO, lässt uns wissen, dass die Migration nicht das Problem, sondern die Lösung sei. Die europäischen Nationen hätten kein Recht darauf, ihre Grenzen zu kontrollieren, sie müssten stattdessen die ärmsten Menschen der Welt aufnehmen. »Es muss anerkannt werden, dass Migration unausweichlich ist und nicht aufhören wird. Wir müssen die Europäer davon überzeugen, dass es multiethnische Gesellschaften sind, die auch multikulturell und multireligiös sind, die den Wohlstand erzeugen.« Die Politiker sollten diese Werte höherstellen als den mehrheitlichen Wählerwillen.[140]

Laut Václav Klaus, dem ehemaligen tschechischen Ministerpräsidenten, gehört die Afrikanisierung Europas auch zu einer gewissen Taktik der EU-Elite. Mit den Migranten aus dem Nahen Osten und aus Afrika will diese den »neuen Menschen« im »neuen Europa« züchten. Das funktioniere aber nur, wenn die Nationalstaaten gesellschaftlich so durchgeschüttelt würden, dass ihre Bevölkerungen bereit seien, alle nationalen Kompetenzen an das neue Europa abzugeben.[141]

Soweit die Vorgeschichte. Inzwischen sind die oben zitierten Äußerungen zum Bevölkerungsaustausch längst umgesetzt worden: Das Global-Compact-Abkommen, das zwischen allen UN-Mitgliedstaaten abgeschlossen wurde, soll die geordnete und permanente Migration in andere Länder garantieren. Die Rechte der Migranten sollen gestärkt und die Zielländer zur unbeschränkten Aufnahme verpflichtet werden. Grundlage des Pakts ist die sogenannte New Yorker Erklärung.

In dieser Resolution aus dem Jahr 2019 hatten sich die Vertreter der UNO-Mitgliedstaaten darin geeinigt, sich global um die gewaltigen Flüchtlings- und Migrationsbewegungen zu kümmern. Es sei nötig, heißt es in dem Papier, »eine langfristige globale Ordnung zu schaffen, welche die Migrationsbewegungen in geordnete, weitgehend ungefährliche Bahnen lenke«.[142] Interessant ist vor allem Punkt 24 der New Yorker Erklärung, in der die UNO quasi als Weltregierung ein Verbot der Zurückweisung erteilt: »Wir erklären erneut, dass Menschen gemäß dem Grundsatz der Nichtzurückweisung an Grenzen nicht zurückgewiesen werden dürfen.« Dann folgt ein Eingriff in die Polizeihoheit der Nationen: »Wir werden sicherstellen, dass in Grenzgebieten tätige Amtsträger und Polizeibeamte darin geschult werden, die Menschenrechte aller Menschen zu wahren, die internationale Grenzen überschreiten oder zu überschreiten versuchen.«[143]

Zur Steuerung der Umsetzung dieses Paktes rief die UNO ein globales Flüchtlingsforum ins Leben, das alle 4 Jahre in Genf stattfindet. Dort sollen die Staaten finanzielle und andere Zusagen machen, angeblich freiwillig.[144] Indessen ist abzusehen, dass zahlreiche NGOs und die von George Soros finanzierten Gruppierungen seiner Open Society Foundations ihren Einfluss dahingehend geltend machen werden, dass die Freiwilligkeit zur Verpflichtung wird.

Eine der Forderungen des UN-Migrationspaktes lautet: »Die Staaten und relevanten Interessenträger werden […] ihre nationalen Gesundheitssysteme erweitern und deren Qualität erhöhen, um den Zugang für Flüchtlinge zu erleichtern, insbesondere für Frauen und Mädchen, Kinder, Heranwachsende und Jugendliche, ältere Menschen, Menschen mit chronischen Erkrankungen, einschließlich Tuberkulose und HIV, Überlebende von Menschenhandel, Folter, Trauma oder Gewalt, einschließlich sexueller und geschlechtsspezifischer Gewalt, und Menschen mit Behinderungen.«[145] Genau dafür hat die EU das EU-Resettlement-Programm aufgelegt, also die »Umsiedlung« von Geflüchteten. Dieses Programm soll »eine organisierte und dauerhafte Aufnahme von Flüchtlingen aus Drittstaaten ermöglichen […], die besonders aufgrund ihrer rechtlichen und physischen Verfassung, ihres Alters (Kinder und ältere Menschen), ihres Geschlechts (alleinstehende Frauen) und ihrer Erfahrungen im Heimatland (Opfer von Gewalt/Folter) zu schützen sind. Der sogenannte Resettlementbedarf wird vom Hohen Flüchtlingsrat der Vereinten Nationen (UNHCR) festgestellt.«[146]

Die Migrationskrise ist global

Flüchtlingskrisen gibt es aber nicht nur im euro-arabischen Raum, sondern auch in den USA, in Afrika und in Asien. Wie in Europa kommt es auch dort zu Massenbewegungen aus wirtschaftlichen und nicht aus humanitären Gründen, wie von Regierungen und Mainstream-Medien immer wieder behauptet wird.

In den USA sind die Einwanderungszahlen übrigens – Sondersendungen und Propaganda von beiden Seiten des amerikanischen Politbetriebs zum Trotz – relativ konstant und bewegen sich um die eine Million Zuwanderer pro Jahr.[147]

Viel dramatischer geht es an der umstrittensten Flüchtlingsroute aus Myanmar (früher: Burma) und Bangladesch zu, die über das Meer in Richtung Indonesien, Malaysia und Thailand führt. Allein im Jahr 2022 sind mehr als eine Million Menschen aus Myanmar geflohen.[148] Inzwischen hätten sich unter weltweitem Druck, wie in der *Süddeutschen Zeitung* zu lesen ist, Malaysia und Indonesien »zur vorübergehenden Aufnahme von Flüchtlingen bereit erklärt, […] bestehen aber darauf, dass die internationale Gemeinschaft sie binnen eines Jahres umsiedeln soll. Auch Thailand schließt die Einrichtung von Lagern nicht aus.«[149]

»Etwa eine Million Rohingya leben in Myanmar im Bundesstaat Rakhine. Als Muslime sind die Angehörigen dieses Volksstamms im mehrheitlich buddhistischen Myanmar systematischer Diskriminierung ausgesetzt. Die Regierung betrachtet sie als illegale Migranten aus dem benachbarten Bangladesch und lehnt jede Verantwortung für die Volksgruppe ab. Sie verweigert ihnen deshalb die Staatsbürgerschaft.« Sich selbst betrachten die Rohingya »als Nachfahren von Einheimischen, die bereits vor langer Zeit den von arabischen Händlern eingeführten muslimischen Glauben angenommen haben. Im nördlichen Teil Rakhines bilden sie die Bevölkerungsmehrheit. Wegen der Befürchtung der buddhistischen Bevölkerung im Süden von Rakhine – manchmal auch Rakhaing genannt – zur Minderheit zu werden, ist es in der Vergangenheit immer wieder zu tödlichen Auseinandersetzungen zwischen beiden Gruppen gekommen. Angefeuert wurden die Konflikte vor allem durch buddhistische Nationalisten.

Die Konflikte und die Unterdrückung und Verfolgung der Rohingya treibt schon seit Jahren Tausende Angehörige der Volksgruppe in die Flucht, etwa eine Million leben bereits im Exil in Malaysia, Thailand, Pakistan und Saudi-Arabien. Mehrere Hunderttausend Rohingya sind in der Vergangenheit auch nach Bangladesch geflüchtet, das im Norden an den Rakhaing-Staat grenzt.«[150]

Nun könnte man einwenden, dass die weltweiten Migrationsströme auch ohne den Plan des Bevölkerungsaustausches entstanden wären. Schließlich gab es im Laufe der Geschichte immer wieder Wanderbewegungen – meist aus klimatischen und in der Folge dann aus wirtschaftlichen Gründen. Doch in diesem Fall wird die Immigration in die Länder Europas, allen voran nach Deutschland, massiv vorangetrieben, womit die alte Ordnung in Europa zerstört wird. Die Sicherheitsbehörden haben wiederholt davor gewarnt. Diese Destabilisierung treibt die bestehenden Gesellschaften ins Chaos. Und da von staatlicher Seite nichts dagegen unternommen wird, müssen wir befürchten, dass genau dieses Chaos gewollt und geplant ist.

KAPITEL 4

Versorgungskrise – die Bedrohung unserer Nahrungsquellen

Die Lebensmittelpreise klettern unaufhörlich in die Höhe. Hunger und Armut nehmen zu – nicht nur in den Entwicklungsländern Afrikas, sondern auch in den früheren Industrie- und Wohlstandsländern Europas. Die Nahrungsmittelkrise werde die größte Krise des 21. Jahrhunderts sein, schreibt der amerikanische Blogger Brandon Campbell.[151] Da mag er richtig prophezeien, denn nach Angaben des Welternährungsprogramms der Vereinten Nationen (World Food Program, WFP) gab es im Jahr 2022 weltweit 345 Millionen »akut Hungernde«[152], und 828 Millionen Menschen waren unterernährt, was »ein Indikator für chronischen Hunger«[153] ist.

Doch dass nicht nur die Ärmsten der Armen betroffen sind, zeigen die weltweiten Lebensmittelproteste, die von Mexiko bis Indonesien und vom Senegal bis zu den Philippinen zu beobachten sind. Auch in Europa gehen Tausende auf die Straßen, um gegen die Nahrungsmittelkrise zu protestieren. Gleichwohl ist von dieser Krise natürlich am stärksten der afrikanische Kontinent betroffen, auf dem sich viele der weltweit ärmsten Nationen befinden.

Ursachen für diese Nahrungsmittelkrise sind die derzeitigen Kriege, die wir uns später eingehend ansehen werden. Und gezielt auslösen kann man Nahrungskrisen über die Ölpreise: Denn wird das Öl teurer, so verteuern sich nicht nur Transport und folglich Lebensmittel, sondern es lassen sich auch Biokraftstoffe zu einem höheren Preis verkaufen. Dann bringen Mais, Zuckerrohr und Palmöl bei der Kraftstoffgewinnung mehr Gewinn ein, als wenn man sie zum menschlichen Verzehr verkauft. So wurde in den letzten Jahren von den 60 Prozent der weltweiten Maisausfuhren, welche die USA liefern, mehr als ein Viertel zu Ethanol verarbeitet.

Massive Ernteverluste

Der Blog *The Economic Collapse* stellte eine Liste von 33 Dingen zusammen, »die wir über die kommende Nahrungsmittelknappheit wissen«.[154] Die ersten Punkte der Liste zeigen die massiven Ernteeinbrüche in den USA und – bedingt durch eine lang anhaltende Dürre – einen Rückgang der Gesamtzahl der Rinder in Oregon, in New Mexico und in Texas sogar um 50 Prozent.

Dürre hatte in den letzten Jahren auch Europa heimgesucht. In Frankreich, im Vereinigten Königreich, in Italien oder in Deutschland sei es in einigen Gebieten zu Ernteeinbußen von bis zu 50 Prozent gekommen.

Dürre habe auch die landwirtschaftliche Produktion in zahlreichen Ländern Afrikas und Asiens bedroht. In Pakistan jedoch war es genau umgekehrt: Nachdem Überschwemmungen das Land 2022 völlig verwüstet hatten, stand ein Drittel des gesamten pakistanischen Staatsgebietes unter Wasser. Die Mehrheit der Ernten wurde buchstäblich hinweggeschwemmt – insbesondere Reis, Baumwolle, Weizen und Zwiebeln.

Schließlich verweist der Bericht auf die Zahlen des Welternährungsprogramms, das ich weiter oben bereits erwähnt habe, und prophezeit eine Zeit des Chaos: »Das Risiko ziviler Unruhen ist in mehr als der Hälfte der Länder der Welt gestiegen und deutet auf eine kommende

Periode erhöhter globaler Instabilität hin, die durch Inflation, Krieg und Mangel an lebenswichtigen Gütern angeheizt wird.«[155]

Freilich muss man sich fragen, ob die Dürren oder Überschwemmungen, die zu globalen Nahrungsmittelkrisen führen, natürlichen Ursprungs oder vom Menschen gemacht sind. Dazu ist es wichtig, in Erfahrung zu bringen, ob es überhaupt Techniken der Wettermanipulation gibt, die Dürre oder Überschwemmungen auslösen können. In meinem Buch *Demozid* habe ich ausführlich dargelegt, dass wir diese Frage mit einem eindeutigen Ja beantworten müssen. Zum Beispiel ist es in den letzten Jahrzehnten durch die Ablenkung der Höhenwinde gelungen, das bodennahe Wetter von den Höhenwinden, dem Jetstream, abzukoppeln. Inzwischen sind die Verläufe der Subtropen- und Polarjetstreams derart »ausmäandriert, dass sie sich immer wieder vereinigen zu einem einzigen Starkwindband«, wie man es im März 2023 an dem »Snowmageddon« in Kalifornien beobachten konnte.[156]

Daraus ergeben sich immer häufiger Temperaturwechsel und all die Phänomene, »die damit in Zusammenhang stehen: Hitze, Kälte, Stürme, extreme Starkniederschläge und Trockenheit, Tornados, verkürzte Vegetationsperioden und dadurch bedingte Ernteausfälle, Überschwemmungen (siehe Pakistan), Wassernotstand durch Dürren, hohe volkswirtschaftliche und ökologische Schäden durch extreme Wetterereignisse, Engpässe in der Nahrungsmittel- und Energieversorgung durch häufige Kälteeinbrüche oder Warmluftwetterlagen und die Überforderung der Gesellschaften und ihres Gesundheitswesens durch Erkrankungen, die durch zu häufige und unnatürlich schnelle Temperaturwechsel ausgelöst werden.«[157]

Verfolgt man den Verlauf der Hoch- beziehungsweise Tiefdruckgebiete und Winde über längere Zeit hinweg, so entdeckt man, »dass sowohl Höhenwinde als auch oberflächennahe Winde ›verselbständigt wurden‹« und »nicht mehr in erkenn- und berechenbaren Mustern verlaufen«. Durch den unnatürlichen Einfluss sind sie gleichsam »chaotisiert«. So brachen sich 2022 »Polarluftmassen aus der Arktis über den stark mäandrierenden Jetstream bis zum Äquator und darüber hinaus auf die südliche Hemisphäre« Bahn, was zu »einer Homogenisierung von Temperaturen verschiedener Breiten«[158] führte. »Im Klartext bedeutete dies eine Abkühlung.«[159] Und aus jedem Winkel der Erde wurden im Verlauf des Jahres 2022 Rekorde bei Tiefsttemperaturen gemeldet.[160]

Diese globale Vermischung der Luftmassen aus verschiedenen Breitengraden »könnte zu einem neuen Phänomen von Stürmen führen, die sowohl in ihren Ausmaßen, ihrer Stärke, ihrer Zerstörungskraft als auch hinsichtlich ihrer Langlebigkeit neue Maßstäbe setzen werden wie zum Beispiel Zyklon ›Freddy‹[161] im Indischen Ozean, [...] der im südöstlichen Afrika zu erheblichen Schäden führte« und mehr als 1193 Menschen das Leben kostete. Für dieses neue Phänomen hat man den Begriff »Arkstorm« – »Archesturm« oder »Ursturm« – geprägt.[162] Die Urheber dieses Begriffs im International Panel on Climate Change (IPCC) dürften Dinge wissen, von denen die Bevölkerung kaum etwas ahnt, obwohl eigentlich alle Fakten und Patente zur Wettermanipulation öffentlich bekannt und für jedermann einsehbar sind.[163] Dennoch wird diese von Bevölkerung, Politik und Medien immer noch als »Verschwörungstheorie« abgetan.

Sehen wir uns als Gegenstück zu den Kälte- und Sturmkatastrophen die jüngst aufgetretenen Feuersbrünste in umfassenden Gebieten der überwiegend außerpolaren Breiten an, derer man nur schwer Herr wurde. Auch hierzu liefert uns die dem Wetter gewidmete Website *dudeweblog* genaue Analysen. So wiesen beispielsweise die Brände in Griechenland im Sommer 2022 »kuriose Auffälligkeiten« auf, »die mit bisher bekannten Wald- und Flurbrandabläufen nicht korrelieren«. Durch Dürre und Feuer allein seien solche Brände nicht zu erklären. Insbesondere gelte dies für jene Feuer, die im Sommer 2022 in Kalifornien, Oregon und Washington getobt hätten. Wie konnten in riesigen Gebieten, fragt *dudeweblog*, »über 500 Brände in kürzester Zeit ausbrechen« und sich derart schnell ausbreiten?[164] »Innerhalb von 5 Tagen verschwand die gesamte Westküste bis Vancouver unter einer Decke dichten Rauchs.«[165]

Die Wetterwebsite vermutet, dass sogenannte »Direct Energy Weapons« (DEWs, »gesteuerte Energiewaffen«)[166] zum Einsatz gekommen seien. »Auffälligkeiten wie geschmolzenes Glas oder zerflossene Leichtmetallfelgen verbrannter Autos« wiesen auf Temperaturen hin, »die mit herkömmlichen Flurfeuern nicht zu erreichen« seien. Zahlreiche Videoaufnahmen von merkwürdigen Phänomenen wie beispielsweise Bäumen, die von innen heraus verbrennen, lieferten »weitere Hinweise auf technischen Einfluss auf die Brandentwicklung«. Diese Bilder erinnerten an jene des Sommers 2023 aus der kleinen Stadt Lahaina auf der Insel Maui, die zum hawaiianischen Archipel gehört. Auch dort seien die Brände sehr wahrscheinlich mit Direct Energy Weapons entfacht oder zumindest verstärkt worden: Geschmolzene Autofelgen und Autoscheiben und restlos ausgebrannte Karosserien, neben denen blühende Bäume stehen, deren Blätter und Baumstämme völlig unversehrt geblieben sind.

Doch wer feuert solche Energiewaffen ab? In den frühen 1990er-Jahren erregte ein Beitrag des Fernsehsenders CBC öffentliches Aufsehen, denn er behauptete, dass die HAARP-Anlage in Alaska, die unter der Schirmherrschaft der US-Luftwaffe stand, die Fähigkeit hätte, Taifune, Erdbeben, Überschwemmungen und Dürren auszulösen.[167]

HAARP – High Frequency Active Research Program (»Aktives Hochfrequenz-Forschungsprogramm«) ist ein amerikanisches Forschungsprojekt, an dem die University of Alaska, die US Navy und die US Air Force beteiligt sind. Es existiert seit den 1980er-Jahren und sollte ursprünglich 2014 enden, wurde aber von der University of Alaska bis heute weitergeführt. Offiziell war das Ziel von HAARP die Erforschung der oberen Atmosphäre, wobei »vor allem die sogenannte Ionosphäre genauer betrachtet werden« sollte. »Zur Untersuchung wurden von der Anlage aus Radiowellen entsandt«, und zwar mit verschiedensten Frequenzen, wobei »auch die Ausbreitung von Funkwellen und im Zuge dessen auch die Kommunikation und Navigation weiter untersucht werden« sollte. Dabei ist unter der Ionosphäre jener

Bereich unserer Atmosphäre zu verstehen, »in dem die größte Menge an freien Elektronen und Ionen vorhanden ist. Der Beginn der Ionosphäre liegt in circa 80 Kilometern Höhe, sie endet am Übergang zum Weltall in etwa 1000 Kilometern Höhe.«[168] Emil Strainu, rumänischer General und Experte für Geoengineering, dem Zugang zu der Anlage des Projekts gewährt wurde, behauptete später, HAARP sei im Laufe der Jahre fortwährend verbessert und aufgerüstet worden.[169] Serbischen Medienvertretern gegenüber bezeichnete er HAARP als »Waffe der Apokalypse« und erklärte dem Journalisten Dragan Vujicic, es könne potenziell zur wirtschaftlichen Kriegsführung, zum Klimawandel und zur Bevölkerungskontrolle eingesetzt werden. »Das HAARP-System ist seit 1993 in Betrieb«, sagte Strainu. »Die Zahl der Antennen und Sender hat sich von Jahr zu Jahr erhöht, sodass heute mehr als 180 Antennen und Hauptgeneratoren im Einsatz sind. Heute hat HAARP die höchste Leistung in seiner Geschichte und kann überall auf der Welt Fernmissionen durchführen.«[170] Beim militärischen Geoengineering würden Technologien, welche in die Umwelt eingreifen, in allen drei Bereichen, also an Land, im Meer und in der Luft, eingesetzt werden. Seiner Ansicht nach sei der derzeitige Klimawandel auf solche Geoengineering-Projekte zurückzuführen, die seit Jahrzehnten heimlich durchgeführt würden – ein Verdacht, den nicht nur Strainu äußert.

Während Strainu die HAARP-Anlage persönlich besuchte, erhielt er auch Informationen über den Einsatz dieser Waffe und erlebte atombombenähnliche Explosionen, welche Wetterkatastrophen wie Erdbeben und Vulkanausbrüche, Wirbelstürme und Tornados, Wasserhosen und Tsunamis auslösen beziehungsweise stimulieren können, und zwar auch in Gebieten, in denen es diese normalerweise nicht gibt. Angesichts dieser Enthüllungen »machen viele in den Sozialmedien HAARP für das schwere Erdbeben vom Februar 2023 in der Türkei und Syrien verantwortlich«, das mehr als 50 000 Tote forderte.

Doch Strainu ist keineswegs der Einzige, der an die Existenz einer Geoengineering-Waffe glaubt. In einer Rede vor dem rumänischen

Parlament behauptete seine Kollegin, die rumänische Senatorin Diana Iovanovici Şoşoacă, das Erdbeben in der Türkei könne das Ergebnis einer gegen Ankara eingesetzten Geowaffe gewesen sein. Şoşoacă wies auf den Umstand hin, dass nur wenige Tage vor dem Ereignis zehn Länder ihre Botschaften geschlossen und ihre Botschafter abgezogen und »10 Sekunden vor dem Auftreten der sogenannten Erdbeben […] die Türken die (Öl- und Gas-) Pipelines geschlossen« hätten.[171] Als Beweis dafür, dass die Erschütterungen künstlicher Natur waren, verwies sie auch auf die »150 Nachbeben des verheerenden Erdbebens, von denen das zweite stärker war als das erste« und fügte hinzu, Geowaffen gebe es schon lange, bisher hätten sie wahrscheinlich aus dem Grund noch nicht »allzu viele Opfer« gefordert, weil sie nur experimentell eingesetzt worden seien. Doch jetzt seien sie »in die Praxis umgesetzt worden«, und »niemand hätte gedacht, dass Menschen sterben müssen – so viele Menschen und auf so schreckliche Weise.«[172]

Diese Erkenntnisse bestätigt Eric Hecker, ein Mitarbeiter des amerikanischen Waffenherstellers Raytheon. Er erzählte Mitte November 2023, er sei von Raytheon in die Antarktis geschickt worden, wo er mit den Wissenschaftlern vor Ort gesprochen habe. Ihm sei schnell klar geworden, dass am Südpol an gelenkten Energiewaffen geforscht werde. Ein antarktisches Gerät namens »IceCube Neutrino Detector« habe bei seinem ersten Testlauf zwei Erdbeben in Christchurch, Neuseeland, ausgelöst. Dem Whistleblower zufolge ist es »sehr einfach«, mit dieser Technologie ein Erdbeben auszulösen.[173]

Ominöse Konferenzen und finstere Pläne

Alle wichtigen Ereignisse werden zuvor in Planspielen geprobt. Das hat man bei dem sogenannten Event 201 im Herbst 2019 gesehen, bei dem ein Pandemieausbruch vorweggenommen wurde. Auch die derzeitige

Nahrungsmittelkrise ist bereits durchgespielt worden, und zwar auf dem vom WEF (World Economic Forum) gesponserten Sustainable Development Impact Meeting 2022. Die Annahme dieses Planspiels war, »dass Energiepreise durch die Decke gehen, was sich unter anderem erheblich auf die Düngemittelproduktion auswirken würde. Zum Zeitpunkt des Treffens waren 70 Prozent der Düngemittelproduktion in Europa eingestellt worden, weil Energie zu teuer war.«[174] Deshalb schlossen die Industrieländer zum Erwerb von Lebensmitteln Geschäfte mit Entwicklungsländern ab. Infolgedessen litten Entwicklungsländer unter extremer Armut und Hungersnot, und erschreckend viele Menschen verhungerten. Genau diese Prognosen des Planspiels sind mittlerweile Realität.

Auf derselben Tagung war man sich einig, dass die tiefgreifenden Geschehnisse in der Ukraine allgemein als »Black-Swan-Event« betrachtet würden, als unerwartetes Ereignis. Doch Sam Kass, Partner von Acre Venture Partners, sagte, die Zahl der Konflikte werde noch weiter zunehmen und dergleichen würde von nun an »jedes Jahr passieren. In ein paar Jahren werden wir nicht mehr von einem Black-Swan-Event sprechen.«[175]

Nun war das Treffen im Jahr 2022 beileibe nicht das einzige, bei dem Nahrungsmittelkrisen geprobt wurden. 2018 hatte es beispielsweise die Krisenmanagementübung des Bundesamts für Bevölkerungsschutz und Katastrophenhilfe namens LÜKEX oder im November 2015 die in Washington, D.C., durchgespielte Simulation namens »Food Chain Reaction: A Global Food Security Game« (»Die Reaktion der Lebensmittelketten: Ein globales Spiel über die Nahrungsmittel-Sicherheit«) gegeben.[176]

Mächtige Gruppen wie der britische Ausschuss für Klimawandel und der IPCC (Intergovernmental Panel on Climate Change, der »Zwischenstaatliche Ausschuss für Klimawandel«) sowie die von ihnen beeinflussten Regierungen behaupten, die sogenannte »Klimakrise« würde hauptsächlich durch CO_2 verschärft werden, dabei ist CO_2 für alles Leben unerlässlich. Wird nämlich der CO_2-Gehalt drastisch gesenkt, so wird das pflanzliche Leben, das CO_2 für die Photosynthese benötigt, reduziert und damit die gesamte Nahrungskette in Mitleidenschaft gezogen. Will man gemäß dem neuen Modewort »Netto-Null« CO_2 ganz abschaffen, so ist damit zu rechnen, dass die Hälfte der Welt an Hunger leidet.[177] Ist das der Grund dafür, dass so viele Regierungen in der Welt darauf bedacht sind, Netto-Null zu erreichen?

Neben CO_2 ist Stickstoff zum Inbegriff des Bösen und Schädlichen geworden, obwohl Stickstoff einer der Hauptbestandteile von Handelsdüngern und ein wesentlicher Nährstoff für das Pflanzenwachstum ist. Doch nach Ansicht der Klimakrisenfanatiker führt neben CO_2 auch Stickstoff zur globalen Erwärmung. Dementsprechend will die EU im Rahmen ihres »integrierten Nährstoffmanagements« die Stickstoffdüngung um 20 Prozent senken, und die Vereinten Nationen wollen alle Stickstoffabfälle bis 2030 um 50 Prozent zurückfahren.[178] Davon sind die Landwirte in den Niederlanden besonders stark betroffen, denn die dortige Regierung hat vor, im Zuge der Reduktion der Stickstoffemissionen bis zu 3000 Bauernhöfe aufzukaufen und den Viehbestand zu halbieren. Da die Niederlande der größte Lebensmittelexporteur in Europa sind, wird dies nicht nur verheerende Auswirkungen auf die Lebensmittelversorgung in diesem Land, sondern in Gesamteuropa haben.[179]

Es gibt noch weitere Indizien für einen geplanten Angriff auf die Lebensmittelversorgung.[180] In den USA wurden seit 2021 fast hundert Einrichtungen der Lebensmittelproduktion beschädigt oder ihr Geflügel oder Vieh vernichtet.[181] Die Zerstörung von Lebensmittelverarbeitungsbetrieben ist aber keineswegs auf die USA beschränkt, wie wir gleich sehen werden.[182]

Mehrere europäische Regierungen ordneten wegen eines angeblichen Ausbruchs der Vogelgrippe im Herbst 2022 die Schlachtung von Geflügel in Millionenhöhe an.[183] Zur Überprüfung dieser vermeintlichen Vogelgrippe wurden im Übrigen PCR-Tests durchgeführt, von denen wir aus der Covid-19-Ära wissen, dass sie völlig unzuverlässig sind.

Regierungen motivieren Landwirte mittlerweile mit Pauschalzahlungen dazu, die Landwirtschaft und ihr Land aufzugeben, sodass es nicht mehr für landwirtschaftliche Zwecke genutzt werden kann, wodurch die für die Lebensmittelproduktion zur Verfügung stehende Fläche insgesamt natürlich verringert wird.

Wenn es zu wenig Lebensmittel gibt, muss rationiert werden. Genau das schlägt ein von der Universität Leeds veröffentlichtes Papier vor, in dem es heißt, eine Rationierung sowohl von Lebensmitteln als auch von Brennstoffen wäre hilfreich, um den Klimawandel zu verhindern. Dass dies durchführbar sei, zeige die erfolgreiche Rationierung während des Krieges an. Sollte die Öffentlichkeit diese Idee nicht unterstützen, sondern der Meinung sein, es gebe ausreichend Ressourcen, so müsse man eben für eine Illusion der Knappheit sorgen. Die Öffentlichkeit wäre also zuerst umzuerziehen: »Rationierung in diesem Zusammenhang könnte eine öffentliche Informationskampagne erfordern, um den Menschen zu helfen, die Knappheit zu erkennen. […] Zweitens muss dies möglicherweise auch durch moralische Argumente unterstützt werden, indem die moralische Notwendigkeit hervorgehoben wird, auf künftige Generationen oder zumindest auf die jetzigen jüngeren Generationen Rücksicht zu nehmen.«[184] Kennen wir diese Logik nicht schon aus der Covid-19-Zeit?

Natürlich wäre dieser Plan viel leichter umzusetzen, wenn die Regierung eine echte Knappheit herbeiführen würde, und genau dies schlagen sie vor. So solle die Regierung alle Kohleminen schließen, die Ölförderung einstellen, den Verkauf fossiler Brennstoffe drosseln, strengere Vorschriften für fossile Brennstoffe und Ähnliches sowie Verbote von kohlenstoffintensiven Anbaumethoden und Massentierhaltung erlassen. Natürlich würde die daraus erfolgende Verknappung zunächst heftige Reaktionen in der Bevölkerung auslösen. Deshalb, so schlagen die Autoren dieses Plans vor, müsse die Regierung auf die bereits erprobte moralisierende Propaganda zurückgreifen, es ginge bei all dem nur um das Leben künftiger Generationen. Die leichtgläubige Öffentlichkeit würde sich davon schon überzeugen lassen.

Fassen wir zusammen: Bei der explizit geschaffenen Lebensmittelkrise »geht es darum, das globale Lebensmittelsystem zu zerstören und es ›besser wiederaufzubauen‹ – ein neues dystopisches Lebensmittelsystem, das von Unternehmensmonolithen aufgebaut und im Namen des Allgemeinwohls streng kontrolliert wird«.[185]

Die Krise wurde systematisch verschärft:

- Der Krieg des Westens gegen Russland in der Ukraine trieb die Preise für Grundnahrungsmittel, Weizen, Sonnenblumenöl und Düngemittel in die Höhe.
- Der plötzliche Ausbruch der »Vogelgrippe« verteuerte Geflügel und Eier.
- Der rasante Anstieg des Ölpreises vervielfachte die Kosten für die Verteilung von Lebensmitteln.
- Die Inflation zwang die Menschen, mehr Geld für weniger Lebensmittel auszugeben.
- Der Abbau der landwirtschaftlichen Betriebe verschlechterte die Lebensmittelversorgung.

Es ist klar erkennbar, dass dies die »Food Edition« des »Great Reset« ist. Die bestehenden Strukturen sollen zerstört (Cancel Culture) und ein kontrollierteres Lebensmittelsystem geschaffen werden.

Das *Journal of Agriculture, Food Systems & Community Development* veröffentlichte einen Artikel mit dem Titel »Dismantling and rebuilding the food system after COVID-19: Ten principles for redistribution and regeneration« (»Abbau und Wiederaufbau des Lebensmittelsystems nach COVID-19: Zehn Grundsätze für Umverteilung und Wiederherstellung«), in dem beschrieben wird, was dieser Neuaufbau der Nahrungsherstellung nach sich ziehen wird:[186]

- Presse und Politiker werden die »planetarische Gesundheitsdiät« des WEF vorantreiben.
- Kinder werden darauf konditioniert, Käfer und Seetang zu essen.[187]
- »Gen-editierte« oder genetisch veränderte Lebensmittel werden verstärkt gefördert.[188]
- Fleischesser werden stigmatisiert und Veganismus propagiert.[189]
- Fleischzüchtung im Labor[190] und die Herstellung von Bakterienschleim[191] werden gefördert.
- Auf Fleisch[192] und importierte Lebensmittel aller Art[193] werden Kohlenstoffsteuern erhoben.
- Auf Lebensmittel mit hohem Zucker- oder Fettgehalt[194] werden »Adipositas-Steuern«[195] eingeführt.[196]
- Grundnahrungsmittel werden zu Luxusgütern umbenannt.[197]

»Der Krieg gegen die Lebensmittel«

Interessante Details liefert der bekannte politische Analyst F. William Engdahl.[198] Wie er erfuhr, blockierte die US-Regierung im Frühjahr 2022 den Güterbahntransport von Düngemitteln zum kritischsten Zeitpunkt für die Frühjahrspflanzung. CF Industries aus Deerfield, Illinois, zum Beispiel, der größte US-Lieferant von Stickstoffdünger und einem lebenswichtigen Zusatzstoff für Dieselmotoren, beklagte sich über diese Schikanen, die die Auslieferung von Düngemitteln verzögerten. Neben CF Industries waren weitere dreißig Unternehmen von der Maßnahme betroffen. Stickstoffdünger wie Harnstoff und Harnstoff-Ammoniumnitrat (UAN) sowie Dieselabgasflüssigkeit (DEF) (in Europa AdBlue genannt) konnten nicht ausgeliefert werden. Ohne DEF kann kein Diesel-Lkw fahren. Als Ersatz sollen laut der US-Regierung im Inland angebaute Mais-Ethanol-Biokraftstoffe verwendet werden. Der Biokraftstoffindustrie verspreche man eine »starke und vielversprechende Zukunft«.[199]

Engdahl befürchtet, dass nun »jeder Hektar US-Ackerland, der für den Anbau von Mais für Biokraftstoffe genutzt wird, der Nahrungskette entzogen wird, um ihn als Kraftstoff zu verbrennen«. Und wie bereits weiter oben ausgeführt, wird fast die Hälfte der gesamten Maisanbaufläche der USA zur Gewinnung von Kraftstoff verwendet. »Diese gesetzlich vorgeschriebene Umstellung auf die Verbrennung von Mais als Kraftstoff«, konstatiert Engdahl, »hat zu einer erheblichen Preisinflation bei Lebensmitteln geführt. [...] Wenn nun eine erhebliche Steigerung des Mais-Ethanols für Kraftstoffe vorgeschrieben wird, während gleichzeitig die Preise für Düngemittel astronomisch hoch sind und der Transport von Düngemitteln auf der Schiene durch Anordnungen des Weißen Hauses blockiert wird, wird dies die Maispreise in die Höhe treiben.« Dies wird wiederum die Fleischbetriebe beeinträchtigen, denn Futtermais wird an Rinder, Schweine und Geflügel verfüttert.

Laut eines Insiders der US-Landwirtschaft haben sich die Kosten für Dünger, Flüssigstickstoff und Saatgut inzwischen verdrei- oder sogar vervierfacht, weshalb viele Bauern den Maisanbau aufgäben und auf Sojabohnen umstiegen, da diese weniger Dünger verbrauchen. Daher werde es »zu einer Maisknappheit kommen«. Je nach Verfügbarkeit von entsprechendem Saatgut wäre dann eine Sojaschwemme denkbar, es gäbe aber auch Alternativen wie Hirse, Hafer oder Gerste, nur sei der Maismarkt viel größer. »Mais ist eine der tragenden Säulen unserer Lebensmittelversorgung. Wenn Sie in den Supermarkt gehen und die Inhaltsstoffe der verschiedenen Produkte durchlesen, werden Sie schnell feststellen, dass Mais in der einen oder anderen Form in fast allen Produkten enthalten ist. Wie wird unser Land also aussehen, wenn es tatsächlich zu einer schweren Maisknappheit kommt?«[200]

Engdahl geht in seinem Beitrag so weit, diese Maßnahmen als »Krieg der US-Regierung gegen Lebensmittel« zu bezeichnen, und nennt als weiteres Beispiel dafür die Aufforderung des US-Landwirtschaftsministeriums an die Hühnerzüchter, Millionen von Hühnern in

27 Bundesstaaten zu töten, weil diese angeblich Anzeichen einer Vogelgrippe-Infektion aufwiesen. Nach Schätzungen von US-Regierungsbeamten wurden seit dem Auftreten der ersten positiven Fälle im Februar 2022 mindestens 23 Millionen Hühner und Truthähne gekeult, woraufhin die Eierpreise seit November 2022 um etwa 300 Prozent hinaufschnellten. Im Jahr 2022 meldeten 67 Länder auf fünf Kontinenten Ausbrüche der Vogelgrippe H5N1 bei Geflügel und Wildvögeln, wobei mehr als 131 Millionen der Tiere in den betroffenen Betrieben und Dörfern verendeten oder gekeult wurden. Im Jahr 2023 gaben weitere vierzehn Länder Ausbrüche an, vor allem in Nord- und Südamerika, da sich die Krankheit weiter ausgebreitet habe.[201]

Und tatsächlich deuten manche merkwürdigen Ereignisse auf einen geplanten Angriff auf die Lebensmittelversorgung hin. Seit 2021 wurden in den USA fast hundert Einrichtungen der Lebensmittelproduktion durch Brände oder Explosionen beschädigt.[202] Das ganze Jahr 2022 über wurden in den USA und Kanada lebensmittelverarbeitende Betriebe – zumeist Fleischfabriken (Schlachthöfe, Schweine- und Geflügelfarmen), aber auch Silagen sowie Großbetriebe der Getreideproduktion – durch eine Reihe verheerender Brände zerstört oder stark beschädigt.[203] Doch die Vernichtung von Lebensmittelverarbeitungsbetrieben ist nicht auf die USA beschränkt, auch im Vereinigten Königreich gingen Nahrungsmittelbetriebe in Flammen auf. Es scheint sich um ein globales Phänomen zu handeln.[204]

Selbstverständlich gibt es Industrieunfälle. Es ist jedoch seltsam, dass sich diese ausgerechnet in lebensmittelverarbeitenden Betrieben häufen, und das zur gleichen Zeit, in der der US-Präsident vor Lebensmittelknappheit warnt.

Hinzu kommt die mehrjährige Dürre in Kalifornien und Oregon, wobei man wissen muss, dass der Hauptanteil an Frischgemüse und Obst in den USA von kalifornischen Landwirten erzeugt wird. Die Dürre hat sich inzwischen auf die meisten landwirtschaftlichen

Flächen westlich des Mississippi ausgebreitet, das heißt auf einen Großteil der landwirtschaftlichen Flächen in den USA.

Doch auch der Westen und der Süden des Landes haben immer wieder mit Dürre zu kämpfen. Nach Angaben des *U.S. Drought Monitor* ist etwa die Hälfte des Landes von Dürre betroffen: Da ist zum einen die anhaltende Megadürre im Südwesten und zum anderen die in Texas.[205] Für die riesige Agrarindustrie dieses Bundesstaates ist der Mangel an Regen eine Katastrophe. In Texas gibt es 247 000 Farmen und Ranches, von denen fast alle massive Probleme haben, denn sie bewirtschaften 127 Millionen Hektar Land, hatten aber seit 2017 keine 12 Monate Regen. Fast 24 Millionen Texaner leben in Gebieten, die von der Dürre betroffen sind. Am 1. August 2022 war weniger als ein Prozent des Bundesstaates nicht von einer Dürre oder ungewöhnlicher Trockenheit betroffen. Viele Viehzüchter sind gezwungen, ihre Herden zu verkaufen.

Auch den Staaten im Südwesten der USA geht es nicht besser, und der Great Salt Lake in Utah wird aufgrund der unerbittlichen Trockenheit immer kleiner. Sein durchschnittlicher Tageswasserstand ist zwischen Juli 2021 und 2022 um etwa einen halben Meter auf einen historischen Tiefstand gesunken, und es wird erwartet, dass er noch weiter sinken wird.

Wie zufällig sind weltweit besonders die Lebensmittel exportierenden Länder von Dürre betroffen. So haben die italienischen Landwirte 2023 wegen extremer Dürre bis zu 70 Prozent ihrer Ernte verloren.[206] Und auch in Frankreich müssen viele Landwirte ähnliche Verluste hinnehmen, weil es nur einen Bruchteil der üblichen Niederschläge gegeben hat.[207] Große Ernteausfälle wären für Frankreich ein überaus ernsthaftes Problem, denn dieses Land ist normalerweise der viertgrößte Weizenexporteur und gehört zu den fünf größten Maisexporteuren der Welt. Und nachdem Russlands Militäraktion in der Ukraine weltweit für Erschütterungen gesorgt hat, könnten dürrebedingte Missernten weiteren Druck auf die Getreidelieferungen ausüben.

Auch in Deutschland ist die Lage äußerst dramatisch. Der Wasserstand des Rheins, über den 80 Prozent aller in Deutschland auf dem Wasserweg transportierten Güter von den industriellen Kerngebieten bis zu den niederländischen Häfen befördert werden, sinkt in den Sommermonaten auf Pegelstände, die ihn für Lastkähne nahezu unpassierbar machen. Das bedroht die lebenswichtigen Öl- und Kohlevorräte, auf die das Land angewiesen ist, da aus Russland kein Gas mehr kommen darf.

Aber in der übrigen Welt sieht es nicht viel anders aus. Die wichtigsten Nahrungsmittel produzierenden Länder Südamerikas, insbesondere Argentinien und Paraguay, kämpfen mit einer schweren Dürre. Sanktionen gegen Düngemittel aus Belarus und Russland bedrohen die brasilianischen Ernten, was durch Engpässe beim Seetransport noch verschlimmert wird. Und China muss aufgrund sich ständig verteuernder Importe seine Nahrungsmittelproduktion drastisch erhöhen. Engdahl zufolge haben lokale KP-Beamte in ganz China damit begonnen, Basketballplätze und sogar Straßen in Ackerland umzuwandeln. Die Nahrungsmittelsituation in China zwinge das Land, seine Importe in einer Zeit globaler Knappheit sehr zu erhöhen, was die Weltmarktpreise für Getreide und Nahrungsmittel noch weiter in die Höhe treibe.

Afrika ist durch die von den USA verhängten Sanktionen und den Krieg, der der Ausfuhr von Lebensmitteln und Düngemitteln aus Russland und der Ukraine ein Ende gesetzt hat, besonders stark betroffen, denn 35 afrikanische Länder beziehen normalerweise Lebensmittel aus Russland und der Ukraine und 22 importieren Düngemittel von dort. Laut dem International Fertilizer Development Center (»dem Internationalen Zentrum für Düngemittelentwicklung«), einer weltweit tätigen gemeinnützigen Organisation, könnte die Düngemittelnachfrage in Afrika südlich der Sahara um 30 Prozent zurückgehen. Das würde bedeuten, dass 30 Millionen Tonnen weniger Nahrungsmittel produziert werden, was nach

Angaben des Zentrums dem Nahrungsmittelbedarf von 100 Millionen Menschen entspricht.[208]

Ein weiteres Thema scheint auf den ersten Blick nichts mit der Nahrungsmittelkrise zu tun zu haben, bei genauem Hinsehen aber doch, und zwar die Entfernung von Staudämmen und die Renaturierung von Flüssen – Maßnahmen, die laut EU wichtig zur Verbesserung der Wasserqualität und der Artenvielfalt sind. Dem kann sicher jeder zustimmen. Aber könnte hinter diesen Maßnahmen nicht ein ganz anderes Motiv stecken?

Die Europäische Union plant, Flussläufe von insgesamt 25000 Kilometern bis zum Jahr 2030 sozusagen wiederherzustellen. Die Feuchtgebiete, die unsere Vorfahren »urbar gemacht hatten«, damit Felder bewässert und Siedlungen vor Überschwemmungen geschützt werden konnten, sollen wieder in ihren ursprünglichen Zustand versetzt werden.[209] Und zu dieser Initiative, die Teil der EU-Strategie für die angebliche Erhaltung der biologischen Vielfalt ist, gehört auch die Entfernung der als überflüssig titulierten Staudämme. Nun gibt es in Europa über eine Million Staudämme, von denen viele der Bewässerung, Energieerzeugung oder Trinkwasserversorgung dienen und an deren Unverzichtbarkeit kein Zweifel herrscht. Laut EU gibt es jedoch eine große Anzahl von Staudämmen, die nicht mehr in Betrieb sind und nicht nur ein strukturelles Risiko darstellen, sondern auch die Wasserqualität und die biologische Vielfalt von Flüssen beeinträchtigen sollen. Und schon gibt es eine Bewegung namens Dam Removal Europe (»Dammentfernung in Europa«), die sich auch »Dambusters« (»Dammknacker«) nennt und diese veralteten Strukturen beseitigen will.[210] Die sogenannte Renaturierung führt freilich auch zur drastischen Reduktion von kultivierbarem Boden.

Welche Auswirkungen dieser Krieg gegen die Lebensmittel auf den normalen Bürger hat, zeigt ein Brief des Roten Kreuzes an den Stadtrat von Rotterdam.[211] »Die Lebensmittelknappheit ist nicht nur kompliziert, sie nimmt auch zu«,[212] schreiben die Vertreter des

Roten Kreuzes in diesem Brief. Sie verteilten jeden Monat in Rotterdam 3500 Einkaufskarten an Menschen, die weder genug Geld haben, um ausreichend Lebensmittel zu kaufen, noch zur Tafel gehen können. Aber es würden immer mehr. Sie befürchteten, dass 2024 etwa eine Million Niederländer unterhalb der Armutsgrenze leben würden. »Mehrere Lebensmittelinitiativen haben bereits Wartelisten, und andere Organisationen wenden sich an das Rote Kreuz, weil sie nicht genügend (finanzielle) Kapazitäten hätten, um den Bedarf zu decken.«[213]

»Fleischversorgung wird nächste Pandemie auslösen«

Der Krieg gegen unsere Lebensmittel wird vor allem auf einem Schauplatz ausgetragen: der Viehzucht. Die Weltgesundheitsorganisation (WHO) warnt, dass die »›Fleischversorgung‹ die nächste Pandemie verursachen« würde, »indem sie tödliche Pathogene von Tieren auf Menschen« übertrüge.[214] Seit Langem leisteten die Mainstream-Medien dieser These Vorschub, indem sie propagierten, dass die Produktion von Fleisch und Milchprodukten zur sogenannten Klimakrise beitrüge. Und mit dem Schreckgespenst einer neuen Pandemie aufgrund von Fleischkonsum haut die WHO in genau dieselbe Kerbe.

Im Kampf gegen die »globale Erwärmung« und damit gegen die Landwirtschaft haben sich die USA zwölf weiteren Nationen angeschlossen, und Regierungen in der ganzen Welt haben der Unterzeichnung eines Paktes zugestimmt, der sich zum Ziel setzt, durch die Schließung landwirtschaftlicher Betriebe die Lebensmittelproduktion einzuschränken, um Methanemissionen zu reduzieren.

Dieser Pakt heißt Global Methane Pledge (»Globales Methangelöbnis«) und wurde bislang von dreizehn Ländern unterzeichnet:

Argentinien, Australien, Brasilien, Burkina Faso, Chile, Deutschland, Ecuador, Panama, Peru, Spanien, der Tschechischen Republik, den Vereinigten Staaten und Uruguay. Ihr Ziel ist es, »die Fleisch- und Milchversorgung weltweit drastisch zu reduzieren, um angeblich den Planeten vor dem ›Klimawandel‹ zu ›retten‹«. Dabei ist anzumerken, dass die »USA, Australien, Brasilien und Argentinien, die den Pakt unterzeichneten, [...] zu den weltweit größten Fleischproduzenten gehören«.[215]

Hier kommt wohl zum ersten Mal die Agenda »One Health« zum Tragen.

One Health hat keine klare Definition oder Struktur, sondern wird mit bedeutungslosen und verwirrenden Phrasen verkauft. Diese Technik haben wir bereits in Kapitel 2 mit dem Titel »Wirr im Kopf« kennengelernt. Hinter One Health verbirgt sich ein Instrument, um Netzwerke zu schaffen und die Macht zu zentralisieren. Ist zentrale Macht erst einmal erreicht, so lassen sich Maßnahmen, wie sie bei der Covid-19-Plandemie eingeführt wurden, auch für den Klimawandel, den Verlust der biologischen Vielfalt, menschliche Krankheiten, durch Vektoren übertragene Krankheiten und vieles mehr einsetzen.

Gebündelt werden diese Macht und Kontrolle in der Leitung der Weltgesundheitsorganisation und damit bei denen, die die WHO finanzieren. 2022 und 2023 hatte die WHO ein Jahresbudget von jeweils 6,4 Milliarden Dollar, wovon nur etwa eine Milliarde von den Pflichtbeiträgen der Staaten, über 5 Milliarden aber von den sogenannten »freiwilligen Beiträgen« stammten. Doch über diese Mittel hat der Spender und nicht die WHO Verfügungsgewalt, und derzeit geht der überwiegende Anteil der freiwilligen Beiträge auf die Bill & Melinda Gates Foundation zurück, die zwischen 2016 und 2023 knapp 2,5 Milliarden Dollar an die WHO überwiesen hat.[216] An zweiter Stelle der privaten Spender steht die von Bill Gates finanzierte Impfstoffallianz GAVI.[217]

Der im Jahr 2024 einzuführende Pandemievertrag der WHO wird weltweit die One-Health-Ideologie durchsetzen. Durch deren Agenda wird die WHO befugt sein, Entscheidungen in Fragen der Umwelt (Treibhausgasemissionen, Umweltverschmutzung und Entwaldung), der Tiergesundheit (zum Beispiel Viehbestand) und der menschlichen Gesundheit (Impfungen, soziale Faktoren und Bevölkerungsbewegungen) zu treffen. Mit diesen erweiterten Befugnissen könnte die WHO ohne Weiteres einen Klima- oder Umweltnotstand ausrufen und Abriegelungsmaßnahmen durchsetzen.

Die amerikanische Ärztin und Anthrax-Spezialistin Dr. Meryl Nass schreibt auf ihrer Website, wie sich One Health verbreitet hat und für eine versteckte Agenda genutzt wird.[218] Nach Nass gibt es mindestens sechzig verschiedene Definitionen, wobei die derzeit geläufigste nicht nur Menschen und Tiere, sondern auch Pflanzen, Wasserwege und Ökosysteme einschließe. Die One Health Commission behauptet, One Health sei ein »Hoffnungsschimmer für die Bewältigung unserer globalen Herausforderungen«, und listet vierzehn »globale Herausforderungen« auf, darunter Lebensmittel, Sicherheit, Wassersicherheit, Bodengesundheit und »vergleichende Biologie«.[219] Aus diesem Grund sind neben der WHO drei UN-Organisationen in das One-Health-Projekt eingebunden: die Ernährungs- und Landwirtschaftsorganisation (FAO), das Umweltprogramm der Vereinten Nationen (UNEP) und die Weltorganisation für Tiergesundheit (OIE).

Wie es sich gehört, so muss der Glaubwürdigkeit wegen auch diese Theorie der umweltschädlichen Viehzucht von der Wissenschaft untermauert werden. Und so kamen die Harvard Law School und das Center for Environmental and Animal Protection der New York University zufälligerweise zu dem gleichen Ergebnis wie die WHO: die nächste Pandemie werde wahrscheinlich aus der US-Fleischversorgung hervorgehen.[220] Pelzhandel, Streichelzoos und Haustiere führten ähnliche Risiken mit sich, menetekelten sie. Alle Lebens- und Handelsbereiche, die Tier- und Menschenkontakt beinhalten, sei er noch so kurz oder selten, müssten überprüft werden, ob sie zoonotische Übertragungsketten bilden.

Es überrascht nicht, dass in diesem »wissenschaftlichen« Bericht wiederholt auf One-Health-Dokumente verwiesen wird, denn die One-Health-Agenda verurteilt die Fleisch- und Milchindustrie sowie den Verzehr von Nahrungsmitteln aus Tierprodukten im Wesentlichen. Es wird gefordert, bestimmte Kontakte zwischen Tier und Mensch zu minimieren oder zu eliminieren, Bereiche, in denen Tiere gehalten oder geschlachtet werden, zu sterilisieren und/oder grundsätzlich den Einsatz von Antibiotika und Impfstoffen bei Tieren sowie deren Überwachung und Testung massiv zu erhöhen.

Die Warnungen in dem Bericht der Harvard Law School klingen so, als wären sie dazu angelegt, den Übergang zu synthetischem, im Labor gezüchtetem »Fleisch« zu rechtfertigen, das von Bill Gates und dem World Economic Forum beworben wird.

Pläne zum Verbot von Fleisch und Milchprodukten gibt es bereits in vierzehn amerikanischen Städten, und bis 2030 sollen Fleisch, Milchprodukte und der Besitz von Privatfahrzeugen eliminiert werden. Die US-Städte haben sich zu einer Koalition zusammengeschlossen, die als »C40 Cities Climate Leadership Group« (C40) bekannt ist.[221] Um dieses Ziel zu erfüllen, haben sich die C40-Städte verpflichtet, dafür zu sorgen, dass ihre Bewohner die folgende Liste verbindlicher Regeln einhalten:

- »0 Kilogramm Fleischverbrauch
- 0 Liter Milchverbrauch
- 3 neue Kleidungsstücke pro Person und Jahr
- 0 Privatfahrzeug
- 1 Hin- und -Rückflug (Kurzstrecke, weniger als 1500 km) alle 3 Jahre pro Person.«

Der Angriff auf das Internet

Massiv stören könnte man die Lebensmittelversorgung auch mit einer Sabotage unseres elektronischen Kommunikationssystems. Wir sollten damit rechnen, dass dies in naher Zukunft geschieht, denn auch dafür gab es ein Planspiel: Im Juli 2021 führte das Weltwirtschaftsforum (WEF) eine Simulation von Cyberangriffen durch. Ein Szenario wurde durchgespielt, in dem die Stromversorgung, die Kommunikation, der Transport und das Internet gestört waren.

»Ein Cyberangriff könnte die Stromversorgung, den Transport, die Krankenhausdienste, unsere Gesellschaft als Ganzes komplett zum Erliegen bringen. [...] Die Covid-19-Krise wäre in dieser Hinsicht als kleine Störung im Vergleich zu einem großen Cyberangriff zu sehen«, warnte Klaus Schwab, und Jeremy Jürgens, der Geschäftsführer des WEF, orakelte: »Ich glaube, dass es eine weitere Krise geben wird. Sie wird größer sein. Sie wird schneller um sich greifen als das, was wir bei Covid-19 gesehen haben. Die Auswirkungen werden größer sein, und infolgedessen werden die wirtschaftlichen und sozialen Auswirkungen noch bedeutender sein.«[222]

Das Cyber-Polygon-Simulationsszenario des WEF von 2021 wurde vom russischen Premierminister Michail Mischustin geleitet, und zahlreiche russische Finanzinstitute, Medien und Kommunikationsunternehmen waren vom WEF eingeladen worden, darunter die Nachrichtenagentur TASS, die Sberbank, Russlands größte Bank und ein führendes globales Finanzinstitut, die Mail.ru Group, Russlands größter Internetanbieter, sowie MTS, Russlands führender Telekommunikationsanbieter. Das war allerdings vor dem russischen Einmarsch in die abtrünnigen ukrainischen Teilrepubliken im Donbass. 48 Länder nahmen an der Veranstaltung teil.

Dieses Planspiel eines »Cyberangriffs mit COVID-ähnlichen Merkmalen«[223] war offiziell als »Internationale Initiative zum Aufbau von Kapazitäten zur Erhöhung der globalen Cyber-Resilienz«

bezeichnet worden. Gleich zu Beginn der Veranstaltung sagte der russische Premierminister: »Die Bewältigung von Cyberbedrohungen und die Sicherung unserer gemeinsamen digitalen Zukunft gehören zu den Prioritäten jeder Regierung und jedes Unternehmens.« Und Klaus Schwab warnte vor einer weiteren verheerenden weltweiten Wirtschafts- und Sozialkrise, die von einem Cyberangriff ausgelöst werden könnte.

Da stellt sich natürlich die Frage: Wer hat die Fähigkeiten, einen solchen Angriff durchzuführen? Und wer profitiert davon? Auf jeden Fall würde eine solche Attacke auf unsere digitalisierte Welt ein Maximum an Chaos auslösen.

Der international agierende Publizist Peter Koenig stimmt dem zu, erwähnt aber auch die Drahtzieher hinter den Kulissen: »Wenn alles um uns herum von digitalen Signalen gesteuert wird, die von den Finanzeliten kontrolliert werden, können ein oder wenige Schalter unsere verschiedenen Netzwerke ausschalten: Wasserversorgung, Strom, Gas, alle Arten von Energie, Lebensmittelversorgung, Treibstofflieferungen, Verkehrssignale, alle Transportmittel, alle Kommunikation, das Geld auf unseren Konten und vieles mehr.«[224]

Ein Cyberangriff ist natürlich ein kriegerischer Akt und würde in der NATO den Verteidigungsfall auslösen. Die NATO hatte nämlich auf ihrem Gipfeltreffen Anfang September 2014 in Wales den Cyberraum als einen Bereich der Kriegsführung definiert und anerkannt, dass ein Cyberangriff den kollektiven Verteidigungsmechanismus des Bündnisses nach Artikel 5 auslösen könnte. Artikel 5 des Washingtoner Vertrages, dem Grundpfeiler des NATO-Militärbündnisses, beruht auf dem Grundsatz, dass ein Angriff gegen einen Mitgliedstaat als Angriff gegen alle Mitgliedstaaten betrachtet wird und dass die Bündnispartner durch Ausübung ihres Rechtes auf individuelle oder kollektive Selbstverteidigung – wie in Artikel 51 der UN-Charta anerkannt – Maßnahmen ergreifen können, um die Sicherheit des nordatlantischen Raumes wiederherzustellen. Nach der Auslösung durch einen oder mehrere Mitgliedstaaten muss der Nordatlantikrat (North Atlantic Council, NAC), das wichtigste Entscheidungsgremium des Bündnisses, einstimmig entscheiden, ob der Angriff die Anwendung von Artikel 5 rechtfertigt. Seit seiner Einführung im Jahr 1949 wurde Artikel 5 von der NATO einmal angewandt, und zwar nach den Terroranschlägen vom 11. September 2001.

Verteidigungsfall, Krieg – damit sind wir bei der Superwaffe zur Schaffung von Chaos angelangt. Kein Wunder, dass derzeit überall auf der Welt Kriege provoziert oder schon geführt werden.

KAPITEL 5

Krisen und Kriege – die Zerstörung der Energieversorgung

Das United States Army War College (USAWC) ist die höchste Bildungseinrichtung der US Army. Die Universität befindet sich »in Carlisle, Pennsylvania, auf dem historischen Gelände der Carlisle Barracks, einem Stützpunkt, dessen Geschichte bis in die 1770er-Jahre zurückreicht. Es besteht aus verschiedenen Instituten, die der Forschung und der Ausbildung der Studenten« – meist höheren Stabsoffizieren und Beamten des Verteidigungsministeriums und der Geheimdienste – »in Führung, Strategie und der Führung von Verbundoperationen sowie internationaler Operationen dienen.«[225] Wenn also das USAWC eine Studie herausgibt, dann sollte man sie beachten.[226] In dem 141 Seiten starken Memorandum heißt es, die Welt sei auf dem Weg ins Chaos, weil nicht nur die Macht der USA schwinde, sondern die Autorität der Regierungen auf der ganzen Welt bröckele. Überall könnten neue »Arabische Frühlinge« aufbrechen, warnen die Militärstrategen. Man müsse auch in den westlichen Ländern mit Unruhen rechnen. Besonders den USA und seiner Bevölkerung stünde eine Erosion der öffentlichen Sicherheit bevor. Schuld an diesem weltweiten Zweifel an der Autorität der Regierungen seien die Fake News, die dank Internet überall Verbreitung fänden.

Interessant ist, was die Chefstrategen des Pentagons als Gegenmaßnahme empfehlen, nämlich mehr Überwachung, bessere Propaganda durch »strategische Manipulation« und ein größeres und flexibleres US-Militär. Mehr Überwachung hieße, die Möglichkeiten der Massenüberwachung besser zu nutzen. Und damit sind wir schon beim Kern der Studie: Weil die globale Ordnung, also die Führung durch die USA, gefährdet sei, brauche es eine Kraftanstrengung, einen Ausbau des Militärs, damit diese Dominanz nicht schwinde. Die Studie sieht sich folgerichtig auch als Weckruf für die USA. Ausbau und Aufrüstung des Militärs sei die einzige Option. Nur sie erlaube den USA, den Ausgang internationaler Dispute zu diktieren, weil sie mit dem Einsatz dieser militärischen Macht drohen könne. Das US-Militär müsse auch in Zukunft in der Lage sein, ungefährdet Zugang zu strategischen Regionen, Märkten und Ressourcen zu haben.

Natürlich werden China und Russland als Konkurrenten genannt, die den Herrschaftsanspruch der USA über die Welt infrage stellen. Aber auch Iran und Nordkorea, die den imperialen Anspruch der USA in ihren Regionen zerstören wollen. An einer Stelle heißt es sogar, diese beiden »Schurkenstaaten« stünden der Expansion der von den USA geführten Ordnung im Weg.

Dieses Memorandum beschreibt genau die Situation, in der sich die Welt derzeit befindet: das Ringen um den globalen Einfluss zwischen den Ländern des Westens und denen des Ostens um die Rohstoffe des Nordens – vermutlich der nächste größere Konflikt – und des Südens, des derzeitigen Schlachtfeldes. Vordergründig mag es dabei um Öl, Gas, Pipelines und Tankerrouten gehen, doch dahinter steht die Verlockung, die gesamte globale Energieversorgung kontrollieren zu wollen. Denn Kontrolle bedeutet die Möglichkeit, die Preise in die Höhe zu treiben oder Wohlverhalten zu erpressen, vor allem aber durch Unsicherheit auf den Märkten oder durch Transportprobleme Versorgungsengpässe auszulösen, die in einzelnen Ländern zu Chaos führen können. Wie wir gleich sehen werden, wird nicht nur im Nahen Osten und in Afrika um die Herrschaft über die Ressourcen der Welt gekämpft, sondern einer der globalen Hauptversorger ist offenbar selbst zum Objekt der Begierde geworden: Russland.

Kriegsangst in Osteuropa

Sehen wir uns einmal die Pläne des Westens mit Russland an. Die Entwicklung, die ich bereits in meinem Buch *Durch globales Chaos in die Neue Weltordnung*[227] aufgezeigt habe, geht unvermindert weiter. Da Russland von den USA und der ihm untergeordneten NATO immer weiter eingekreist wird, wird es zu weiterer Aufrüstung gezwungen, denn schließlich hatte das ja schon einmal funktioniert, als US-Präsident Ronald Reagan die UdSSR bankrott gerüstet hatte. Dazu möchte ich einige Beispiele nennen.

Laut einem »Schutzplan« für Polen und das Baltikum soll die Infrastruktur der NATO an ihrer Ostflanke »verstärkt, das Truppenkontingent vergrößert und mehr trainiert werden«. Weitere Details dieser »Schutzstrategie« hält die NATO geheim, »aber ihre Taten sprechen für sich«:[228]

Ende Juni 2020 hatte die NATO im estnischen Städtchen Tapa, das 50 Kilometer vor der russischen Grenze liegt, eine logistische Basis im Wert von 20 Millionen Euro eröffnet. Der Kasernenkomplex umfasst Unterkünfte, Lagerhallen und Stellplätze für Kampfpanzer und gepanzerte Fahrzeuge. »Eine neugebaute Panzerstraße verbindet den Stützpunkt mit dem größten Truppenübungsplatz des Landes, vorbei an öffentlichen Straßen.«[229]

Solche Stützpunkte entstehen überall im Baltikum und ebenso in Polen, Bulgarien und Rumänien. »Dort kann schweres Kampfgerät in großer Anzahl bereitgehalten werden, was die Stationierung zusätzlicher Truppeneinheiten binnen kürzester Zeit ermöglicht.« Und da sie nahe an der russischen Grenze installiert sind, sind solche Zentren für eine Offensive im Falle eines Konfliktes perfekt.

Überdies wird im Baltikum Angst geschürt. So hat das Verteidigungsministerium Lettlands für den Fall einer Krise einen Leitfaden herausgegeben. Den Bürgern wird geraten, sich einen »Notfallkoffer [...] mit haltbaren Lebensmitteln, Kopien von Ausweisdokumenten, einem batteriebetriebenen Funkempfänger, einem Messer und einem Wasservorrat für drei Tage« zuzulegen. Im Falle einer Invasion sollen die Letten nämlich in jene Gebiete flüchten, die unter der Kontrolle der einheimischen Streitkräfte stehen – und vor allem »weder an illegalen Wahlen noch an Referenden teilnehmen«.[230] Aus welchem Grund Russland in das Baltikum einmarschieren sollte, erläutert die Broschüre zwar nicht, »versichert aber, die NATO werde innerhalb von drei Tagen kommen und Lettland befreien«. Bis dato ist es allerdings die NATO selbst und nur sie, die sich aggressiv gebärdet. Sie hält regelmäßig Übungen im Baltikum ab.[231]

Doch der wichtigste Vorposten an der Ostflanke der NATO ist Polen, und so sorgt die polnische Führung dafür, dass mehr ausländische Truppen im Land stationiert werden. Ende Juni 2020 war Präsident Duda im Gespräch mit Präsident Trump über die eventuelle Verlegung einer amerikanischen Panzerjagddivision nach Polen, wobei letzteres die Unterhaltskosten von bis zu 2 Milliarden Dollar jährlich übernehmen würde.[232]

Dass das westliche Militärbündnis damit gegen die NATO-Russland-Grundakte verstößt, die »die zusätzliche Stationierung beträchtlicher Kampftruppen in der Nähe der russischen Grenze«[233] verbietet, überrascht nicht. Denn seit Jahren zerstört Washington konsequent die Grundlagen der europäischen Sicherheit: zuerst mit dem Ausstieg aus dem INF-Vertrag, dann jenem aus dem Open-Skies-Abkommen und davor mit dem Schlag gegen die Umsetzung des KSE-Vertrages.

Dazu kommen folgende Aktionen: Seit 2008 lockt die NATO die Ukraine ins Bündnis. Seit 2014 bombardiert die Ukraine die russische

Zivilbevölkerung im Donbass. Seit 2022 pumpt der Westen die Ukraine mit Waffen voll, nachdem Russland auf Bitte der unabhängigen Republiken des Donbass militärisch eingegriffen hat.

Begonnen hatte die Zusammenarbeit zwischen der NATO und der Ukraine nach dem Ende des Kalten Krieges. Im Jahr 1991 war die Ukraine dem Nordatlantischen Kooperationsrat und 3 Jahre später der Partnerschaft für den Frieden beigetreten. 4 Jahre danach wurde die Charta für eine besondere Partnerschaft unterschrieben und die NATO-Ukraine-Kommission (NUC) gegründet.

Die NUC trieb die Umstellung der ukrainischen Armee auf euroatlantische Standards voran. So richtete die US Navy sogar einen Stützpunkt im Schwarzmeerhafen von Ochakov gut 100 Kilometer nördlich der Krim ein,[234] und vor Kriegsausbruch 2022 waren nach Angaben der NATO im Westen der Ukraine 300 US-Soldaten als Ausbilder tätig, die alle 2 Monate ein neues Bataillon der ukrainischen Streitkräfte trainierten.[235]

Nach NATO-Standards wurden auch taktische Übungen der Brigaden und der Bataillone abgehalten. Knapp die Hälfte der Generalstabsstrukturen der ukrainischen Armee waren bereits »in Übereinstimmung mit der typischen Struktur der NATO-Kommandoeinheiten gebracht« worden. Außerdem wurde eine Reservistenarmee mit 140 000 Mann gegründet. Seit 2014 wurde die ukrainische Armee von etwa 100 000 auf 250 000 Soldaten vergrößert.[236]

Aber es ging der NATO um weitaus mehr als die Ukraine. Am 2. März 2018 schlossen die Ukraine, Moldawien und Georgien ein Verteidigungsbündnis gegen Russland, und mittlerweile befindet sich die Ukraine im Krieg mit Russland. Georgien hat einen solchen bereits hinter sich – ich komme darauf zurück. Und Moldawien kündigte trotz größter Not im Land größere Waffenkäufe beim Bündnis an und räumt den US-Marines bereits den Stützpunkt Bulboaca ein. Von dort sind es nur etwa 10 Kilometer bis zur Grenze zu Transnistrien, jener kleinen abgespaltenen Teilrepublik, die unter Moskaus

Schutz steht. Sollte es von anderen NATO-Mitgliedstaaten Bedenken gegen den Beitritt dieses von Korruption gebeutelten Landes geben, könnte Moldawien dennoch – sozusagen durch die Hintertür – beitreten, indem es sein Militär in das Rumäniens integriert.

Auch im Balkan könnte ein Krieg provoziert werden, und zwar gegen Serbien, denn mit ihrem Beitritt zum Bündnis hatten die NATO-Mitglieder Mazedonien und Bosnien-Herzegowina den Ring um das mit Russland befreundete Serbien geschlossen. Umgeben von Ungarn im Norden, Rumänien im Osten, Bosnien-Herzegowina im Westen und Montenegro, Kosovo und Mazedonien im Süden, bleibt Belgrad auf Dauer keine andere Wahl, als selbst dem Militärbund beizutreten – oder in einen Krieg gegen den Kosovo und damit die NATO gezogen zu werden. Damit stünde den Republiken des ehemaligen Jugoslawien ein ähnliches Chaos bevor, wie sie es in den 1990er-Jahren schon einmal erlebt hatten.

Was bedeuten diese Entwicklungen? Die massive Aufrüstung in Osteuropa genügt, um Angst in der Bevölkerung vor einem möglichen Krieg des Westens gegen Russland zu schüren. Aber selbst ohne Bündnisfall bleibt diese Region ein Hort ständiger Unruhe. Ordnung, Sicherheit und Frieden – die Sehnsucht der allermeisten Menschen – werden auf lange Zeit nicht möglich sein.

»Russland zerschlagen« – die Ressourcen stehlen

In den US-Denkfabriken gibt es Pläne, die über die Ausdehnung der NATO bis an die Grenzen Russlands und das Entfachen militärischer Spannung weit hinausgehen. Die Washingtoner Tageszeitung *The Hill* und ihre Onlineausgabe gelten als einflussreicher Meinungsbildner in der amerikanischen Hauptstadt und werden im Weißen Haus und von den Abgeordneten des Repräsentantenhauses mehr als jede andere Publikation gelesen. Man sollte also beachten, was hier berichtet wird, ganz besonders, wenn es um Russland geht.

Janusz Bugajski hat in *The Hill* einen Artikel veröffentlicht, der die Politik Washingtons gegenüber Russland genau beschreibt. Sein Titel lautet »Managing Russia's dissolution«[237], auf Deutsch: »Wie man die Auflösung Russlands betreibt«.

Janusz Bugajski ist ein hochrangiges Mitglied des Center for European Policy Analysis (CEPA, »Zentrum für Europäische Politikanalyse«), einer einflussreichen Denkfabrik in Washington. Finanziert wird die CEPA vom US-Außenministerium, vom US-Verteidigungsministerium, von der US-Mission bei der NATO, von der – wiederum vom Außenministerium finanzierten und bereits erwähnten – Denkfabrik National Endowment for Democracy und von den größten Rüstungskonzernen wie Raytheon, Bell Helicopter, BAE Systems, Lockheed Martin und Textron.[238] Da Bugajski auch den Vorsitz der Abteilung für die europäische Südzentrale im Foreign Service Institute des US-Außenministeriums innehat, ist er dem Militärisch-Industriellen-Komplex und dem Tiefen Staat zuzuordnen. Und wenn eine solche Persönlichkeit etwas äußert, dann können wir davon ausgehen, dass dies die amerikanische außenpolitische Denkrichtung repräsentiert.

Sein geradezu fanatischer Hass auf alles Russische verbindet Bugajski mit dem vormaligen geopolitischen US-Chefdenker Zbigniew Brzeziński. Erhellend ist gleich der erste Satz von Bugajskis Artikel: »Russlands anhaltende Attacken gegen die Ukraine und seine beharrliche Untergrabung westlicher Staaten zeigen, dass Washington und Brüssel es nicht geschafft haben, die imperialistischen Ambitionen Moskaus zu zügeln. Konfrontation, Kritik und begrenzte Sanktionen haben lediglich die Wahrnehmung des Kremls verstärkt, dass der Westen schwach und vorhersehbar ist. Um den Neoimperialismus Moskaus einzudämmen, ist eine neue Strategie erforderlich, eine, die den Abstieg Russlands nährt und die internationalen Folgen seiner Auflösung bewältigt.«[239]

Im zweiten Absatz beschreibt Janusz Bugajski, auf welche Weise Washington sein Weltimperium erhalten und jeden, der sich dem in den Weg stellt, schwächen und zerstören will. Die Strategie gegenüber Russland besteht also darin, die Russische Föderation in Einzelteile zu zerbrechen und aufzulösen. Um dieses Ziel zu erreichen, müsse der Westen die seit Langem bestehenden, von ihm behaupteten, regionalen und ethnischen Spannungen innerhalb der Russischen Föderation unterstützen und anheizen.

Wir erinnern uns: Genau dieselbe Taktik wurde in den 1990er-Jahren angewendet, um Jugoslawien zu spalten und schwache kleine Länder zu schaffen – die sogenannte Balkanisierung. Damals schürte der Westen die ethnischen Spannungen zwischen Serben, Kroaten, Bosniern, Slowenen, Mazedoniern und Kosovaren, woraus der Balkankonflikt entstand, der Jugoslawien als Union zerstörte, indem er die Völker in blutige Auseinandersetzungen trieb. Schließlich zerbombte die NATO in einem völkerrechtswidrigen Angriff die Infrastruktur Serbiens.

Das Ergebnis ist, dass Jugoslawien nicht mehr existiert und einzelne Länder entstanden, die in die NATO und EU einverleibt wurden beziehungsweise dazu erpresst wurden, diesen Bünden beizutreten – natürlich stets im Namen von »Demokratie« und »Menschenrechten«.

Doch zurück zu Russland und Bugajski, der im Verlauf seines Artikels noch viel weiter ausgreift: Das Ziel der USA dürfe nicht die Selbstbestimmung der wegbrechenden russischen Territorien sein, sondern die Annexion dieser durch die Nachbarländer. So schreibt er: »Einige Regionen sollen sich Ländern wie Finnland, der Ukraine, China und Japan anschließen, von denen Moskau sich in der Vergangenheit gewaltsam Territorien angeeignet hat.«[240]

Haben wir hier etwas in der jüngsten Geschichte verpasst? Russlands Auseinandersetzungen mit Finnland und Japan fanden im Umfeld des Zweiten Weltkrieges statt und gehören eher zur Geschichte der Sowjetunion. Welches Territorium hat sich Russland von der Ukraine gewaltsam angeeignet? Offenbar meint Bugajski die Krim, deren Bewohner allerdings mit 97 Prozent für eine Wiedervereinigung mit Russland gestimmt haben. Desgleichen scheint der Autor vergessen zu haben, dass sich Russland nach der Auflösung der Sowjetunion komplett aus Osteuropa zurückgezogen hat. Dass Gorbatschow sogar die Rückgabe von Königsberg angeboten hatte, was aber Kohl und Genscher abgelehnt hatten, erwähnt er nicht. Und welches Territorium soll sich Russland von China angeeignet haben? Mit Lügen soll der Russlandplan der US-Strategen begründet werden, der Russlands Spaltung in Einzelteile vorsieht, um es ein für alle Mal zu schwächen und von der Weltbühne verschwinden zu lassen. Nur als günstige, ausbeutbare Rohstoffquelle soll es noch dienen. Doch um dieses Ziel zu erreichen, muss in den Grenzregionen Russlands erst einmal Chaos gestiftet werden.

Allerdings hat Russland diese Absicht längst erkannt. Sie ist ja auch unübersehbar, denn seit Jahrzehnten rüstet die NATO an Russlands Grenzen auf, sprechen amerikanische und britische Militärs vom Krieg und weitet die NATO – entgegen ihren früheren Versprechungen – ihre Einflusssphäre bis an Russlands Grenzen aus.[241]

Bereits auf der Münchner Sicherheitskonferenz im Februar 2007 kritisierte Präsident Wladimir Putin die ständige NATO-Erweiterung: »Aber was ist eigentlich eine monopolare Welt? Wie man diesen Terminus auch schmückt, am Ende bedeutet er praktisch nur eines: Es gibt ein Zentrum der Macht, ein Zentrum der Stärke, ein Entscheidungszentrum. Es ist die Welt eines einzigen Hausherrn, eines Souveräns.« Und das sei am Ende »nicht nur tödlich für alle, die sich innerhalb dieses Systems befinden, sondern auch für den Souverän selbst, weil es ihn von innen zerstört«. Selbstverständlich habe ein solches Verhalten auch mit Demokratie nichts zu tun. Er beobachte aktuell »eine fast unbegrenzte, hypertrophe Anwendung von Gewalt – militärischer Gewalt – in den internationalen Beziehungen, einer Gewalt, welche eine Sturmflut aufeinanderfolgender Konflikte in der Welt auslöst.« Es sei für ihn offensichtlich, »dass der Prozess der NATO-Erweiterung keinerlei Bezug zur Modernisierung der Allianz selbst oder zur Gewährleistung der Sicherheit in Europa hat. Im Gegenteil, das ist ein provozierender Faktor, der das Niveau des gegenseitigen Vertrauens senkt. Nun haben wir das Recht zu fragen: Gegen wen richtet sich diese Erweiterung? Und was ist aus jenen Versicherungen geworden, die uns die westlichen Partner nach dem Zerfall des Warschauer Vertrages gegeben haben?«[242]

Denn die USA hatten Russland zugesichert, auf die Erweiterung der NATO zu verzichten. Nach dem Fall der Berliner Mauer 1989 war die Frage aufgekommen, wessen Bündnispartner Deutschland nun sein solle. Werde es mit den USA, also der NATO, oder mit der UdSSR ein Bündnis eingehen? Oder neutral bleiben? Die damalige Bush-Administration beschloss, das wiedervereinte Deutschland solle NATO-Mitglied werden. Und im Februar 1990 hatte der damalige US-Außenminister James Baker verkündet, falls die Sowjetunion die US-Position hinsichtlich Deutschlands unterstütze, sei Washington bereit, der UdSSR eisern zu garantieren, dass die NATO sich um keinen Zoll erweitern werde. Nach weniger als einer Woche hatte Michail Gorbatschow eingewilligt. Einen formellen Abschluss hatte es nicht gegeben, denn beiden Seiten war klar, dass es sich um ein Gentlemen's Agreement handelte: Gorbatschow trug die NATO-Mitgliedschaft Deutschlands mit, die USA schränkten die Ausweitung der NATO ein.

Indes zeigen interne Aufzeichnungen der Bush-Administration, dass die USA noch in demselben Monat entschieden hatten, dass der Verzicht auf die Erweiterung der Allianz nicht in ihrem Interesse sei. Bereits im Oktober hatte der Beraterstab des US-Präsidenten geprüft, wie den osteuropäischen Demokratien vermittelt werden könne, dass die NATO zu ihrer Aufnahme bereit sei, und zugleich die Russen davon zu überzeugen versucht, dass ihre Interessen dabei berücksichtigt würden.

In den Vereinbarungen mit Russland hatte die NATO auch versprochen, keine Atomwaffen auf dem Gebiet der neuen Mitglieder zu stationieren. Davon will die NATO heute nichts mehr wissen, denn, so behauptet sie, die osteuropäischen Mitgliedstaaten des Bündnisses hätten um den Schutz durch die NATO gebeten.

Die strategische Konsequenz der NATO-Aufrüstung im Osten erläutert Generalmajor Jürgen Reichardt in einem Leitartikel für die Verbandszeitschrift *Treue Kameraden* folgendermaßen: Westeuropa verfüge nicht über das nötige Militärpotenzial, um östliche NATO-Staaten zu schützen, deshalb werde der Krieg dann »unverzüglich nach Mitteleuropa« getragen. Da aber auch die USA in Mitteleuropa nicht über genügend Kräfte verfügten, um die kontinentalen Ostgrenzen des Bündnisses dauerhaft zu sichern oder okkupierte Gebiete rasch zurückzugewinnen, müsse »ein Krieg vom Westen unverzüglich auf andere Schauplätze und in die Tiefe Russlands ausgeweitet werden. [...] Die dafür notwendigen Mittel [...] bedeuten Weltkrieg, mit allen unabsehbaren Tendenzen und Folgen. Andere Welt- oder Großmächte würden eingreifen, weil ihnen der Ausgang nicht gleichgültig sein könnte.«[243]

Ukraine: Das Zentrum Europas zerfällt

Hat die NATO-Aufrüstung und -Erweiterung das Ziel, einen Krieg gegen Russland vorzubereiten? Dieser Eindruck drängt sich angesichts der Entwicklung in der Ukraine jedenfalls auf.

Wenn wir uns Europa vom Atlantik bis zum Ural denken, dann ist die Ukraine das Herzstück dieses Halbkontinents. Und genau um dieses Zentrum Europas wird seit der Unabhängigkeit des Landes 2014 mit kriegerischen Mitteln gerungen. Dazu ein paar Fakten:

Mitte September 2016 meldeten die Nachrichtenagenturen eine Personalie, die in den Mainstreammedien unterging, obwohl beziehungsweise weil sie ein Beweis für die Pläne der führenden Weltmacht ist, die Ukraine in ein militärisches Abenteuer gegen Russland zu locken: US-General John Abizaid, so hieß es, werde Berater des ukrainischen Verteidigungsministeriums und solle die ukrainische Armee an NATO-Standards anpassen.[244] Abizaid ist nicht irgendwer, sondern der Viersternegeneral war zuvor Chef des Kommandozentrums Centcom, Vizekommandeur bei der Invasion des Irak (2003) und US-Befehlshaber im Kosovokrieg der NATO (1999). Außerdem ist er Mitglied des Council on Foreign Relations.

Zur gleichen Zeit berichteten internationale Medien, Präsident Petro Poroschenko habe im Parlament gesagt, »Kiew habe bereits eine ›nie da gewesene und sehr enge Zusammenarbeit‹ mit den Ländern der Militärallianz erreicht, das ›strategische Ziel‹ bleibe aber eine volle NATO-Mitgliedschaft, an diesem Kurs werde festgehalten«.[245] Folgerichtig wurde der frühere NATO-Generalsekretär Anders Fogh Rasmussen 2016 zum Berater der ukrainischen Regierung ernannt. Dies war der vorläufige Höhepunkt einer Reihe von Aktionen und Vereinbarungen, die die NATO mit der Ukraine getroffen hatte.

Zwar ist die Ukraine kein Mitglied der EU, doch der am 1. Januar 2016 in Kraft getretene Assoziationsvertrag macht das Land de facto zu einem Mitglied der Gemeinschaft. In diesem Vertrag wird nicht nur die wirtschaftliche Zusammenarbeit betont, sondern ausdrücklich die Einbeziehung der Ukraine in die Verteidigungspolitik der EU unterstrichen. Seit dem Vertrag von Lissabon 2009 ist eine enge Kooperation der EU mit der NATO festgeschrieben.

Ich habe in meinen Büchern ausführlich aufgezeigt, wie bei den NATO-Manövern auf ukrainischem Boden in den Jahren 2014–2022 Zehntausende von NATO-Soldaten operierten. In diesen 8 Jahren lief auch ständig die Propagandamaschine vom bösen Russland, und die abtrünnigen Oblaste Donezk und Lugansk wurden unter Dauerfeuer gelegt, bei dem in diesen 8 Jahren mehr als 14 000 Zivilisten getötet wurden.

Seit dem 24. Februar 2022 hat sich der Krieg dann in eine direkte militärische Auseinandersetzung der Ukraine mit Russland gesteigert – mit dem bisherigen Ergebnis, dass Millionen Ukrainer auf der Flucht sind und das Land im Chaos versinkt.

Ringen um das Gas im Südkaukasus

Ein zweiter, schon lange am Glimmen gehaltener Brandherd ist Russlands Südgrenze. Der südliche Kaukasus ist seit alters eine Region, die Begehrlichkeiten weckt. Waren es früher die Handelswege von Europa nach Asien, so sind es seit 100 Jahren die reichen Öl- und Gasvorkommen. Mittendrin zwei verfeindete Nationen: Armenien und Aserbaidschan. Das eine christlich, das andere muslimisch. Das eine bis zum Jahr 2023 von seinem christlichen Noch-Verbündeten im Osten – Russland – unterstützt, das andere von seinen Turk-Brüdern in der Türkei und vom Iran.

Über Jahrzehnte hinweg herrschte zwischen den beiden Nachbarn Uneinigkeit über den Status von Bergkarabach, einem Wohngebiet von 100 000 ethnischen Armeniern innerhalb der offiziellen aserbaidschanischen Grenzen. Mehrere Male kam es zu kriegerischen Auseinandersetzungen, und 2023 eroberte Aserbaidschan Bergkarabach.

Empört über die Untätigkeit der eigenen Regierung, die den Armeniern in der Exklave Bergkarabach nicht zu Hilfe gekommen war, gingen Tausende armenischer Einwohner auf die Straße. Zentrum des Protests waren der Platz der Republik und das dort gelegene Regierungsgebäude. Die Opposition kündigte Widerstand im ganzen Land an und errichtete Straßenblockaden, worauf die Regierung mit äußerst brutalen Verhaftungen reagierte und die Kundgebungen auflöste. Inmitten dieser Unruhen in der armenischen Hauptstadt steht die größte amerikanische Botschaft der Welt. Sie wurde neben dem Jerewan-See errichtet, erstreckt sich über eine Fläche von 9 Hektar und umfasst fünf Gebäude mit einer Gesamtfläche von 14 000 Quadratmetern, von denen eines der Gebäude für die Marines vorgesehen ist. Dementsprechend hieß es in der lokalen Presse, in Jerewan sei ein vollwertiger Stützpunkt der US-Marines entstanden.[246]

Wir erinnern uns, dass George Soros, der Spezialist für Farbrevolutionen, den Rückzug seines Open Society Institute aus Europa angekündigt hat. Jetzt will er mit seinen NGOs den Kaukasus aufmischen. Wen wundert es da noch, dass die Anzahl der NGOs in der kleinen Republik – darunter die U.S. Agency for International Development (USAID), das National Democratic Institute (NDI) und das erwähnte Open Society Institute – bei über 200 liegt? Die USA stellen Hunderte von Millionen Dollar für die Arbeit zur Verfügung, die diese NGOs zur Beeinflussung der Medien und der Politik nutzen.

Nachdem der Journalist Nikol Paschinjan durch die von George Soros gesponserte »Samtene Revolution« im April 2018 ins Amt gespült worden war, wurden herzliche Treffen mit westlichen Politikern immer häufiger. Im Jahr 2023 verzichtete Paschinjan auf Manöver der OVKS, des militärischen Bündnissystems Russlands, dem Armenien angehört, um gemeinsame Manöver mit den USA abzuhalten.

Nun könnte man einwenden, das kleine Land am Südkaukasus mit seinen nicht einmal 4 Millionen Einwohnern und einer geringeren Fläche als die Belgiens sei die Anstrengungen des Westens, es aus Russlands Einflussbereich zu lösen, nicht wert. Wenn man aber auf eine Karte blickt, dann erkennt man, dass Armenien eine sehr wichtige strategische Position einnimmt, denn es grenzt im Süden an NATO-Erzfeind Iran und im Westen an NATO-Mitglied Türkei und ist Teil eines Transportkorridors zwischen Europa und Zentralasien, des sogenannten »Mittleren Korridors«, mit dem man Russland umgehen könnte.

Gerade im Pulverfass Südkaukasus ist der Schwenk von der Russland- zur Westbindung eine gefährliche Entwicklung. Denn es ist im Interesse der USA, entlang der russischen Grenzen für Unruhe zu sorgen.

Auch dieses Vorhaben wird schon viel länger verfolgt: Bereits 2014 fanden NATO-Armeeübungen mit Moldawien, Aserbaidschan und Armenien statt. Der sogenannte Partnerschaftsausschuss des Bündnisses hatte einen Katalog mit »praktischen Maßnahmen zur Förderung der Beziehungen« mit diesen Ländern verabschiedet. Unter anderem sollten die Länder die Fähigkeit zur Zusammenarbeit ihrer Armeen mit denen der Allianz steigern, wozu gemeinsame Manöver und Ausbildungen gehören. Außerdem sollten die drei Staaten dazu ermutigt werden, »sich an sogenannten Smart-Defence-Projekten der NATO zu beteiligen«, wobei es »um die Beschaffung von Rüstungsgütern und die Zusammenlegung und Spezialisierung militärischer Fähigkeiten« geht, und zwar mit dem Ziel, diese effizienter zu nutzen. »Ein Beispiel für erfolgreiche Smart Defence ist die von den NATO-Staaten gemeinsam organisierte Überwachung des baltischen Luftraums.«[247]

Für alle drei Länder sind individuelle Hilfsmaßnahmen geplant. So ist vorgesehen, dass in Moldawien »die Sichtbarkeit der NATO verstärkt« wird, wozu auch »die Teilnahme der Republik Moldau an der schnellen Eingreiftruppe der Allianz, der sogenannten NATO Response Force«, zur Debatte steht. Mit Aserbaidschan soll die »Zusammenarbeit auf dem Gebiet der Cyber- und Energiesicherheit« verstärkt werden und »in Armenien [...] die Ausbildung der Armee im Vordergrund stehen«.[248]

Durch den Umschwung Armeniens ins westliche Lager sitzen die USA sowohl vor den Toren Irans und Russlands als auch neben Georgien, das sie seit Jahrzehnten umgarnen. Im Jahr 1994 begann die institutionelle Kooperation zwischen Georgien und der NATO, als das Land im Südkaukasus dem Programm »Partnership for Peace« (PfP, »Partnerschaft für den Frieden«) beigetreten war. Und 10 Jahre später, nach der Rosen-Revolution – der ersten von Soros finanzierten Revolution – hatten Tiflis und die NATO ihre Zusammenarbeit ausgebaut. Und so koordiniert nun ein gemeinsames Ausbildungszentrum die armenischen Streitkräfte mit denen seiner NATO-Partnerländer.

Georgiens abtrünnige Republik Südossetien ist Russlands wichtigster Brückenkopf im Kaukasus. Zwar ist Südossetien kaum größer als das Saarland und hat nur 50000 Einwohner, doch das gebirgige Land liegt südlich des Kaukasus-Hauptkamms auf einer Höhe von 1000 bis 4000 Metern über dem Meeresspiegel und ragt in das georgische Staatsgebiet hinein. Entscheidend ist, dass der Brückenkopf über einen Tunnel durch den Kaukasus hindurch direkt an Russland angeschlossen ist.

Werfen wir kurz einen Blick zurück: In der Nacht vom 7. auf den 8. August 2008 waren nach dem Ergebnis der »Unabhängigen Untersuchungskommission der EU zum Konflikt in Georgien«[249] georgische Truppen in Südossetien einmarschiert und hatten damit den 8-Tage-Krieg mit Russland ausgelöst. Der Einsatz der russischen Streitkräfte zur Verteidigung ihrer Friedenstruppen, die aufgrund eines gültigen internationalen Mandats in Südossetien stationiert waren, sei gerechtfertigt gewesen, heißt es im Bericht der EU-Kommission.[250]

Eigentlicher Initiator hinter dem russisch-georgischen Krieg waren jedoch die USA. George Friedman von Stratfor Global Intelligence benennt die eigentlichen Player im Hintergrund ganz offen. In einer Analyse mit dem Titel »Israeli Strategy After the Russo-Georgian War«[251] schreibt er: »Der russisch-georgische Krieg hallt noch nach, und es ist an der Zeit, unsere Sicht darauf zu erweitern. Hauptakteure in Georgien, abgesehen von den Georgiern selbst, waren Russen und Amerikaner.« Nach Friedman hätten die USA die ehemalige Sowjetrepublik gegen die Russische Föderation ausgerüstet und ausgerichtet. Bei der NATO-Tagung im April 2008 in Bukarest forderte Washington, Georgien und der Ukraine den Beitritt anzubieten.

Danach ging das Ringen um Georgien weiter: Dem georgischen Freihandels- und Assoziationsabkommen mit der EU folgte die »symmetrische« Antwort Russlands, ein Assoziationsabkommen mit Abchasien, der zweiten abtrünnigen, ehemals georgischen Republik. Abchasien, ein Ferienparadies an der Schwarzmeerküste, das halb so groß wie Thüringen ist und sich nach dem Krieg 2008 für unabhängig erklärt hat, ist für Russland von großer strategischer Bedeutung: Mit der Basis in Gudauta, dem Flugfeld in Bombora und dem Hafen von Otschamtschira sowie mehreren Radarstationen kann Russland faktisch den gesamten Südkaukasus und vor allem Georgien militärisch kontrollieren. Die Georgier scheint das aber nicht davon abzuhalten, die Spannungen immer weiter eskalieren zu lassen. Werden sie von Washington und Brüssel in Kürze wie die Ukrainer als Kanonenfutter gegen Russland eingesetzt?

Wer über Georgien, Armenien und Aserbaidschan herrscht, kontrolliert den Korridor zwischen den an Öl und Gas reichen Ländern des Kaspischen Beckens und dem Schwarzen Meer und rückt damit weiter nach Europa vor.

Obamas außenpolitischer Berater und geopolitischer Vordenker Zbigniew Brzeziński hatte schon vor 15 Jahren in seinem Buch *Die einzige Weltmacht* geschrieben: »Vor dem Zusammenbruch der Sowjetunion war das Kaspische Meer […] ein nahezu rein russisches Gewässer gewesen.« Als aber Aserbaidschan, Kasachstan und Turkmenistan unabhängig wurden, habe »Russland nicht mehr selbstverständlich von der alleinigen Verfügungsgewalt über diese Bodenschätze ausgehen« können. »Mit der Unabhängigkeit der zentralasiatischen Staaten hatte sich Russlands südöstliche Grenze an einigen Stellen um mehr als tausend Meilen nach Norden verschoben. Die neuen Staaten verfügten über riesige Mineral- und Erdölvorkommen, die ausländische Interessenten anlocken mussten […] Für die Russen muss das Gespenst eines möglichen Konflikts mit den islamischen Staaten entlang der gesamten Südflanke Russlands (die zusammen mit der Türkei, dem Iran und Pakistan mehr als 300 Millionen Menschen aufbieten) Anlass zu ernster Besorgnis sein.«[252]

Was für Russland gilt, gilt auch für die USA. Denn von Baku (Aserbaidschan) am Kaspischen Meer aus verläuft eine Pipeline über georgisches Gebiet bis in das türkische Ceyhan und von dort in die westliche Welt. Aserbaidschan teilt sich mit Iran eine etwa 600 Kilometer lange Grenze und ist – mit Blick auf den Öl- und Gasreichtum – für Washington folglich ein strategischer Brückenkopf in einer höchst unruhigen Region.

Um sich auf eine mögliche Terrorwelle – die bevorzugte Kriegswaffe der USA zur Schaffung von Chaos – vorzubereiten, hielten Usbekistan und Tadschikistan im August 2023 an der Grenze zu Afghanistan Manöver mit Russland ab. Danach fanden Militärübungen der Mitgliedstaaten der Organisation des Vertrages über kollektive Sicherheit (OVKS) statt, die von Moskau geleitet wurden, wobei es um die »Zerschlagung illegaler Gruppen« gegangen sein soll, die auf das Territorium eines OVKS-Staates vorgedrungen seien.

Während die Welt seit 2022 auf den Ukrainekrieg und die Spannungen an Russlands Südgrenze blickte, erschütterte ein neuer Krieg die Öffentlichkeit – der Krieg zwischen Israel und den Palästinensern, der am 7. Oktober 2023 begann.

Terror in Palästina: Die Chance zur Ölkrise

Alexander Dugin ist Politologieprofessor an der berühmten Moskauer Lomonossow-Universität. Er tritt in staatlichen Medien auf und verfügt über Kontakte bis hinauf zum Generalstab und in die Präsidialadministration, weshalb er in den westlichen Ländern gerne der Rasputin Putins genannt wird – ein Vergleich, der mehr als hinkt, denn Dugins Kontakte zum russischen Präsidenten sind weit geringer, als es die Rasputins zum Zaren gewesen sind. Im Jahr 2002 gründete er die Eurasische Partei und steht außerdem der Organisation Arktogaeja inklusive angeschlossenem Verlagshaus vor. Im Oktober 2023 veröffentlichte er eine Vorausschau, die er selbst als Prophezeiung bezeichnete und die genau das ist, was man in der angelsächsischen Welt als »worst case scenario« und in Deutschland als GAU, als denkbar schlimmsten Unfall, beschreibt.[253]

Zunächst prophezeit Dugin »einen regelrechten Völkermord« der Israelis an den Menschen im Gazastreifen. Alsbald werde sich vom Libanon aus die Hisbollah einmischen, würden arabische Massen aus Jordanien die Grenzsperren durchbrechen, die USA Präventivschläge gegen den Iran führen und Syrien auf den Golanhöhen in den Krieg eingreifen. Es komme zu einer raschen Mobilisierung der gesamten islamischen Welt. »Die pro-amerikanischen Staaten – Saudi-Arabien, die Vereinigten Arabischen Emirate etc. – sehen sich gezwungen, an der Seite der Palästinenser in die Konfrontation einzutreten. Dazu kommen Pakistan, die Türkei und Indonesien.« Damit beginne der große Dschihad der islamischen Welt gegen den Westen und Israel. Israel greife die al-Aqsa-Moschee in Jerusalem mit Raketen an, woraufhin diese einstürze und den Weg für den Bau des Dritten Tempels freimache. Aber »eine Milliarde Muslime, von denen (offiziell) 50 Millionen in Europa leben, beginnen nun im Westen selbst einen Aufstand. In Europa bricht ein Bürgerkrieg aus. […] Die USA setzen taktische Atomwaffen gegen den Iran ein. Russland führt einen taktischen Atomschlag gegen die Ukraine, die sich um jeden Preis an den Westen binden will und Moskau auf jede erdenkliche Weise provoziert.«

Folglich breche der Dritte Weltkrieg aus, »taktische Atomwaffen werden eingesetzt. Russland entscheidet sich schließlich und stellt sich auf die Seite der Moslems.«[254]

Ob Dugins Vision eintritt, wissen wir nicht. Aber klar ist, dass der am 7. Oktober 2023 begonnene Krieg bestens in das Konzept des »kreativen Chaos« passt. Denn jeder Krieg in Nahost kann ausgeweitet werden, um die Energieversorgung zu unterbrechen, Migrationsströme auszulösen, Terror zu verbreiten und damit Chaos zu stiften. Daher ist es nicht verwunderlich, dass diese Region regelmäßig in

Kriegen versinkt. Die Planungen der USA gehen seit Jahrzehnten genau in diese Richtung.

Der frühere Oberstleutnant Ralph Peters schlug bereits 2006 »eine Neuziehung der gegenwärtigen Grenzen im Nahen und Mittleren Osten sowie in Asien entlang ethnischer, religiöser und von Stammesgrenzen«[255] vor. Und die damalige US-Außenministerin Condoleezza Rice sprach – wie oben bereits erwähnt – 2006 ebenfalls davon, ein »kreatives Chaos« in dieser Region zu säen, aus dem ein »Neuer Naher Osten« hervorgehen solle – natürlich unter dem Deckmantel der Verbreitung der Demokratie.[256]

Bereits 3 Jahre zuvor, als die US-Regierung in den Irak einfiel, hatte sie entscheidend zu diesem »kreativen Chaos« beigetragen. Was auch immer die Invasion des Irak – über die Beseitigung von Massenvernichtungswaffen, die gar nicht vorhanden waren hinaus – bezwecken sollte, das Ziel war sicherlich nicht, einen souveränen, handlungsfähigen Nationalstaat zu etablieren, ob demokratisch ausgerichtet oder nicht.

Gerne wird der Öffentlichkeit die Zerschlagung staatlicher Strukturen, die nach der Invasion erfolgte, als kurzsichtiger Fehler der US-Politik verkauft, die den Irak nur weiter destabilisierte. Doch dies war kein Fehler, sondern Berechnung. Wie erklärt man sich sonst, dass ein solcher »Fehler« in Libyen und Syrien wiederholt wurde?

Seit dem 7. Oktober 2023 ist auch klar, dass die Entwurzelung und Vertreibung – oder politisch korrekt »Umsiedlung« – von Menschen als Folge von Kriegen geradezu eine Wunderwaffe ist, um Chaos zu schaffen. Wir erinnern uns an die Flüchtlingskarawanen wenige Wochen vor dem Nahostkrieg, als Zehntausende Armenier aus ihrer Heimat in Bergkarabach vertrieben wurden. Die EU hatte diese Aktion Aserbaidschans gebilligt, weil das Land ein wichtiger Ölversorger für Europa ist. Bei der Vertreibung der Palästinenser aus dem Gazastreifen kommt noch hinzu, dass US-Geologen das Erdgasvorkommen vor der Küste Israels und des Gazastreifens auf über 3 Milliarden Kubikmeter schätzen,[257] was nach der Besetzung von Gaza an Israel fiele.

Das um sich greifende Chaos im Nahen und Mittleren Osten spielt einem Plan in die Hände, den Oded Yinon vor mehr als 40 Jahren entworfen hatte. Yinon war engster Mitarbeiter des ehemaligen israelischen Ministerpräsidenten Ariel Sharon, als dieser noch Außenminister war, und arbeitete damals eine Strategie aus, den gesamten Vorderen und Mittleren Osten völlig neu zu gestalten. »Aus der arabischen Welt muss ein Mosaik ethnischer und religiöser Gruppen gemacht werden. Durch die Zerstückelung sind sie schwach und können so leichter manipuliert werden«,[258] schrieb er in einem Aufsatz für die World Zionist Organization (WZO »Zionistische Weltorganisation«). Als regionale Übermacht müsse Israel sein geopolitisches Umfeld neu gestalten, nämlich wie in seinem Plan beschrieben, und eine Balkanisierung der arabischen Staaten durchführen.

Der Yinon-Plan sieht vor, die heute bestehenden arabischen Länder und darüber hinaus den Iran, Afghanistan und Pakistan grundlegend neu zu zeichnen. Die gesamte Region soll fragmentiert werden, sodass schwache Länder entstehen, die Israel nicht gefährlich werden und sich nicht wehren können, wenn Mächte von außerhalb auf ihre Rohstoffe zugreifen wollen. Yinon plädiert für ein eigenes Kurdistan. Der Irak und Libyen sollen zertrümmert werden, was tatsächlich bereits geschehen ist. Saudi-Arabien soll dezimiert werden, und zwischen Afghanistan und Pakistan soll ein Staat der Belutschen entstehen. Groß-Israel soll den Ostteil Ägyptens bis zum Nil miteinschließen, den Norden Saudi-Arabiens, Jordanien, den Libanon sowie die westlichen Gebiete des Irak und Syriens. »Vom Nil bis zum Euphrat« hatte schon Theodor Herzl, der österreichisch-ungarische Schriftsteller jüdischer Herkunft, Publizist, Journalist und Begründer des modernen politischen Zionismus, im Jahr 1896 als Parole ausgegeben.

Und zunächst schien der Plan tatsächlich aufzugehen: Die USA entmachteten Saddam Hussein und legten mit dem Einmarsch im Irak den Ausgangspunkt für die Zerschlagung des Landes. Es folgte die Zerstörung Libyens und Syriens, und Israels größte Bedrohungen schienen vernichtet zu sein. Doch dann kam der 7. Oktober 2023 und veränderte alles. Während heute der Nahe Osten im Chaos versinkt, destabilisieren Migration und Terror Europa.

Neugestaltung und Neuverteilung im Nahen Osten

Die Iraker haben mehr als 20 Jahre Chaos erlebt und wie viele Länder der Erde die Erfahrung gemacht, dass die immer noch im Land stationierten US-Truppen nicht etwa für Sicherheit und Ordnung sorgen, sondern fremde Militärbasen auf eigenem Boden sind.

7 Jahre nach der Zerstörung des Irak fegte die sogenannte »Arabellion« über den Nahen Osten hinweg. Der Sturm begann im Dezember 2010 in Tunesien, und dieser Angriff der Massen auf die staatlichen Strukturen – meist als »Arabischer Frühling« propagiert – verbreitete sich über die muslimischen Nachbarstaaten Libyen, Ägypten und Syrien. In vielen Ländern flammten Rebellionen auf, wurden aber von den dortigen Machthabern wieder erstickt. Das Ergebnis ist die faktische Zerschlagung von Libyen, Jemen und Irak. Die Zerstörung Syriens ist zwar enorm, aber in diesem Land hält sich die prorussische Regierung Assad im Amt.

George Friedman hat den Krieg der USA mit der islamischen Welt in seinem Buch *Die nächsten hundert Jahre. Die Weltordnung der Zukunft* deutlich beschrieben: »Das Ziel war kein militärischer Sieg. Das Ziel war lediglich, die islamische Welt aus dem Gleichgewicht zu bringen, sie zu spalten und auf diese Weise die Entstehung eines islamischen Reichs zu verhindern. Die Vereinigten Staaten müssen keine Kriege gewinnen. Es reicht aus, wenn sie die andere Seite aus dem Gleichgewicht bringen.«[259]

Doch im Nahen Osten geht es nicht nur um die Zerstörung der alten Ordnung, sondern vor allem um Öl, Gas und deren Transportwege.

Krisen und Kriege gefährden die Versorgung mit diesen Rohstoffen und verteuern sie. Würde der Iran beispielsweise in den Krieg zwischen Israel und Gaza eingreifen, dann würde der Ölpreis laut Prognose von *Oilprice* über Nacht auf 250 Dollar pro Fass steigen: »Wenn sie ihre Ölterminals gegenseitig angreifen, erreicht der Ölpreis Spitzenpreise von 500 Dollar pro Fass und wird eine Weile in dieser Höhe bleiben, bis man über das Ausmaß der Schäden Bescheid weiß.«[260]

Besonders dramatisch wäre eine solche Entwicklung für die Europäische Union, denn die EU muss sich seit ihrer »strategischen« Entscheidung, kein russisches Gas und weniger russisches Öl zu kaufen, dringend nach alternativen Energiequellen umsehen. Die Länder des Nahen und Mittleren Ostens sowie Nordafrikas verfügen zusammen über 57 Prozent der weltweiten Erdölreserven und 41 Prozent der weltweiten Erdgasreserven. Und so wurde die arabische Welt zum Retter des europäischen Energiebedarfs. Die Zahlen von 2022 bestätigen dies: Saudi-Arabien, Libyen, Irak und Algerien lieferten das meiste Öl in die EU.

Wir wissen aber, dass bewaffnete Konflikte im Nahen Osten immer erhebliche Auswirkungen auf den Energiemarkt haben. Stets sank das Ölangebot, und die Preise explodierten. Als zum Beispiel die Huthi-Rebellen 2019 die Aramco-Anlagen in Saudi-Arabien angriffen, gingen die saudischen Ölexporte um fast 5,7 Millionen Barrel pro Tag zurück, und nach Beginn der israelischen Reaktion auf die Angriffe der Hamas am 7. Oktober stieg der Gaspreis in Europa um 35 Prozent. Seither greifen die Huthi-Rebellen aus dem Jemen Containerschiffe an, die den Suezkanal erreichen wollen, was zu längeren Transitzeiten und folglich zu höheren Kosten führt. Mit dem Suezkanal ist seit Herbst 2023 also bereits der zweite Knotenpunkt der weltweiten Lieferketten neben dem Panamakanal zu einem Nadelöhr geworden. Die Folge sind höhere Kosten für die Verbraucher und eine steigende Inflation, denn die großen Containerreedereien wollen den Suezkanal aufgrund der Angriffe zunächst meiden. Dieser Entscheidung von

Hapag-Lloyd und Maersk schlossen sich auch der weltgrößte Containerreeder MSC und die chinesische CMA CGM an.[261]

Etwa 12 Prozent des weltweiten Schiffsverkehrs passieren den Suezkanal, die Hauptroute zwischen Asien und Europa. Da der Panamakanal, durch den knapp 5 Prozent der weltweiten Schiffspassagen führen, wegen der außergewöhnlichen Trockenheit in Mittelamerika seit 2023 nur eingeschränkt zur Verfügung steht, verlagerten die Schiffseigner die Routen zwischen der amerikanischen Ostküste und Asien in den Suezkanal. Damit sind zwei der wichtigsten weltweiten Knotenpunkte der Welt nur noch eingeschränkt nutzbar. Als Alternative müssen die Schiffe nun statt durch den Suezkanal und das Mittelmeer den Umweg um das Horn von Afrika nehmen. Das bedeutet einen Umweg von etwa 5000 Seemeilen oder 12 Tagen, die ein Schiff von Asien nach Europa länger braucht. Entsprechend steigen die Frachtraten und die Versicherungskosten für Schiffe und Ladung.

Doch allein eine Kriegsdrohung lässt den Ölpreis steigen. Das war bereits bei dem seit März 2015 tobenden Krieg zwischen den schiitischen Huthi-Rebellen und der sunnitischen, von Saudi-Arabien unterstützten Regierung in Jemen zu beobachten, die Jemen als ihren Hinterhof betrachtet.

Da Jemen die Meerenge von Bab al Mandab kontrolliert, durch die Tanker und Containerschiffe navigieren müssen, wenn sie aus dem Indischen Ozean ins Rote Meer und weiter über den Suezkanal ins Mittelmeer gelangen wollen, hat dieses Land eine herausragende strategische Position. Es liegt zwischen den Nachbarstaaten Oman und Saudi-Arabien am Südrand der arabischen Halbinsel, die beide mit den USA verbündet sind. Der Krieg war Teil der groß angelegten Strategie, die Schiiten und ihre iranische Schutzmacht in einen Dauerkrieg mit den Sunniten der arabischen Welt zu verwickeln.

Kurz zur Erklärung dieser Teile-und-Herrsche-Trennung: Die Spaltung der muslimischen Gemeinschaft in Sunniten und Schiiten erhitzt sich am Streit um die rechtmäßige Nachfolge des Propheten Mohammed nach dessen Tod im Jahr 632.

Die Bezeichnung Sunnit ist von dem arabischen Wort *sunna* abgeleitet, den überlieferten Handlungsanweisungen des Propheten Mohammed. Die Sunniten bilden die Mehrheit der heute weltweit 1,5 Milliarden Muslime (circa 85 Prozent). Die in Saudi-Arabien vorherrschende ultrakonservative Strömung des Wahhabismus stellt eine Minderheit innerhalb des sunnitischen Islam dar und ist stark antischiitisch ausgerichtet. Die Bezeichnung Schiiten leitet sich dagegen von *shīʿat ʾAlī* ab, einem Ausdruck, der auf Arabisch »Gefolgschaft Alis« bedeutet. Mit 10–15 Prozent repräsentieren sie die zweitgrößte muslimische Strömung.

In Iran, dem Irak, Bahrain und Aserbaidschan stellen Schiiten die Bevölkerungsmehrheit. In Ländern mit bedeutenden schiitischen Minderheiten herrschen seit Jahren Spannungen und Unruhen: so im Libanon, wo Sunniten und Schiiten jeweils knapp ein Drittel der Bevölkerung ausmachen; im Kriegsland Jemen, das etwa 65 Prozent Sunniten und 35 Prozent Schiiten zählt; in Afghanistan, wo vier Fünftel sunnitisch und ein Fünftel schiitisch sind; auch in Pakistan, wo sich ein Viertel der Bürger zur schiitischen Glaubensrichtung bekennt, und in Saudi-Arabien, in dem 10–15 Prozent Schiiten leben. Von dort aus könnte sich auch eine schiitische Erhebung auf die Golfstaaten Kuwait und Oman ausweiten, deren Bevölkerung jeweils zu knapp einem Drittel schiitisch ist.

Während die Sunniten die Ansicht vertreten, dass die religiöse und politische Führung der muslimischen Gemeinschaft dem Fähigsten unter den Muslimen zusteht, glauben die Schiiten, dass Mohammed seinen Cousin und Schwiegersohn Ali (gestorben 661) zu seinem rechtmäßigen Nachfolger ernannt hat. Die schiitische Auffassung, dass allein die leiblichen Nachkommen Alis als die wahren Führer (*imām*) der gesamten muslimischen Gemeinschaft gelten, ist für die Sunniten inakzeptabel. Demzufolge lehnen sie die Verehrung der

Imame und den für das Schiitentum essenziellen Glauben an die Wiederkehr eines verborgenen Imams (*al-Mahdī*) als unislamisch ab. Andererseits ist das in der heutigen Islamischen Republik Iran vorherrschende Regierungskonzept der »Herrschaft des Rechtsgelehrten« erst im 20. Jahrhundert von dem iranischen Gelehrten Āyatollāh Khomeini entwickelt worden. Als Ausdruck einer vollkommen neuen Interpretation schiitisch-islamischer Herrschaft ist dieses Staatsmodell unter schiitischen Gelehrten bis auf den heutigen Tag umstritten und wird von Sunniten als Bedrohung empfunden.

Der islamische Bruderkrieg ist indes nicht auf der ganzen Welt ausgebrochen. Kriege und Unruhen gibt es überwiegend im Nahen Osten und in Nordafrika, wo 93 Prozent der Menschen muslimisch sind – und eben dort, wo die Öl- und Gasvorräte lagern. Obwohl die Asien-Pazifik-Region weit mehr Muslime – über 60 Prozent der über 1,5 Milliarden weltweit – beherbergt, herrscht dort deutlich mehr Ruhe als im Nahen Osten und in Afrika. Natürlich gibt es auch in Asien radikale muslimische Milizen und Verbände, diese spielen aber bei Weitem keine so große Rolle wie jene im Nahen Osten. Das größte muslimische Land in Südostasien ist Indonesien mit rund 240 Millionen Einwohnern.

Doch zurück zu den Kriegen im Nahen und Mittleren Osten. Hier hat mal wieder *WikiLeaks* einiges ans Tageslicht gebracht. Die Whistleblower haben das Archiv mit der Korrespondenz von Hillary Clinton – mehr als 30 000 E-Mails –veröffentlicht, die diese als US-Außenministerin von ihrer privaten Mailadresse aus geführt hatte.[262] Diese E-Mails enthüllen, dass die ehemalige US-Präsidentschaftskandidatin eine wichtige Rolle in der Verbreitung von Chaos und Extremismus in Libyen gespielt hat. So bezeichnet sie den Krieg zwischen Schiiten und Sunniten als »gut für Israel und den Westen« und sagt Dinge wie: »Der Sturz des Assad-Regimes ist für das Aufrechterhalten der strategischen und nuklearen Überlegenheit Israels notwendig.« Wie die

Files von *WikiLeaks* zeigen, war die Obama-Administration unter dem Vorwand der Unterstützung von Israel entscheidend am Ausbruch des Bürgerkrieges in Syrien beteiligt. Und der beste Weg, schreibt Clinton, Israel zur Seite zu stehen und dem wachsenden Atompotenzial des Irans zu begegnen, sei es, den Menschen in Syrien beim Sturz des aktuellen Regimes Baschar al-Assads zu helfen.

Zu diesem Zeitpunkt hatte Clinton geglaubt, dass Verhandlungen mit dem Iran die Islamische Republik nicht davon abhalten würden, angereichertes Uran – das Kernelement aller Atomwaffen – herzustellen. »Die Verhandlungen über die Eindämmung des iranischen Atomprogramms werden Israels Sicherheitsdilemma nicht lösen. Zudem werden sie den Iran nicht davon abhalten, Uran anzureichern und Kernwaffen zu produzieren. Der Verhandlungsprozess zwischen den Weltmächten und dem Iran wird die Kriegsentscheidung Israels im besten Falle hinauszögern. Dies wird jedoch nur einen massiven Konflikt im Nahen Osten provozieren«, schrieb Clinton laut dem Nachrichtenportal in ihrem Brief. Clinton fürchtete angesichts von Irans Atompotenzial, dass Länder wie Saudi-Arabien und Ägypten ebenfalls vorhätten, zu Atommächten aufzusteigen: »Infolgedessen entsteht ein nukleares Ungleichgewicht, in dem Israel mit seinen üblichen Mitteln des militärischen Vorgehens in Syrien und Libyen nicht mehr reagieren kann«, heißt es weiter in Clintons Brief. »Wird der Iran die nukleare Schwelle überschreiten, wird es Teheran leichter haben, Israel mit der Hisbollah und seinen Verbündeten in Syrien anzugreifen. Denn die Atomwaffen werden zu einem Abschreckungsfaktor.«[263]

Bundeswehr 2024: An allen Fronten

An den Außengrenzen Europas herrschen also Krieg und Chaos. Und deutsche Soldaten sind überall dabei, ob gegen den IS im Irak oder gegen Boko Haram in der Sahelzone in Afrika. Auch in den baltischen

Ländern stehen deutsche Bataillone für den Krieg bereit. Sehen wir uns die Einsatzorte genauer an.

Naher und Mittlerer Osten

Anfang November 2023 hatte die Bundeswehr mehr als tausend Soldaten in dieser Region stationiert, zu denen unter anderem Militärs gehören, die im Zusammenhang bereits bestehender Einsätze entsandt wurden. »So beteiligt sich die Deutsche Marine am UN-Blauhelmeinsatz UNIFIL und stellt dafür [...] ein Kriegsschiff bereit, im Jahr 2023 [...] die Fregatte *Baden-Württemberg*.« UNIFIL hat die Aufgabe, »Waffenlieferungen an die Hisbollah« zu verhindern und die libanesische Marine auszubilden. »Die Deutsche Marine hat im Jahr 2021 die Führung über die Maritime Task Force (MTF) von UNIFIL übernommen.« So trifft man auf Zypern und im Libanon auf Soldaten des Kommandos Spezialkräfte sowie Spezialeinheiten der Deutschen Marine (»Kampfschwimmer«), und »im Libanon ist die Bundeswehr ohnehin mit Tankflugzeugen präsent, die im Rahmen der Anti-IS-Koalition operieren«.[264]

Den Seeraum des östlichen Mittelmeeres überwacht nach Mitteilung der Marine die Korvette *Oldenburg*. Rund 140 Soldaten sollen auf dem Schiff im Einsatz sein, und es hieß, »zur Stammbesatzung der Fregatte« kämen noch »Soldaten der Bordeinsatzkompanie 1 des Seebataillons hinzu«.[265]

Bereits jetzt ist in relativer Nähe zum Kriegsgebiet der Einsatzgruppenversorger *Frankfurt am Main* stationiert. Dieses Schiff wurde im Juli 2023 in die Ägäis verlegt, um sich dort an der NATO-Flüchtlingsabwehr zu beteiligen, was bedeutet, dass Kriegsschiffe aus NATO-Staaten den dortigen Seeraum überwachen und eventuelle Hinweise auf Flüchtlingsboote an die griechische und an die türkische Marine weiterleiten. Inzwischen liegt die *Frankfurt am Main* im Hafen von Limassol auf

Zypern, um, falls nötig, für die Evakuierung deutscher Bürger aus der Kriegsregion zu sorgen. Sie hat ein Rettungszentrum an Bord, »das mit einem kleinen Kreiskrankenhaus« vergleichbar ist, und für einen solchen Einsatz wurde ein spezieller Planungsstab eingerichtet.[266]

Angehörige des Kommandos Spezialkräfte (KSK) wurden nach Jordanien verlegt, wo auf der dortigen Luftwaffenbasis Al Azrak bereits deutsche Tankflugzeuge stationiert sind, die im Rahmen der internationalen Anti-IS-Koalition Operation Counter Daesh (nach der Bezeichnung Daesh für den IS) und der Operation Inherent Resolve (OIR) eingesetzt werden. »Die A400M betanken die Kampfjets anderer Nationen«, die an OIR beteiligt sind, »für Luftangriffe auf den IS in Syrien und im Irak«. Zudem ist auf der Luftwaffenbasis Al Asad im Zentralirak »ein Luftraumüberwachungsradar der Bundeswehr« stationiert, der insbesondere als Schutz gegen befürchtete Angriffe auf US-Truppen dient, die den Großteil der Operation stellen. »Auch die Luftraumüberwachung durch AWACS-Flugzeuge der NATO, die von der Türkei aus den syrischen Luftraum überwachen und die Daten der Operation Inherent Resolve zur Verfügung stellen, bleibt unverändert Teil des Mandats.« Die Personalobergrenze für diesen Einsatz liegt bei 500 Soldaten.[267]

Europa

Im Jahr 2016 beschloss die NATO die Einrichtung von »vier verstärkten Bataillonen an der Nordostflanke der Allianz, die *enhanced Forward Presence* (eFP)«. Das sind insgesamt etwa 16 000 Mann, 750 Panzer und 5000 Fahrzeuge. Alle 9 Monate werden Truppen im Umfang einer Brigade ausgetauscht und neues militärisches Gerät nach Europa gebracht, das in einer Versorgungsbrigade in Deutschland, Belgien und den Niederlanden gelagert wird. »In den baltischen Staaten Estland, Lettland und Litauen sowie in Polen sollen die rotierend von anderen Staaten der Allianz beschickten Battlegroups [...] faktisch als Stolperdraht ein vor allem von den Balten befürchtetes russisches Übergreifen auf diese Länder verhindern.«[268]

Die Führung der NATO-Battlegroup in Litauen hat die Bundeswehr übernommen und führt sie mit wechselnden Einheiten seit Februar 2017. Als sogenannte einsatzgleiche Verpflichtung auf NATO-Gebiet muss dieser Einsatz nicht vom Bundestag mandatiert werden. In diesem Einsatz sind im litauischen Rukla in Litauen momentan rund 560 deutsche Soldaten stationiert, die zeitweise – manchmal auch dauerhaft – durch weitere deutsche Truppen sowie belgische, französische, kroatische, luxemburgische, niederländische, norwegische und tschechische Soldaten verstärkt werden.

Doch wie Verteidigungsminister Boris Pistorius Ende 2023 verkündete, wird bald eine »robuste« deutsche Brigade von gut 4000 Militärs permanent in Litauen stationiert werden.[269] Es ist das erste Mal in der Geschichte der Bundeswehr, dass deutsche Soldaten ähnlich wie US-Militärs in Deutschland dauerhaft im Ausland stationiert sind. Für die notwendige Infrastruktur der Soldaten und ihrer Familien soll Vilnius aufkommen. Die deutsche Brigade in Litauen sei ein »Leuchtturmprojekt der Zeitenwende«,[270] heißt es im neuen Grundsatzdokument der deutschen Militärpolitik, den »Verteidigungspolitischen Richtlinien« 2023.[271] Die Einheit und ihre Stationierung an der NATO-Ostflanke unterstreiche den »Gestaltungsanspruch« Berlins im Bündnis. Mit der Brigade will Pistorius »vor allem zeigen, dass wir vorangehen«. Bisher habe kein anderes NATO-Land ein vergleichbares Vorgehen angekündigt,[272] und Deutschland beweise mit dieser Brigade »echte und sehr konkrete Führung in Europa und in der NATO«.[273]

Westafrika

Ende 2023 liefen der Bundeswehreinsatz in Mali mit knapp tausend deutschen Soldaten sowie die Mission im benachbarten Niger mit dem Namen *Gazelle* aus, bei der die Kampfschwimmer des deutschen Kommando Spezialkräfte der Marine trainiert haben. Die gesamte EU-Ausbildungsmission EUTM in Mali und Niger sollte in eine Kooperation mit der gemeinsamen G5-Truppe der Sahelstaaten Mali, Mauretanien, Tschad, Niger und Burkina Faso münden. Doch daraus wurde nichts, denn die Außenminister der EU beschlossen im Herbst 2023 bei einem Treffen im spanischen Toledo, stattdessen europäische Soldaten und Polizisten in die nördlichen Regionen von insgesamt vier Staaten am Golf von Guinea (Elfenbeinküste, Ghana, Togo, Benin) zu schicken, um deren einheimische Streitkräfte auszubilden, technisch zu unterstützen, auf konkrete Anti-Terror-Operationen vorzubereiten und angeblich die Lebensbedingungen der Bevölkerung zu verbessern. Allerdings ist die EU schon längst militärisch präsent: Sie »entsendet Schiffe gegen Piraten, während Deutschland Geld für die Ausbildung von Militärs bereitstellt«.[274]

Der Grund für dieses Vorgehen der EU sind die dschihadistischen Aufstände in den Staaten Mali, Burkina Faso und Niger, die angeblich auf diese vier Länder am Golf von Guinea überzugreifen drohen. Die EU hatte ein gutes Jahrzehnt lang im Sahel erfolglos gegen sie angekämpft. Zunächst soll der Einsatz auf 2 Jahre beschränkt sein. Allerdings werden EU-Einsätze traditionell immer wieder verlängert. Die Zahl der teilnehmenden Soldaten und Polizisten steht noch nicht fest.

Raketen – ständige Angstmache

Blicken wir wieder auf Europa. Besonders gravierend ist die Bedrohung Russlands durch das Raketenabwehrsystem, das die NATO an Russlands Westgrenzen – im rumänischen Deveselu und im nordpolnischen Redzikowo, nicht weit von der russischen Exklave Kaliningrad entfernt – installiert hat, und vor dem der vormalige sowjetische Staatspräsident Michail Gorbatschow bereits am 10. Dezember 2011 in München gewarnt hatte: »Und was heißt das unterm Strich? Das heißt, dass die Möglichkeit eines neuen Krieges nicht auszuschließen ist. Stehen Russland und die USA einander feindlich gegenüber, wird die ganze Sache über den Rahmen eines lokalen Konflikts unausweichlich hinauswachsen.«[275]

Ferner gehören zum sogenannten »NATO-Schutzschild« die Radaranlage in der Türkei und vier in Rota in Südspanien stationierte US-Schiffe mit Abwehrraketen. Das gesamte Abwehrsystem wird von einer Zentrale aus kommandiert, die in Deutschland auf dem US-Luftwaffenstützpunkt im rheinland-pfälzischen Ramstein stationiert ist.

Russland protestiert schon seit Jahren gegen diesen Raketenschild, denn die Anlagen wären auch in der Lage, Marschflugkörper abzufeuern und Russland damit anzugreifen. Außerdem können derart starke Radaranlagen »Starts von atomwaffenfähigen Interkontinentalraketen in Russland viel früher als bisher erfassen. Aus russischer Sicht verschafft dies der Allianz längere Reaktionszeiten und damit einen militärischen Vorteil.«[276] Aus Sicht des Kremls wäre es nämlich denkbar, dass die NATO im Kriegsfall Atomwaffen gegen Russland einsetzt, ohne den Gegenschlag fürchten zu müssen, da dieser von den Abwehrraketen abgefangen würde.

Welche Folgen die derzeit zu beobachtende Eskalation der Raketenabwehr in Europa hat, beleuchtet die vom Council on Foreign Relations herausgegebene Zeitschrift *Foreign Affairs*. Dort heißt es, die Raketenabwehr habe in erster Linie eine offensive und keine defensive Funktion. »Würden die Vereinigten Staaten einen atomaren Angriff auf Russland richten, so bliebe dem ins Visier genommenen Land – wenn überhaupt – nur ein winziges Arsenal übrig. Dann könnte schon eine relativ bescheidene oder ineffiziente Raketenabwehr ausreichen, sich vor einem Vergeltungsschlag zu schützen.« Die USA seien mit dem Raketenabwehrsystem in der Lage, etwa 99 Prozent der russischen Atomraketen im Erstschlag zu zerstören, und das eine Prozent der verbliebenen russischen Raketen, die Moskau noch abfeuern könnte, würde durch den Raketenschild neutralisiert werden. Mithin stünden, so schlussfolgert die Zeitschrift, »die Vereinigten Staaten zum ersten Mal seit 50 Jahren [...] an der Schwelle des atomaren Primats. Womöglich werden sie schon bald in der Lage sein, mit einem Erstschlag das Langstreckenarsenal Russlands auszuschalten.«[277]

Diese Möglichkeit zur Ausführung eines atomaren Erstschlags könne zu einem Dritten Weltkrieg führen, warnt Professor Michel Chossudovsky, der das Zentrum für Globalisierungsforschung in Montreal leitet. Denn »die USA haben einen sehr gefährlichen Pfad eingeschlagen, weil sie die Doktrin des Präventivkriegs eingeführt haben – tatsächlich sagen sie auch, dass sie Nuklearwaffen gegen Russland als Präventivschlag einsetzen könnten.«[278] Diese Art von Diskurs sei »extrem gefährlich, weil sie ein Dritter-Weltkriegs-Szenario entfachen könnte«. Chossudovsky ist davon überzeugt, »dass ein nuklearer Erstschlag gegen Russland für die US-Regierung eine ernsthafte Option ist«. Wenn sie, wie sie es jetzt täten, Russland mit Atomwaffen drohten, sei es »sehr klar, dass die nukleare Option im US-amerikanischen Kongress diskutiert worden ist«. Es handle sich nicht mehr um abstrakte Überlegungen, sondern der Einsatz von Atomwaffen sei »von den Entscheidungsträgern im Pentagon ins Auge gefasst«.

Dieser Besorgnis und Warnung vor einer realen Kriegsgefahr schließen sich immer mehr Experten an und thematisieren dabei auch den zu befürchtenden Einsatz von Atomwaffen. In Washington gebe es tatsächlich Leute, »die für einen Atomschlag plädieren«, und es gebe auch Pläne für einen präventiven Nuklearschlag gegen Russland, behauptet Paul Craig Roberts, Ökonom und früherer Staatssekretär im US-Finanzministerium. Man höre in Washington Stimmen, die sagten: »Was ist das Gute an Nuklearwaffen, wenn wir sie nicht einsetzen?«[279] Unter der Bush-Regierung habe sich die Kriegsdoktrin der USA dahingehend verändert, dass die Rolle von Nuklearwaffen nicht mehr auf eine defensive begrenzt sei. »Sie wurde auf eine Erstschlags-Position angehoben«, so Roberts.

Dabei laufe die Argumentation der Neokonservativen in Washington darauf hinaus, dass man mit einem Erstschlag gegen Russland deren Atomwaffen unschädlich mache. Außerdem würden Fallout und Verstrahlung nicht die USA, sondern hauptsächlich Europa und Eurasien treffen. Mit dem kontrollierten Einsatz von taktischen Atomgefechtsköpfen und Trägersystemen könnte Washington kleinere Atomkriege mit geringen Nebenwirkungen androhen und diese sogar führen, ohne einen nuklearen Holocaust fürchten zu müssen. Dies würde die Sicherheitslage der USA und der Welt verbessern und für Abschreckung sorgen. Und zu diesem Zweck müssten zielgenaue, taktische Atomwaffen nahe am Ort der Bedrohung aufgestellt werden. Nach dieser Theorie würde das Staatsgebiet der USA von den Folgen eines regionalen Atomkrieges durch die Abschreckungskraft von Washingtons riesigem strategischem Arsenal an Atomraketen verschont bleiben. Kontrollierte atomare Konflikte, die von der amerikanischen Regierung initiiert würden, würden zudem keine nuklearen Kampfhandlungen umfassen, die sich gegen Nordamerika richten oder von dort gestartet würden.[280]

China/Taiwan = Russland/Ukraine

Ein Spiegelbild zu dieser Entwicklung sehen wir in Asien. Washington provoziert China mit Flottenverbänden, die immer wieder vor dessen Küsten auftauchen, und rüstet nicht nur seine Verbündeten Taiwan, Japan und Südkorea auf und vergrößert seine dortigen Militärbasen, sondern hat – analog zu dem im osteuropäischen Raum, der gegen Russland gerichtet ist – begonnen, einen Raketenschutzschirm im asiatisch-pazifischen Raum zu installieren. Kurzum: Mit diesen Aktionen hat das Pentagon die Spannungen in dieser Region auf nahezu dramatische Weise erhöht. Der starke Einfluss der Amerikaner auf die Regierungen in Japan, Südkorea und Taiwan hat dafür gesorgt, dass diese Länder, die einst Handelspartner für China waren, zu feindseligen Nachbarn geworden sind.

Japan und Südkorea haben das amerikanische Raketenabwehrsystem THAAD (Terminal High Altitude Area Defense) erworben, das Raketen in großen Höhen abfängt und sich am besten für die Abwehr von ballistischen Lang- oder Mittelstreckenraketen eignet. So muss sich Südkorea in einem eventuellen Krieg mit Nordkorea nur auf Kurzstrecken- und taktische Raketen einstellen, was für das Land kein Problem ist, denn das US-Militär hat 30–44 Raketensysteme vom Typ Patriot PAC-3 in Südkorea stationiert. Also liegt der Schluss nahe, dass THAAD in Südkorea den amerikanisch-japanischen Raketenabwehrschild vervollständigen soll. Seit der sogenannten »Hinwendung zu Asien«, die US-Präsident Barack Obama im Jahr 2012 verkündet hatte, drängt Washington Tokio nämlich dazu, China zu provozieren und seinen Territorialanspruch für die unbewohnte Senkaku (Diaoyu)-Inseln im Ostchinesischen Meer durchzusetzen. Dagegen wendet China ein, die Inseln gehörten bereits seit 1534 zu China und seien nach Ende des Zweiten Weltkrieges von den USA an Japan übertragen worden, was im Widerspruch zum Potsdamer Abkommen stehe. Nun will es der Zufall, dass eine der Inseln mit dem Namen Miyako an der Mündung der Miyako-Meeresenge liegt. Und genau diese Enge muss die chinesische Marine passieren, wenn sie in den Pazifischen Ozean gelangen will.

Neben dem Säbelrasseln um die Senkaku- beziehungsweise Diaoyu-Inselgruppe steigen die Spannungen zwischen China und Vietnam unter anderem wegen der Paracel-Inseln im Südchinesischen Meer sowie zwischen China und Brunei, Malaysia, den Philippinen, Taiwan und noch einmal Vietnam. In diesem Konflikt geht es im Speziellen um die Spratly-Inseln, eine Inselgruppe ebenfalls im Südchinesischen Meer, da dort große Öl- und Erdgasvorkommen vermutet werden. Nahezu überall an den Küsten Chinas kriselt es also. Gleichwohl sind diese Krisenherde weniger bedrohlich als der amerikanische Raketenschild in

Japan und Südkorea, denn wie sein Pendant in Polen und Rumänien kann auch er als Erstschlagwaffe eingesetzt werden. Dass hier wie dort US-willfährige Regierungen die Konfrontation noch weiter anheizen, verschärft die Lage.

Außerdem hat die NATO gegen den Wirtschaftsgiganten ihre Kriegsvorbereitungen hochgefahren. Während der Covid-19-Inszenierung war der Bevölkerung weitgehend entgangen, dass NATO-Generalsekretär Jens Stoltenberg mit »NATO 2030« die Reform des Militärbündnisses angekündigt hatte. Was dem Scharfmacher vorschwebt, ist die Ausdehnung des eigentlich nordatlantischen Bundes in den Pazifikraum sowie die Aufrüstung gegen China.[281]

So sagte Stoltenberg in einer Onlinekonferenz mit den Verteidigungsministern der NATO-Staaten, wenn sich der Westen mit der strategischen Partnerschaft zwischen Russland und China befassen wolle, die das globale Gleichgewicht der Kräfte verändere, müssten die Mitgliedsländer der Versuchung nationaler Lösungen widerstehen und den Werten von Freiheit, Demokratie und Rechtsstaatlichkeit gerecht werden. Um dies zu erreichen, habe der Westen militärisch stark zu bleiben, müsse politisch geschlossener auftreten und weltweit einen breiteren Ansatz verfolgen. Dies bedeute, dass die NATO-Mitgliedschaft auf den pazifischen Raum ausgeweitet werden müsse, wobei der Aufnahme Australiens, Neuseelands, Japans und Südkoreas in die NATO hohe Priorität einzuräumen sei. Über ein reines Militärbündnis hinaus solle die Zuständigkeit der NATO auf eine umfassendere politische und ökologische Dimension ausgedehnt werden, denn der Kampf gegen den Klimawandel sei ebenso wichtig wie der Kampf gegen den Terrorismus und sollte daher in das Betriebssystem der NATO aufgenommen werden.[282] Die NATO als Schutzmacht des Great Reset?

Bereits auf ihrem Londoner Gipfeltreffen im Dezember 2019 hatte die NATO einen geopolitischen Kurswechsel vollzogen und China zu seinem Feind erklärt. In ihrer Abschlusserklärung erwähnten die

NATO-Staaten die aufstrebende Militärmacht China zum ersten Mal explizit als mögliche neue Bedrohung:

»Wir erkennen, dass der wachsende Einfluss und die internationale Politik Chinas sowohl Chancen als auch Herausforderungen darstellen, die wir als Allianz zusammen angehen müssen«, heißt es in der Abschlusserklärung.[283]

Assistiert wurde das Militärbündnis natürlich von den Staatsmedien. So hatte beispielsweise der transatlantische Influencer Claus Kleber im *heute journal* gleich nach dem Bericht über den NATO-Gipfel einen Beitrag des China-Korrespondenten Ulf-Jensen Röller, der zuvor ZDF-Korrespondent in Washington gewesen war, über die Aufrüstung Chinas gebracht – mit zum Teil Monate alten Filmausschnitten.[284]

Das nordatlantische Bündnis soll also globale Aufgaben übernehmen, genauer gesagt sich auf die Auseinandersetzung mit dem neuen großen Rivalen China vorbereiten. Militärisch beginnt diese Auseinandersetzung dort, wohin jetzt schon deutsche Kriegsschiffe geschickt wurden: im Südchinesischen Meer.

Stoltenberg schwört das Bündnis in seiner Erklärung zur NATO 2030 darauf ein: »China investiert massiv in moderne militärische Fähigkeiten, darunter auch in Raketen, die alle mit der NATO verbündeten Staaten erreichen können. Sie nähern sich uns im Cyberspace. Wir sehen sie in der Arktis, in Afrika […] und sie arbeiten mehr und mehr mit Russland zusammen.«[285]

Wie schon oft verdrehte hier der oberste Einpeitscher der NATO einfach die Fakten, denn weder China noch Russland rücken Europa und Nordamerika militärisch immer näher, sondern das tut die NATO in Richtung China und Russland. Die Angebote, die Russland und China dem Westen im Laufe der Jahre wiederholt gemacht hat, sei es in Fragen der Terrorismusbekämpfung, Weltraumforschung, Asteroidenabwehr oder globalen Infrastrukturprojekte in der Arktis und im Rahmen der breiteren Belt and Road Initiative (dazu später mehr), wurden allesamt vom militärisch-industriellen Komplex des Westens, der die NATO und das Atlantische Bündnis beherrscht, kaltschnäuzig abgelehnt. Es ist bezeichnend, dass zu derselben Zeit, als Stoltenberg von der Bedrohung durch die beiden eurasischen Mächte sprach, die Übung Baltic Operations lief, das größte NATO-Manöver in der Ostsee mit einer wahren Armada an Kriegsschiffen, U-Booten und Kampfjets vor der Küste Russlands. Gleichzeitig trafen vor der Küste Chinas drei amerikanische Flugzeugträger ein, die USS Theodore Roosevelt, die USS Ronald Reagan und die USS Nimitz. Darüber hinaus genehmigte der Senatsausschuss der Streitkräfte 6 Milliarden Dollar für die Pazifik-Verteidigungsinitiative.

Die Expansion der NATO in den pazifischen Raum im Rahmen von NATO 2030 bezahlen natürlich die Steuerzahler der NATO-Mitgliedsländer. Und ihre Soldaten sollen Europa in Zukunft auch auf der anderen Seite der Erde »verteidigen« und dort sterben. Dass sie dabei der ökonomisch motivierten Weltbeherrschung dienen, dürfte inzwischen jedermann klar sein. Um die Werte Freiheit, Demokratie und Rechtsstaatlichkeit geht es gewiss nicht und ist es noch nie gegangen.

Carlo Masala, Professor an der Bundeswehruniversität in München, brachte es in einem Text für die Konrad-Adenauer-Stiftung auf den Punkt: »Deutschlands Wohlstand hängt vom freien, internationalen Seehandel und vom ungehinderten Zugang zu den Rohstoffmärkten ab. Die Gewährleistung maritimer Sicherheit im Indischen Ozean ist daher ein essentielles Interesse Deutschlands. Berlin muss sich – viel stärker als bisher – in der Region engagieren.«[286]

Unruhen und Aufstände

Der scheinbar chaotische Rückzug der USA aus Afghanistan soll die Welt glauben machen, Amerika habe genug davon, den gesamten Globus zu beherrschen. Doch das ist eine Täuschung. In Wirklichkeit fällt die Biden-Administration auf das alte strategische Konzept zurück, das schon die Regierungen seiner Vorgänger einsetzten: Chaos. Denn die Abwesenheit der NATO-Truppen garantiert viel eher als deren Anwesenheit neue regionale Konflikte, die ihre Rivalen Russland und China schwächen. Und das ohne hohen Preis.

Beispielsweise wird ein von Radikalismus und IS-Terror heimgesuchtes Afghanistan Russland und China, die Hauptkontrahenten der USA in dieser Region, auf Jahre hinaus beschäftigen. Ein destabilisiertes Afghanistan wird nicht nur Chinas Neue-Seidenstraße-Projekt gefährden, sondern auch Russland, denn die Aktivitäten dschihadistischer Gruppen an der Grenze seiner Verbündeten, der ehemaligen sowjetischen zentralasiatischen Länder, drohen auf Russland selbst überzugreifen. Was eine solche Gefahr bedeutet, erlebte Russland mit dem grausamen Tschetschenienkrieg.

Aus Sicht Pekings ist Afghanistan ein wichtiger Korridor zu den Staaten Zentralasiens und könnte Teil des chinesisch-pakistanischen Wirtschaftskorridors werden. Allerdings treibt China hinsichtlich des neuen Afghanistans die Sorge um, dass der reibungslose Sieg der Taliban viele extrem uigurische Dschihadisten, die offenbar seit Jahren an der Seite der Taliban kämpfen, dazu ermutigen könnte, weitere Anschläge in China zu planen und zu verüben und damit – wieder einmal – Chaos auszulösen. Alle Nachbarstaaten zu den Taliban rüsten auf: Russland hat eigenen Angaben zufolge aus den zentralasiatischen Nachbarstaaten Afghanistans Bestellungen für Waffen und Hubschrauber erhalten, und Usbekistan sogar seine Reservisten aktiviert.

Um Unruhe zu erzeugen, ist immer eine innere Destabilisierung des Gegners nötig, und dazu eignet sich besonders der Vorwurf von »Menschenrechtsverletzungen«. Genau diesen Ablauf sehen wir in Chinas nordwestlicher Provinz Xinjiang. Dieses riesige Gebiet ist mit seinen 1,64 Millionen Quadratkilometern größer als der Iran oder die Mongolei und damit fast fünfmal so groß wie Deutschland und bildet die chinesische Westgrenze zu Indien sowie den Stan-Staaten, einem Verbund der zentral- und südasiatischen Staaten Kasachstan, Kirgistan, Tadschikistan, Turkmenistan, Usbekistan, Afghanistan und Pakistan (von Nord nach Süd). Xinjiang ist seit alters Chinas Tor nach Zentralasien, durch das die Alte und die Neue Seidenstraße (»One Belt, One Road«) verlaufen, und ist auch für den Zusammenhalt Chinas von entscheidender Bedeutung, grenzt sie doch in ihrem Süden an das sogenannte »autonome« Gebiet Tibet. Insgesamt befindet sich ein Fünftel der Kohle-, Gas- und Erdölvorkommen Chinas in Xinjiang, was diese Region zu jener mit der höchsten Konzentration von fossilen Energievorräten Chinas macht. Die gewaltigen Rohstoffreserven betragen laut dem US Army Command and General Staff College in Fort Leavenworth 2,2 Billionen Tonnen Kohle, 10,3 Billionen Kubikmeter Erdgas und 20,9 Milliarden Tonnen Erdöl.[287]

Steht wie am 8. November 2019 das Thema »Menschenrechtsverletzungen in Xinjiang« als Punkt auf der Tagesordnung des Deutschen Bundestages, so bedeutet das, dass der Fokus der Öffentlichkeit auf diese Region gelenkt werden soll. Dementsprechend protestierte der Sprecher der chinesischen Botschaft in Berlin auch sogleich, Deutschland habe sich »eklatant« in innere Angelegenheiten eingemischt, was eine »grobe Verletzung der Souveränität Chinas« darstelle. China sei »davon überzeugt, dass Sicherheit und die Wahrung der Menschenrechte untrennbar miteinander verbunden sind«. Am Ende der Protestmitteilung heißt es ausdrücklich: »Wir hoffen, dass die deutsche Seite das Anliegen und die Demarche der chinesischen Seite ernst nehmen wird, um sicherzustellen, dass die deutsch-chinesischen Beziehungen sich auch weiterhin in die richtige Richtung entwickeln.«[288]

Doch der Deutsche Bundestag folgte mit seiner Verurteilung Chinas nur dem allgemeinen Trend, denn seit Wochen hatte die angelsächsische Presse Xinjiang in die Schlagzeilen gerückt, weil das muslimische Turkvolk zu Hunderttausenden in Umerziehungslagern interniert worden sein soll.[289] Die von George Soros mitfinanzierte

Organisation Human Rights Watch berichtet von willkürlichen und zeitlich unbefristeten Inhaftierungen,[290] und die UN-Hochkommissarin für Menschenrechte, Michelle Bachelet, forderte sofortigen Zugang zur Region für UN-Experten und bezeichnete die Vorwürfe als »zutiefst erschütternd«.[291]

Von den 23 Millionen Menschen, die in Xinjiang leben, sind rund 10 Millionen Uiguren, die zusammen mit den verwandten Turkvölkern (Kasachen und Kirgisen) eine absolute muslimische Mehrheit in diesem autonomen Gebiet bilden. Doch ein Zehntel von ihnen soll laut UN in Internierungslagern eingesperrt sein,[292] und Menschenrechtsorganisationen berichten, die chinesische Regierung unterziehe die Uiguren einer regelrechten Gehirnwäsche im »chinesischen Geist«.[293] China streitet den Vorwurf nicht völlig ab, sondern bezeichnet die Haftanstalten als »Bildungseinrichtungen«, denn viele Uiguren seien von »extremistischem religiösem Gedankengut« beeinträchtigt, wohingegen China Kurse anbiete, wie man »Bürger einer Nation« werde.[294]

Tatsächlich genießen die Muslime in Sinkiang – so der alte Name der Provinz – viele Ausnahmen und Sonderregeln. Zum Beispiel dürfen sie mehrere Kinder haben, während den Chinesen sonst Jahrzehnte lang nur eines erlaubt war. Außerdem hat sich die Provinz zu einer wirtschaftlich erfolgreichen chinesischen Region mit zweistelligen jährlichen Wachstumsraten entwickelt, was sich gut an seiner Hauptstadt Urumqi (auch Urumtschi) studieren lässt. Während man dort in den 1980er-Jahren noch überwiegend Lehmhütten vorfand, ist Urumqi heute eine moderne Millionenmetropole mit über 3,5 Millionen Einwohnern, Chinas Tor nach Zentralasien und ein Knotenpunkt im Netzwerk von Öl- und Gasfeldern der Region sowie der Trasse der Neuen Seidenstraße.

Gleichzeitig hat sich auch die Demografie Urumqis erheblich gewandelt: Die massive Ansiedlungspolitik mit Han-Chinesen, der chinesischen Mehrheitsbevölkerung, hat die muslimischen Uiguren dort zur Minderheit gemacht – allerdings nicht in der gesamten riesigen Provinz, denn im Südwesten bilden die Uiguren immer noch die Mehrheit. Das raue Klima der gewaltigen Gebirgsmassive und der Taklamakan-Wüste – der zweitgrößten Sandwüste der Erde, die so groß ist wie Großbritannien ohne Nordirland – macht es den Han-Chinesen schwer, sich gegen die aufsässigen Turkvölker zu behaupten. Seit 2007 vergeht dort kein Jahr ohne Terroranschläge, und 2009 brach in der Provinzhauptstadt eine uigurische Revolte gegen die chinesische Zivilbevölkerung und staatliche Institutionen aus, bei der ein regelrechter Mob in den Straßen tobte, chinesische Geschäfte plünderte, Wohnungen und Häuser verwüstete und Regierungsgebäude in Brand setzte. 194 Menschen – die meisten von ihnen Han-Chinesen – fielen der Revolte zum Opfer. Wie viele Uiguren zu Tode kamen, als die Revolte dann blutig niedergeschlagen wurde, ist bis heute unbekannt.

2013 schwappte die uigurische Gewalt dann bis ins chinesische Herzland über. So raste auf dem Pekinger Tian'anmen-Platz ein Auto in eine Menschenmenge. 2014 griffen schwarz gekleidete Personen im Hauptbahnhof von Kunming in der Provinz Yunnan Zivilisten und im Folgejahr drei Uiguren Passanten am Bahnhof von Guangzhou mit Messern an. Doch uigurische Terroristen agieren nicht nur auf regionalem oder nationalem Territorium, sondern sind über ein globales Netzwerk mit den Dschihadisten im Ausland verbunden. So findet man viele Uiguren unter den legendären Gefangenen von Guantánamo Bay sowie unter al-Qaida- und IS-Kämpfern wieder. Zu Beginn der NATO-Operation, die als sogenannter »Arabischer Frühling« bekannt geworden ist und in den Jahren 2010/11 die Muslim-Bruderschaft in allen arabischen Staaten an die Macht bringen sollte, hatte die Volkrepublik China – wie auch einige westliche Länder – den Abgang der Islamisten in den Nahen Osten erleichtert. Allerdings ging diese Taktik nicht auf, denn die in Libyen und Syrien kämpfenden Islamisten wurden – angefeuert von saudi-arabisch finanzierten Koran-Schulen – zum Vorbild für die muslimische Jugend vieler Länder. Kein

Wunder, dass auch Xinjiang immer neue Terrorrekruten hervorbrachte. Mindestens 5000 uigurische Kämpfer befinden sich derzeit in Idlib in Syrien. Sie werden vom türkischen Geheimdienst unterstützt.[295]

Daher haben nicht nur Russland und Europa Angst vor der Rückführung dieser Terrorkrieger in ihr Ursprungsland, sondern auch China. In Malaysia, Indonesien, Thailand und auf den Philippinen sind bereits etliche aus Syrien geflohene chinesische Dschihadisten eingetroffen.

Sabotage und Anschläge

Terroristen schaffen Chaos, das haben wir bereits mehrfach gesehen. Aber auch Grenzstreitigkeiten eignen sich bestens, um eine Region in Aufruhr zu versetzen oder zu halten. Da Chinas Projekt der Neuen Seidenstraße aber geradezu ein Gegenmittel gegen Chaos ist, soll es gestoppt werden – und zwar nicht nur in Chinas Nordwesten, sondern auch im Südwesten. Nur so ist zu verstehen, warum Indien 2019 den autonomen Sonderstatus der Himalaja-Region Kaschmir aufgehoben hat, woraufhin Pakistan seine Militärtechnik und Mehrzweckkampfflugzeuge an die pakistanisch-indische Grenze verlegte, sodass erneut ein Krieg zwischen den beiden Atommächten drohte. Verlierer einer solchen Auseinandersetzung wären aber nicht nur die beiden Kriegführenden selbst, sondern auch China, denn damit wäre nicht nur der pakistanische Teil der Neuen Seidenstraße verhindert, sondern vermutlich auch Chinas Zugang zu den pakistanischen Häfen.

Monate zuvor hatte China verkündet, im Zuge seines Seidenstraßenprojekts in den nächsten Jahren 60 Milliarden Dollar in den »Chinesisch-Pakistanischen Wirtschaftskorridor« zu investieren. Der nördliche Teil dieses Korridors sollte aber »durch den pakistanischen Teil Kaschmirs« führen, »der auch von Indien beansprucht wird«, und genau aus diesem Grund hatte Indien die Teilnahme am Seidenstraßen-Gipfel in Peking abgelehnt.[296]

Die USA wiederum unterstützen Indien, da sie »One Belt, One Road« (OBOR, wie die Neue Seidenstraße offiziell genannt wird) mit allen Mitteln verhindern wollen. Dieses Projekt bedroht nämlich »die Vormachtstellung der USA«, denn »der Wirtschaftsexperte Dirk Müller geht davon aus, dass das Seidenstraßenprojekt unvorstellbaren Reichtum nach Eurasien bringen kann – ohne dass die USA davon profitieren«. Somit gefährde die Neue Seidenstraße »nicht nur die amerikanischen Exporte nach China, sondern nach ganz Eurasien«.[297]

Auch die europäischen US-Vasallen stimmen in den Chor gegen die Neue Seidenstraße ein. Dass sie sich selbst dabei am meisten schaden, also die eigene Wirtschaft aufs Abstellgleis stellen, nehmen sie gehorsam hin. Aber das kennen wir ja schon von den Russlandsanktionen. In einer gemeinsamen Stellungnahme kritisieren 27 der 28 EU-Botschafter in Peking, die Seidenstraßen-Initiative laufe »der EU-Agenda für die Liberalisierung des Handels entgegen und verschieb[e] das Kräfteverhältnis zugunsten subventionierter chinesischer Unternehmen«. Zudem bekenne sich Peking zwar offiziell zu den Spielregeln der Welthandelsorganisation, unterfüttere dies aber nicht mit »greifbaren Taten«, heißt es in dem Bericht, der nur vom Vertreter Ungarns nicht mitgetragen wurde. Die Regierung in Peking wolle mit seinem Plan die internationalen Beziehungen und die Globalisierung nach ihren Vorstellungen umgestalten, schreiben die EU-Diplomaten weiter. »Gleichzeitig verfolgt die Initiative einheimische politische Ziele wie die Reduktion von Überkapazitäten, den Ausbau von Chinas Rolle in internationalen Märkten, die Schaffung neuer Exportmärkte und die Sicherung des Zugangs zu Rohstoffen.«[298] Statt also die Chance dieses riesigen eurasischen Entwicklungsprojekts für Europa zu ergreifen, beginnen die europäischen Politiker dank ihrer transatlantischen Vernetzungen auf das chinesische Jahrhundertprojekt einzuprügeln.

OBOR steht im Zentrum der chinesischen Strategie, die westlichen Landesteile und in den Nachbarländern eine wirtschaftliche Stabilität zu fördern, die gleichzeitig den Nachschub von Rohstoffen sichert und neue Handelsmärkte schafft. Seit seinem Amtsantritt im März 2013 haben Chinas Präsident Xi Jinping und sein Premierminister Russland, Turkmenistan, Kasachstan, Usbekistan und Kirgistan besucht – Länder, die entlang der vorgeschlagenen Route des Seidenstraßenprojekts liegen.

Die historische Seidenstraße – ein Netz von Karawanenstraßen, das vom Mittelmeer bis nach China reichte – verband Europa schon im Jahr 141 v. Chr. mit dem fernen Osten. Hier wurden Handelsgüter, aber auch Ideen und Kultur ausgetauscht. Und nun setzt China 2000 Jahre später dazu an, die alten Routen wiederzubeleben. Laut Staatschef Xi Jinping sollen nicht nur China, sondern weitere 65 Länder entlang der Neuen Seidenstraße von neuen Handels- und Kommunikationsbeziehungen profitieren. Dieser gigantische Wirtschaftsraum, in dem 4,4 Milliarden Menschen – also fast zwei Drittel der Weltbevölkerung – leben und knapp ein Drittel der weltweiten Wirtschaftsleistung produziert wird, wird nun erstmals von Kontinentalmächten dominiert und damit wird die eurasische Weltinsel für Seemächte unangreifbar, wie es vormals England für Landmächte war. Das ist natürlich ein Dorn im Auge der Seemacht USA, denn 400 Jahren lang beherrschten Seemächte wie Portugal, Spanien, Holland, Frankreich und England die Welt.

Dank OBOR ist der eurasische Wirtschaftsraum im Krisen- und Konfliktfall unabhängig vom Meer, das die USA samt allen Meeresengen beherrschen, und die US-Flugzeugträgerflotten wären dann nur noch gigantische Schrottberge. Im Übrigen einigte sich China bereits mit Russland über die Bindung des Seidenstraßenprojekts an die Eurasische Wirtschaftsunion und die Entwicklung Sibiriens. Ungarn will sich an diesem Projekt beteiligen, und sollte China alle 65 Anrainerstaaten auf Augenhöhe mit ins Boot holen, könnte von Eurasien sogar ein Friedensimpuls ausgehen. Aus diesem eurasischen Nukleus könnte dann weltweit eine multipolare Friedensordnung entstehen: Allerdings würde dies für die unipolare Weltordnung Washingtons das Aus bedeuten.

Für die Verwirklichung dieses Riesenprojekts soll die Shanghai Cooperation Organisation (SCO, »Shanghaier Organisation für Zusammenarbeit«) sorgen, die im Jahr 2001 von Russland, China und vier zentralasiatischen Staaten gegründet wurde und in die inzwischen viele Länder des globalen Südens aufgenommen werden möchten. Innerhalb der SCO sind jetzt zwei neue Projekte angestoßen worden, die nicht nur die verschiedenen Stränge der Neuen Seidenstraße ergänzen, sondern auch ein Rohstoffreservoir erschließen sollen, das die Energie der nächsten Jahrzehnte sichern wird.

Das erste Projekt ist der International North-South Transport Corridor (INSTC). Er soll Sankt Petersburg mit dem indischen Hafen Mumbai verbinden und ist mit nur 7200 Kilometern deutlich kürzer als die Standardroute durch den Suezkanal: Statt 35–40 Tage sollen die Frachten von Russland nach Indien künftig nur 20–23 Tage unterwegs sein. Der INSTC führt von der indischen Hafenmetropole Mumbai über den Iran, Aserbaidschan ins russische Astrachan und von dort aus weiter nach Moskau und Sankt Petersburg.

Als zweites Projekt hat China vor, gemeinsam mit anderen Staaten Seerouten für die Handelsschifffahrt in der arktischen Region zu schaffen – sozusagen eine »Polar-Seidenstraße«. Dabei handle es sich um einen »Wirtschaftskorridor zwischen China und Europa über das Nordpolarmeer«, heißt es in einem als »Weißbuch« bezeichneten Programm der chinesischen Staatsführung zur Erschließung der Arktis.[299]

Von großer Bedeutung ist dieser nördliche Seeweg für die Volksrepublik deshalb, weil sich die anderen transeurasischen Schiffsrouten auf lange Sicht – vor allem, was die Sicherheit betrifft – als sehr unzuverlässig erweisen könnten. Die Standardroute über die Straße von Malakka und den Suezkanal ist von US-Stützpunkten eingerahmt, der gesamte Nahe Osten politisch instabil und die Route über Zentralamerika und den Panamakanal ohnehin nur für den Handel zwischen Asien und den USA sinnvoll. Und da die Nordwestpassage an Nordamerika vorbei unter US-amerikanischer Kontrolle steht, bleibt nur die Nordostpassage, die entlang der Nordküste Russlands verläuft.

Schon Ende 2018 hatten die russischen und chinesischen Schiffsbauer und Polarforscher gemeinsame Projekte in der Region vereinbart. Aber China ist nicht nur am Warentransit interessiert, sondern auch an der Förderung von Rohstoffen in der Arktis. Deshalb wird die Volksrepublik den Aufbau der Infrastruktur entlang der neuen Routen fördern und die Reeder bei Testfahrten durch das Eismeer unterstützen.

Das Kernziel des Projekts sei der »Aufbau eines wirtschaftlichen Seekorridors zwischen China und Europa über das nördliche Polarmeer«, so die chinesische Führung. Zunächst solle das Polarmeer erforscht werden, um Umweltschutz und Sicherheit der Schifffahrt zu garantieren. Gemeinsam mit den Arktis-Anrainern wolle die chinesische Führung die Öl-, Gas- und Rohstoffförderung in der Arktis-Region vorantreiben sowie den Tourismus und die Fischerei entwickeln. Dabei würden die Kulturräume und die Traditionen der einheimischen Bevölkerung geschützt sowie Maßnahmen zum Umweltschutz ergriffen, beteuert die chinesische Führung. Der Schiffsverkehr im Polarmeer solle dann im Einklang mit den völkerrechtlichen Verträgen gesteuert werden, heißt es weiter im Positionspapier.[300]

Bedrohung der Tankerrouten am Horn von Afrika

Die USA wollen nicht nur den Ausbau der Neuen Seidenstraße verhindern, um China nicht zu stark werden zu lassen, sie bekämpfen auch Chinas wachsenden Einfluss in Afrika mit ihrer Waffe der Wahl: Chaos. Dabei richten die USA ein besonderes Augenmerk auf die Destabilisierung des strategisch wichtigen Horns von Afrika, und so breitet sich das Chaos nach Somalia, Südsudan und Sudan nun auf Äthiopien und bald auch auf Eritrea aus.

Wenn wir verstehen wollen, warum derzeit am Horn von Afrika Krieg herrscht, brauchen wir nur auf die Landkarte zu schauen: Die betroffenen Länder liegen am Ausgang des Roten Meeres – jenem Nadelöhr, von dem aus die Transportroute von Asien über den Suezkanal nach Europa kontrolliert werden kann. Diese Region ist also für Europa und China von enormer strategischer Bedeutung.

Der Westen ist hier längst präsent. Auch die Bundeswehr hat Militärbeobachter im Sudan, im Südsudan und in Somalia stationiert, und 2014 begann China in Djibouti mit dem Bau eines Flottenstützpunktes. Djibouti liegt zwischen Äthiopien, Eritrea und Somalia, ist wie Mecklenburg-Vorpommern etwa 23 000 Quadratkilometer groß und hat knapp eine Million Einwohner. Das heiße, wüstenhafte, ressourcenarme Land, das 1977 von Frankreich unabhängig wurde, ist schon jetzt ein »Heerlager fremder Mächte«: Rund 2000 französische Soldaten sind dauerhaft im Land, dazu etwa 4000–5000 US-Soldaten vor allem der Navy und Marines im US-Stützpunkt Camp Lemonnier, und von hier aus werden Drohneneinsätze geflogen, die von Stuttgart aus kommandiert werden. »In Djibouti sind aber auch deutsche Truppen (200 bis 300) im Rahmen der EU-geführten Operation ›Atalanta‹ gegen Piraten stationiert.« China hat 3 Milliarden Dollar für eine neue Eisenbahnlinie von Äthiopiens Hauptstadt Addis Abeba nach Djibouti investiert plus 400 Millionen für den Ausbau des Hafens von Obock. Darüber hinaus modernisiert China »das kleine Militär des Landes, vor allem mit Schiffen und Flugzeugen«.[301]

Aber nicht nur in Djibouti gewinnt China an Einfluss, sondern auch bei dessen Nachbarn: Die islamische Republik Sudan, die siebenmal so groß wie Deutschland und von der Fläche her der größte Staat des Kontinents ist, kann amerikanischen Schätzungen zufolge mit einem Erdölvorkommen von rund 3 Milliarden Barrel aufwarten. Dieses befindet sich im südlichen Sudan und wird von Unternehmen aus China, Indien, Pakistan und Malaysia gefördert, wobei als wichtigster Investor die Volksrepublik China fungiert, die knapp ein Zehntel seiner Ölimporte aus dem Sudan bezieht. Das Öl wird über eine Pipeline nach Port Sudan am Roten Meer, also in den Norden des Landes, transportiert und von dort per Schiff weiter nach Asien.

Seit 2011 ist der an Öl reiche Süden als Republik Südsudan ein eigener Staat mit Englisch als Amtssprache und fast 80 Prozent christlichem Anteil der über 8 Millionen Einwohner. Dort wird derzeit eine Pipeline gebaut, die das südsudanische Öl über Äthiopien nach Djibouti befördern soll.

Südlich vom Sudan liegt Äthiopien. Obwohl dieses die Parlamentswahlen, die eigentlich im September 2020 hätten stattfinden sollen, wegen der Covid-19-Pandemie verschoben hatte, beschloss Tigray, eine sehr kleine Region im Norden, beziehungsweise deren bedeutsamste politische Partei, die Tigray People's Liberation Front (TPLF, »Volksbefreiungsfront Tigray«), die Wahlen in Tigray dennoch abzuhalten und sich damit klar vom Rest des Landes abzusetzen. Und da die äthiopische Regierung diese Wahlen nicht anerkannte, brach ein Bürgerkrieg aus. Nun trifft es sich, dass die TPLF eine sehr große Menge an Waffen besitzt, die vom Generaldirektor der Weltgesundheitsorganisation (WHO), Tedros Adhanom Ghebreyesus, aus der Schweiz bestellt worden und von Pentagon-Auftragnehmern geliefert zu werden scheinen. Und auf einmal fordert die TPLF nicht nur Unabhängigkeit, sondern Kontrolle über das ganze Land. Das dürfte allerdings schwierig werden, denn Äthiopien ist dreimal so groß wie Deutschland und hat eine Bevölkerung von 110 Millionen, von denen die Bewohner von Tigray nur 7 Millionen ausmachen. Dennoch: Das Chaos ist angerichtet, die Zonen, in denen Hunger herrscht, weiten sich aus und die Massaker vervielfachen sich.

Dass das Pentagon hinter der Vernichtung staatlicher Strukturen am Horn von Afrika und damit der Sabotage der chinesischen Einflussnahme steht, zeigt sich schon an einer Personalie: Joe Biden hat den US-Diplomaten Jeffrey D. Feltman als Sondergesandten für das Horn von Afrika auserkoren und damit jemanden, der 10 Jahre lang federführend den Krieg in Syrien, das heißt die Finanzierung und Bewaffnung von Dschihadisten organisierte und dirigierte. Bei einer Rede vor dem Pentagon-Thinktank Institute of Peace, der das US-Außenministerium berät, griff er auf die Rhetorik zurück, die wir bereits vor den Kriegen gegen Afghanistan, den Irak, Libyen, Syrien, Jemen und Libanon gehört hatten. Es ist die seit mehr als 20 Jahren propagierte Rumsfeld-/Cebrowski-Doktrin, die die Zerstörung der Nationalstaaten des Nahen und Mittleren Ostens fordert. »Alle Länder des erweiterten Nahen Ostens, die bereits zusammengebrochen sind« – und das sind alle bis auf Syrien – »spalteten sich zunächst in Stämme oder Konfessionen auf«.[302]

Die außerordentlichen Bemühungen des derzeitigen äthiopischen Premierministers Abiy Ahmed, sein Land mit seiner ehemaligen, seit 1993 unabhängigen Provinz Eritrea zu versöhnen, wurde 2019 vom Nobelkomitee mit dem Friedensnobelpreis honoriert. Deswegen ist es für Washington schwierig, wie dem syrischen Präsidenten Baschar al-Assad auch Abiy Ahmed »Verbrechen gegen die Menschlichkeit« vorzuwerfen. Doch die Hohe Kommissarin der Vereinten Nationen für Menschenrechte, Michelle Bachelet, hat in ihrem Bericht über die Menschenrechtsverletzungen in Äthiopien schon einmal die Weichen gestellt.[303] Überdies muss sich Äthiopiens Präsident Abiy Ahmed »mit dem großen, derzeit sich füllenden Renaissance-Staudamm (›Staudamm der äthiopischen Wiedergeburt‹) befassen«, der seinen nördlichen Nachbarn Sudan und Ägypten ein Dorn im Auge ist, und »den Territorialkonflikt mit dem Sudan um das Al-Fashaga-Dreieck lösen«.[304]

Auch der Präsident von Eritrea, Isayas Afewerki, der »selbst ethnisch ein Tigrayaner ist, aber China nahesteht«, versucht, nicht auf Washingtons Ränkespiele hereinzufallen und den Frieden zu bewahren. Denn die Tigrayaner Rebellen griffen nicht nur Äthiopien an, sondern bombardierten auch die Grenze Eritreas, um den Bürgerkrieg wiederzubeleben, der das ehemalige abessinische Reich 40 Jahre lang zerrissen hatte. Afewerki verfolgte daraufhin »die TPLF auf äthiopischem Territorium, ohne aber die äthiopische Armee anzugreifen«. Zwar reagierte Washington umgehend mit Sanktionen gegen Eritrea, doch unerwarteterweise »kam dann Addis Abeba den Eritreern zu Hilfe und bat die Vereinigten Staaten, nicht einen Staat anzugreifen, der ›keine Bedrohung für einen dauerhaften Frieden darstellt‹«.[305]

Washington will offenbar im Zuge der Neuordnung der afrikanisch-arabischen Welt Sudan, Äthiopien und Eritrea zerschlagen.

Terror in Westafrika, dem neuen Öl-Dorado

Westafrika ist zurzeit besonders gefährdet, weil der Westen und China sowie Russland sich gegenseitig den Rang ablaufen, um sich die dortigen Rohstoffe zu sichern. Wir können davon ausgehen, dass dieser Kampf vermehrt mit kriegerischen Mitteln ausgefochten wird. Der Aufbau eines Netzes von US-Stützpunkten, die Entsendung von NATO-Truppen – auch der Bundeswehr – und das Auftauchen terroristischer Gruppen deuten klar in Richtung militärische Auseinandersetzungen und damit in Richtung Chaos.

Neben wirtschaftlichem und diplomatischem Druck auf die einzelnen afrikanischen Länder gibt es auch noch handfestere Mittel. So melden amerikanische Sicherheitsexperten, dass das Terrornetzwerk al-Qaida den Maghreb und die Sahelzone beherrschen will. Al-Qaida steht zudem in engem Kontakt zu den westlichen Geheimdiensten.[306]

Unter dem Maghreb – arabisch: »der Westen« – versteht man vor allem die drei nordafrikanischen Staaten Tunesien, Algerien und Marokko sowie Libyen und Mauretanien, die aufgrund ihrer Geografie und Geschichte viele Gemeinsamkeiten haben. Das kaum kontrollierte Dreiländereck, in dem Algerien, Mauretanien und Mali aufeinandertreffen, soll das Rückzugsgebiet des nordafrikanischen Zweiges von al-Qaida sein, und aus dem Reservoir Tausender radikalisierter Jugendlicher aus dem Maghreb und der verarmten Sahelzone drohen sich laut Geheimdienstberichten Kämpfer für einen Heiligen Krieg zu rekrutieren.

Die südlich dieser Länder liegende Sahelzone ist eine lang gestreckte halbtrockene Übergangszone von der eigentlichen Wüste der Sahara, die sich nördlich von der Sahel befindet, bis zur Trocken- beziehungsweise Feuchtsavanne im Süden. Die Sahelzone umfasst von West nach Ost die Staaten Senegal (Nordteil), Mauretanien (Südteil), Mali, Burkina Faso (Nordteil), Niger (Südteil), Nigeria (Nordteil), Tschad, Sudan, Äthiopien (Nordteil) und Eritrea. Längst haben die USA den Maghreb-Staaten neue Waffen, Kommunikationssysteme, Transport- und Aufklärungsgeräte im Wert von Millionen Dollar geliefert und die Zusammenarbeit der jeweiligen Geheimdienstler mit ihren amerikanischen Kollegen intensiviert. Die plötzlich aufgetauchten Terrorgruppen und die amerikanischen Militärberater, die daraufhin den »bedrohten« Regierungen zu Hilfe eilten, machten sich also in einer Gegend breit, die nach den Plänen des Pentagons zu einem der für die USA wichtigsten Einflussgebiete des 21. Jahrhunderts wird – der Sahelzone. Dort liegen nämlich die neuen Öl-Dorados.

Deswegen gibt es auch seit 2008 in Stuttgart das AfriCom, das direkt dem Pentagon unterstehende Oberkommando der US-Streitkräfte für Afrika. Ich werde über AfriCom gleich im Anschluss berichten. Sein offizielles Ziel lautet, wie der damalige US-Präsident George W. Bush behauptete, »den Menschen in Afrika Frieden und Sicherheit zu bringen«.[307] Doch seine wirkliche Aufgabe, besteht darin, »die Öl- und Gasfelder im Maghreb und der Sahel-Zone zu sichern«, sagt Werner Ruf, emeritierter Professor für Internationale und intergesellschaftliche Beziehungen und Außenpolitik an der Universität Kassel.[308]

Derzeit beziehen die USA etwa 20 Prozent ihrer Erdöl- und Erdgas-Importe aus Afrika, in den nächsten Jahren sollen sie auf 25 Prozent wachsen. Doch wie soll man diese Importe langfristig sichern? Der Maghreb-Kenner und Friedensforscher Werner Ruf schreibt: »Für den Krieg gegen den Terrorismus braucht man (auch) Terroristen. Schon 2004 behauptete eine Studie der US Air Force, dass sich in der Sahara ein gefährlicher Terroristenherd entwickele, ja, dass dort mit höchster Wahrscheinlichkeit in Verbindung mit al-Qaida die Anschläge vom 11. März 2004 in Madrid geplant und vorbereitet worden seien.« Nach Ruf sind die angeblichen Terroristen Agenten des algerischen Sicherheitsdienstes und die behaupteten Verbindungen zu al-Qaida reine Konstrukte der algerischen Dienste. Sie dienten als Begründung für den Ausbau der US-Militärpräsenz im Sahelraum: »Alleiniger Produzent und Zulieferer der Informationen über die Gruppe ist der algerische Geheimdienst DRS. Über die Verbreitung dieser Informationen unter den Diensten entsteht jenes einheitliche Bild, das heute in den Medien nahezu wortgleich verbreitet wird. Und da die Informationen strategische Ziele verfolgen, werden sie weder auf Glaubwürdigkeit noch auf die Zuverlässigkeit der Quellen überprüft.«[309]

Tatsächlich ist die US-Militärpräsenz in den letzten Jahren massiv ausgebaut worden. So riefen die USA 2006 die Trans-Saharan Counterterrorism Initiative (TSCTI) ins Leben, der derzeit die elf Staaten Senegal, Mali, Mauretanien, Niger, Tschad, Burkina Faso, Ghana, Marokko, Algerien, Tunesien und Libyen angehören. Der US-Kongress hatte der TSCTI zur Terrorbekämpfung für die Jahre 2007–2013 rund 500 Millionen Dollar zugebilligt. Für dieses Geld wurden Waffen geliefert und afrikanische Soldaten von den US Special Forces ausgebildet.

Weitere US-Militärbasen sind in Nigeria, der Zentralafrikanischen Republik, der Demokratischen Republik Kongo, dem Südsudan, Uganda, Äthiopien, Kenia und Somalia im Aufbau begriffen. In den meisten dieser Länder sind »die von den USA unterstützten Terrorbrigaden al-Qaidas mit verdeckter Unterstützung westlicher

Geheimdienste aktiv«,[310] bestätigt der kanadische Professor Michel Chossudovsky.

Laut Werner Ruf geht es bei dieser Aufrüstung um die sich verschärfende Rivalität zwischen den USA und Europa sowie um die Verhinderung der Stärkung des chinesischen Einflusses. Die al-Qaida im Maghreb diene »den Interessen der US-amerikanischen Geopolitik. Und um diese Funktion zu erfüllen, muss sie glaubwürdig sein. Deshalb muss mit weiteren Anschlägen gerechnet werden.« Gleichzeitig zwinge der »›Kampf gegen den Terrorismus‹ die Europäer trotz gegenläufiger eigener ökonomischer Interessen unter die Führung der USA. Die brutalen Methoden des Antiterrorkrieges einschließlich der Unterwerfung Afrikas unter die Kontrolle des US-Militärs tragen jedoch dazu bei, jenen Feind erst zu produzieren, den zu bekämpfen man vorgibt – und der dann leicht zur wirklichen Bedrohung Europas wird.«[311]

Was Professor Werner Ruf vor Jahren kommen sah, ist heute Realität: Im zentralen Sahel verlieren die Staaten Westeuropas zugunsten der USA, Russlands oder Chinas an Einfluss. Sie ziehen ihre Truppen aus Mali, Burkina Faso und Niger ab, weil sie dort nicht mehr erwünscht sind. »Malis Regierung unterhält [mittlerweile] enge Militärbeziehungen zu Russland, hat russische Militärs und Mitarbeiter privater russischer Militärfirmen ins Land geholt und kauft russische Waffen.« Zwar bemüht sich Burkina Faso ebenfalls um russisches Militärmaterial, »sucht bisher aber den Kampf gegen den dschihadistischen Terror eigenständig, möglichst ohne unmittelbare auswärtige Unterstützung zu führen.«[312]

Als Resümee zeichnet sich Ende 2023 ab, dass Amerikas globaler Krieg gegen den Terror – zumindest in Afrika – gescheitert ist. Das gab das Pentagon im November 2023 selbst zu. Als die USA 2002 und 2003 ihre Kriege begannen, zählte das State Department insgesamt nur neun Terroranschläge in Afrika. Bis Ende des Jahres 2023 haben militante islamistische Gruppen laut Pentagon 6756 Anschläge auf dem Kontinent verübt. In den Ländern der westafrikanischen Sahelzone sind die terroristischen Gruppen so aktiv, dass mittlerweile auch ihre südlichen Nachbarn am Golf von Guinea, in Togo und Benin, bedroht sind. Dort ist nach Angaben des Pentagons im Jahr 2022 die Zahl der Anschläge um 633 und 718 Prozent gestiegen. In den Jahren 2002 und 2003 forderten Terroristen in Afrika nur 23 Todesopfer. Seither sind nach Angaben des Pentagons allein in der Sahelzone 9818 Menschen durch Terroranschläge zu Tode gekommen.[313]

Für jene Militärs in diesem Gebiet, die von den USA unterstützt wurden, gibt es nur einen Erfolgsnachweis: den Sturz der Regierungen, für deren Schutz sie von den Amerikanern ausgebildet wurden. Mindestens fünfzehn Offiziere, die von dieser Unterstützung profitierten, waren während des Krieges gegen den Terror an zwölf Staatsstreichen in Westafrika und der Sahelzone beteiligt. Die Liste umfasst Offiziere aus Burkina Faso (2014, 2015 und zweimal 2022), Tschad (2021), Gambia (2014), Guinea (2021), Mali (2012, 2020 und 2021), Mauretanien (2008) und Niger (2023).[314]

In Somalia, also auf der anderen Seite des Kontinents, führen US-Truppen seit 20 Jahren Antiterroreinsätze durch. Während die CIA und Spezialeinheiten mit lokalen Stellvertretertruppen verdeckte Militäroperationen durchführten, wurden mehr als 280 Luftangriffe und Kommandounternehmen gestartet. Seit dem Amtsantritt von Präsident Joe Biden im Januar 2021 haben die USA offiziell 31 Luftangriffe in Somalia geflogen, sechsmal so viele wie in der ersten Amtszeit von Präsident Obama, doch weit unter der Rekordzahl von Präsident Trump, dessen Regierung zwischen 2017 und 2021 208 Angriffe genehmigt hatte.

Die Anzahl von aktuell erfolgten Terroranschlägen steht hinter jener der vergangenen 2 Jahrzehnte keineswegs zurück, wo sie um 75 000 Prozent und die Zahl der Todesopfer um verheerende 42 500 Prozent gestiegen war. »Ein 50-prozentiger Anstieg der Todesopfer im Zusammenhang mit militanten islamistischen Gruppen in der Sahelzone und Somalia im vergangenen Jahr hat den bisherigen Höchststand von 2015 in den Schatten gestellt«, heißt es in einem Bericht vom Juli 2023, der vom Africa Center for Strategic Studies, einer Forschungseinrichtung des Verteidigungsministeriums, veröffentlicht wurde. »In Afrika hat sich die Zahl der gemeldeten Gewalttaten im Zusammenhang mit militanten islamistischen Gruppen in den vergangenen zehn Jahren fast vervierfacht [...]. Fast die Hälfte dieses Anstiegs fand in den letzten drei Jahren statt.«[315]

Anfang des Jahres 2023 sprach General Michael Langley, der derzeitige Kommandeur des Africom, das vielleicht endgültige Urteil über Amerikas ewige Kriege auf diesem Kontinent. »Afrika«, sagte er, »ist jetzt das Epizentrum des internationalen Terrorismus«.[316]

Zeitbombe Algerien und »gescheiterter Staat« Libyen

Ein Krisenherd sind auch die nordafrikanischen beziehungsweise Maghreb-Staaten Algerien und Libyen. »Mit 2,38 Millionen Quadratkilometern Fläche ist Algerien nach der Teilung des Sudans das größte Land Afrikas und etwa siebenmal so groß wie Deutschland.« Die ehemalige französische Kolonie mit ihren 40 Millionen Einwohnern ist »der drittgrößte Erdgasexporteur und achtgrößte Erdölproduzent und lebt allein von Erdöl und Erdgas«, womit »das Land 97 Prozent seiner Exporteinnahmen und 70 Prozent seines Staatsetats« bestreitet.[317] Die europäischen Länder, welche die durch die Sanktionen gestoppten Importe aus Russland dringend ersetzen müssen, haben an den algerischen Öl- und Gasvorkommen ein ganz besonderes Interesse. In Algerien sind derzeit über 3 Prozent der weltweiten Gasreserven nachgewiesen, doch Schätzungen gehen davon aus, dass das Land über die drittgrößten nicht konventionellen Gasvorkommen der Welt verfügen könnte.[318] Außerdem verfügt

Algerien über eine umfangreiche Pipeline-Infrastruktur, die es mit Europa verbindet.

Dank sprudelnder Einnahmen konnte der algerische Staat jahrelang Sozialleistungen und teure Konjunkturprogramme finanzieren und sich so die Loyalität der Bevölkerung erkaufen. Nur hat sich seit 1950 »Algeriens Bevölkerung von 8,9 Millionen auf heute 40 Millionen mehr als vervierfacht«, und dieses starke Bevölkerungswachstum löste große Unzufriedenheit aus. »Drei Viertel der Bevölkerung sind jünger als 30 Jahre. Die Arbeitslosigkeit liegt bei 25 und für Jugendliche bei über 50 Prozent.« Und demografischer Druck hat wie in der gesamten islamischen Welt auch in Algerien vor allem eine Konsequenz, nämlich »religiöse Radikalisierung. Islamisierung und Islamismus sind denn auch in Algerien sichtbar auf dem Vormarsch«. In den letzten Jahrzehnten wurden Tausende Moscheen gebaut. »Wir erleben in Algerien das Erstarken einer neuen Generation, für die religiöse Werte mehr zählen als Bürgerrechte«, bestätigt der Jugendpsychologe Yazid Haddar und spricht damit auf die bereits stattgefundene »Islamisierung in den Köpfen« an.[319] Dass das Land »vom Islamismus untergraben […] und der Terror […] endemisch«[320] sei, liest man auch im *Figaro*.

Während des sogenannten Arabischen Frühlings 2011 hat es Algier nur mithilfe großzügiger Lohnerhöhungen und Subventionen geschafft, das Land sozial zu befrieden. Da etwa 60 Prozent der 11 Millionen regulären Arbeitsplätze auf den Staatsdienst oder staatliche Unternehmen zurückgehen, »kann sich das Regime eine Scheinstabilität mit Sozialleistungen erkaufen«. Aber das Chaos lauert schon, denn die islamistischen »Barbaren-Horden«, schreibt Boualem Sansaal, der ehemalige hohe algerische Staatsbeamte und Träger des Friedenspreises des deutschen Buchhandels 2011, bereiteten in Algerien bereits die Rückkehr vor: »Ich bin sicher nicht der einzige, der sieht, wie sie die Straßen besetzen, die Moscheen füllen, Tag und Nacht im Land herumfahren, die Horden neu ordnen, die Netzwerke organisieren, Widerstandsgruppen eröffnen, schwer beladen wieder und wieder die Grenzen überqueren. Warum würden sie das tun, wenn nicht, um den neuen Heiligen Krieg vorzubereiten, den großen Dschihad des Endes aller Zeiten?« Und Sansaal schiebt die Warnung hinterher: »Machen Sie sich klar, dass dieses riesige Land, wenn es zusammenbricht, den ganzen Maghreb und die ganze Sahelzone mit sich in die Tiefe des Abgrunds reißen wird – und dass der Tsunami, der dann folgt, noch den Ärmelkanal erreichen wird.«[321]

Diese Sicht bestätigt auch die angesehene französische Tageszeitung *Le Figaro*: »Wenn Algerien ins Chaos kippte, würde das den gesamten Maghreb destabilisieren und eine Fluchtwelle nach Europa provozieren, die jene, die der Krieg in Syrien ausgelöst hat, weit überträfe. [...] Weder Frankreich noch Europa können Algerien und die Schock-Stöße, die sich dort vorbereiten, gleichgültig sein.«[322]

Es ist immer dasselbe Muster: Zuerst wird eine funktionierende Regierung gestürzt, dann herrscht Chaos im Land, Terroristen besetzen Schlüsselpositionen, die Bevölkerung flieht vor dem Terror nach Europa – zumeist nach Deutschland –, und am Ende müssen Truppen ins Land geschickt werden. Eines von vielen Beispielen für diese Strategie ist Libyen.

Dementsprechend hatte die ehemalige Bundesverteidigungsministerin Ursula von der Leyen 2016 vor einer »Achse des Terrors« in Afrika gewarnt. »Die Extremisten-Miliz IS suche in Libyen die Verbindung zur Islamisten-Organisation Boko Haram in Zentralafrika«, sagte die CDU-Politikerin. »Wenn das gelingt, dann entsteht eine Achse des Terrors, die weite Teile Afrikas destabilisieren kann.« Das wäre eine brandgefährliche Entwicklung, die neue Flüchtlingsströme zur Folge hätte. »Das dürfen wir nicht zulassen.« Dazu sei es wichtig, Libyen zu stabilisieren, das auch von islamistischem Terror bedroht sei.[323]

Seit dem Sturz des Machthabers Muammar al-Gaddafi 2011 versinkt das einst so reiche Libyen im Chaos und die libysche Wirtschaft ist am Boden. Der Ölexport, Haupteinnahmequelle des Landes, ist zu drei Vierteln eingebrochen. Städte wie Benghazi sind praktisch total zerstört. Eine Million Libyer, vor allem die Wohlhabenderen, sind bereits nach Tunesien oder Ägypten geflohen, wo sie sich meist in leer stehenden Touristenappartments eingemietet haben. Zwei Regierungen kämpfen um die Herrschaft. Gleichzeitig weitet die Terrormiliz IS in Libyen ihr Herrschaftsgebiet aus, weil sie im Irak und in Syrien an Boden verloren hat, und Kämpfer des IS versuchen, die Ölquellen des zerfallenden Staates sowie die Ölhäfen in Es Sider und im benachbarten Ras Lanuf unter ihre Kontrolle zu bringen.

Arbeitet der IS hier etwa im Sinne seiner amerikanischen Auftraggeber? Denn ein Erfolg des IS in Libyen könnte auch Algerien und Ägypten ins Chaos stürzen.

Das Stuttgarter US-Einsatzkommando für Afrika

Aber von wo aus werden die US-Militäraktionen in Afrika geleitet?

In den Kelley Barracks im Stuttgarter Stadtteil Möhringen befindet sich das US-Einsatzführungskommando für den afrikanischen Kontinent (Africom). Alle militärischen und strategischen Operationen in Afrika werden von hier aus geleitet. Die 1500 Mann starke Kommandozentrale ist Teil der langfristigen US-Afrika-Strategie, die auf Rohstoffsicherung und den sogenannten Kampf gegen den Terror zielt.

Africom ist Ausdruck der gewachsenen Bedeutung Afrikas für die USA, auf die ich bereits hingewiesen habe, allen voran für die Sicherung der Erdölvorkommen und das Zurückdrängen Chinas und Russlands. Westafrika ist dabei ein strategischer Schwerpunkt der USA, und die ölreichen Länder sind wichtig für die Versorgung der USA. Es verwundert also nicht, dass die Errichtung eines riesigen US-Stützpunktes als künftiges Hauptquartier für ein neues Regionalkommando im westafrikanischen Inselstaat São Tomé und Príncipe geplant ist, der auch Heimathafen eines neuen eigenen Flottenverbandes werden soll und den Golf von Guinea und damit die Erdölausfuhr aus Nigeria kontrollieren würde. Der Vorschlag dazu kam vom israelisch-amerikanischen Institute for Advanced Strategic and Political Studies, einer Einrichtung der Neokonservativen.[324] Ähnlich wie in den Gewässern um Nordostafrika und um die arabische Halbinsel sowie im südlichen Mittelmeer könnten amerikanische Kriegsschiffe einschließlich mindestens eines Flugzeugträgers – vielleicht von anderen NATO-Partnern unterstützt – hier dauerhaft vor den nordwestafrikanischen Küsten stationiert werden.

Was das Gebiet um den Golf von Guinea, von Liberia bis Angola, so interessant macht, ist vor allem sein Reichtum an Erdöl, der erst in den letzten 10 Jahren entdeckt wurde. Nirgendwo auf der Welt werden derzeit so schnell so viele neue Vorkommen gefunden wie hier, mittlerweile kommen fast 20 Prozent des von den USA eingeführten Erdöls aus dem Raum rund um den Golf von Guinea.

Im Übrigen unterstehen auch alle US-Stützpunkte in Afrika der Kommandozentrale in Stuttgart, und operationell ist der gesamte Kontinent abgedeckt, wie Carter Ham, ehemaliger Chef des Befehlsstabs von Africom, kurz vor seiner Pensionierung Anfang 2014 feststellte.[325]

Auf der südlichen Hemisphäre umfasst die NATO nicht nur Afrika, sondern die gesamte Erdölregion des Nahen und Mittleren Ostens, denn schon seit Jahren dehnt sich die NATO hier aus und unterhält zu den sechs Staaten des Gulf Cooperation Council (GCC, »Golf-Kooperationsrats«) – Kuwait, Bahrain, Saudi-Arabien, Katar, Vereinigte Arabische Emirate und Oman – enge Beziehungen.

Seit 2004 haben die Staaten des GCC zusammen mit der NATO und sieben weiteren Staaten am Mittelmeer – nämlich Algerien, Ägypten, Israel, Jordanien, Mauretanien, Marokko und Tunesien – in der Istanbul Cooperation Initiative (ICI) eine militärische Partnerschaft vereinbart. Die Hauptziele der ICI lauten: Mitarbeit bei der Kontrolle des Mittelmeeres, des Roten Meeres und des Golfs von Aden bis in das

Arabische Meer und in den Persischen Golf; Bereitstellung von Truppen und Nachschub; Verpflichtung zu gegenseitiger Verteidigung nach Artikel 5 des NATO-Vertrages, was heißt, dass ein Angriff auf einen dieser Staaten den NATO-Bündnisfall auslösen könnte.

Überdies haben die USA in den letzten Jahren südlich des Iran, allerdings auf der anderen Seite des Persischen Golfs, ihre Stützpunkte in Katar, Kuwait, Oman, Bahrain und den Vereinigten Emiraten massiv ausgebaut, und das umfangreiche Stützpunktsystem in Saudi-Arabien, das unter der Kontrolle der USA angelegt wurde und völlig auf deren Bedürfnisse zugeschnitten ist, bleibt auch nach Abzug der US-Truppen im Jahr 2001 verfügbar.

Angriff auf die Versorgung

Der amerikanische Publizist Michael Snyder fasst die gesamte Problematik der schwelenden Kriegsbrände im Nahen Osten und in Afrika folgendermaßen zusammen: »Die einzige Möglichkeit, wie wir weiterhin billige Lebensmittel haben können, besteht darin, dass wir billige Energie haben. Wir verbrauchen Energie, um unsere Lebensmittel anzubauen, zu ernten, zu produzieren und zu verpacken. Und der Transport all dieser Lebensmittel vom Bauernhof zur Fabrik und dann zu den Geschäften verbraucht eine Menge Energie.« Natürlich sei nicht nur unsere Lebensmittelversorgung von billiger Energie abhängig, sondern letztlich beruhe »unsere gesamte Lebensweise auf dem Paradigma der billigen Energie«. Nähme man die billige Energie weg, so ändere sich alles. »Deshalb könnte dieser Krieg im Nahen Osten einen so entscheidenden wirtschaftlichen Wendepunkt darstellen.«[326]

31 Prozent des weltweit geförderten Öls stammen aus dem Nahen Osten. Wird diese Versorgung für einen längeren Zeitraum eingeschränkt oder ganz unterbrochen, so wird Chaos ausbrechen. Die Weltbank hat erklärt, die Ölpreise könnten in »unbekannte Gewässer«

gedrückt werden, was weltweit zu höheren Lebensmittelpreisen führen würde, wenn die Gewalt zwischen Israel und der Hamas weiter zunähme.[327] Bei einer »großen Störung« – vergleichbar mit dem arabischen Ölembargo von 1973 – würde das weltweite Ölangebot um 6–8 Millionen Barrel pro Tag schrumpfen, und die Preise könnten um 56–75 Prozent oder 140–157 Dollar pro Barrel steigen. Andere Experten – ich hatte bereits die Website *Oilprice* erwähnt – gehen davon aus, dass der Preis für ein Barrel Öl irgendwann auf bis zu 300 oder gar 500 Dollar steigen könnte. Sollten die Energiepreise weiter in die Höhe schießen, weil sich weitere Parteien am Krieg im Nahen Osten beteiligen, werden die Lebensmittelpreise weltweit noch weitaus mehr ansteigen, als sie es jetzt schon tun.

Snyder nennt dafür in seinem Artikel einige Beispiele: So seien die Preise für Süßigkeiten in den vergangenen beiden Jahren in den Vereinigten Staaten um 27 Prozent gestiegen, der Preis für gefrorenes Orangensaftkonzentrat um 388 Prozent[328] und der Preis für ein Big-Mac-Menü von McDonalds auf 18 Dollar.

Wie aus einem Bericht des US-Landwirtschaftsministeriums hervorgeht, ist die Zahl der Amerikaner, die mit Hunger und Ernährungsunsicherheit zu kämpfen haben, unter Präsident Joe Biden um mehr als 10 Millionen gestiegen. Demzufolge lebten im Jahr 2022 44,2 Millionen Amerikaner in hinsichtlich der Ernährung prekären Haushalten, verglichen mit 33,8 Millionen im Jahr zuvor. Schätzungen gehen davon aus, dass es im Jahr 2023 weit über 50 Millionen sind.[329] Abschließend äußert Michael Snyder die Befürchtung, dass »dieser Krieg im Nahen Osten […] gerade erst begonnen [hat], und die Lebensmittelpreise schon bald in Höhen schießen werden, die man früher für unvorstellbar gehalten hätte«.[330]

Salman Rafi Sheikh, Forscher und Analytiker für internationale Beziehungen sowie die Außen- und Innenpolitik Pakistans, fasst den strategischen Grund für den Krieg im Nahen Osten so zusammen: »Der sich neu formierende Nahe Osten befindet sich in einer für

Washington schwer manipulierbaren Verfassung. Für die USA ist es daher von entscheidender Bedeutung, diesen Nahen Osten zum Scheitern zu bringen, um zu verhindern, dass er zu einem wichtigen Verbündeten Chinas und Russlands wird. Ein militärischer Konflikt mit dem Iran, entweder in Syrien und im Irak oder in Form eines direkten Angriffs auf den Iran, würde die Politik des neuen Nahen Ostens um Jahrzehnte zurückwerfen.«[331] Der Nahe Osten sei eindeutig unzufrieden mit Washington und scheine sich von den USA zu distanzieren. Washington könne aber dem Iran die Schuld geben und damit viele Probleme gleichzeitig angehen. Denn erstens werde dann »der Iran – und nicht Israel – für den Gaza-Krieg verantwortlich gemacht. Zweitens hofft Washington, durch die Darstellung des Iran als Unruhestifter die sunnitischen arabischen Staaten davon überzeugen zu können, dass eine Normalisierung der Beziehungen zum Iran problematisch und dem schiitischen Iran aufgrund seiner expansionistischen Politik und der inhärenten ideologischen Differenzen nicht zu trauen ist.« Drittens hätten die sunnitisch ausgerichteten arabischen Staaten ihre Beziehungen zu Peking und Moskau zu überprüfen, denn der Iran werde von China und Russland unterstützt, diese »Achse« werde aber für Unruhe im Nahen Osten sorgen. »Durch die ›logische‹ Annäherung all dieser Fragen hofft Washington, die Geopolitik des Nahen Ostens zu seinen Gunsten umzugestalten.«

Ausbeutung und Chaos

Unruhe, Not und Chaos werden freilich nicht nur von US-finanzierten und -ausgerüsteten Terrorgruppen erzeugt, sondern auch durch wirtschaftliche Erpressung und Schwächung. Dafür ist das Investor-Staats-Klageverfahren ein beredtes Beispiel, welches es Unternehmen erlaubt, Handelsgerichte anzurufen, um zu verhindern, dass Maßnahmen für die öffentliche Hand ihre Gewinne schmälern. Und die meisten solcher

Investor-Staats-Klageverfahren werden »bei der Weltbank am International Centre for Settlement of Investment Disputes (ICSID) in Washington verhandelt«. Ein anschauliches Beispiel für diesen Raub lieferte Argentinien. Im Jahr 2002 befand sich dieses Land »im freien Fall. Familien aus der Mittelschicht verkauften ihre Wertsachen auf der Straße. Bei Einbruch der Dunkelheit suchten die Verzweifeltesten in den Mülleimern nach Essen.« Und ausgerechnet »in dieser dunklen Stunde war eine Flut von Unternehmensforderungen das Letzte, was das Land brauchte.«[332] Aber genau das geschah.

Es ist das Verdienst des Aktivisten Manuel Pérez-Rocha Loyo, diese Methode auf der Website *amerika21* näher und verständlich erläutert zu haben.[333] Pérez-Rocha nennt als Beispiel für dieses moderne Raubrittertum Argentinien. Im Jahr 2002, inmitten einer dramatischen Wirtschaftskrise, verklagte CMS-Gas das Land, weil es die Tarife für öffentliche Versorgungsleistungen eingefroren hatte. Der Staat wollte damit die Verbraucher vor einer galoppierenden Inflation schützen. Ein supranationales Gericht verurteilte damals die Regierung zur Zahlung von 133 Millionen US-Dollar an das US-Unternehmen. Andere Firmen einigten sich mit der argentinischen Regierung über weitere Hunderte Millionen Dollar.

Als weiteres Beispiel nennt Pérez-Rocha ein Schiedsverfahren zwischen einer Gold- und Kupfermine und Pakistan. Das Land war im Jahr 2019 zu einer Zahlung von 5 Milliarden Dollar an das australische Unternehmen Tethyan Copper verurteilt worden. Der Betrag fraß nahezu das gesamte Rettungsdarlehen des Internationalen Währungsfonds an Pakistan in Höhe von 6 Milliarden Dollar auf, das zusätzlich – wie immer bei diesen IWF-Krediten – an drakonische wirtschaftliche Sparmaßnahmen geknüpft war.

Pérez-Rocha befragte die großen Schiedsgerichtskanzleien und diese bewerteten die Zukunft für sich äußerst optimistisch. Das ist durchaus verständlich, denn es gibt etwa 3000 internationale Investitionsverträge und Handelsabkommen und diese räumen den Unternehmen das Recht ein, Regierungen aufgrund einer erwarteten Minderung des Gewinns auf Hunderte von Millionen oder sogar Milliarden Dollar zu verklagen. Auch hier also Subventionen von globalen Unternehmen durch die Steuern angeblich souveräner Länder.

Nach Aussagen der Handels- und Entwicklungskonferenz der Vereinten Nationen haben ausländische Investoren im Jahr 2020 die Marke von mehr als tausend Investor-Staatsklagen erreicht. Aufgrund des Mangels an Transparenz weiß niemand genau, wie viel die Regierungen bisher zahlen mussten.[334]

Am Ende seines Essays kommt Pérez-Rocha auf die Arbeit des von ihm geleiteten Instituts für Politikstudien (IPS) in Washington, D.C., zu sprechen. Das Institut habe errechnet, dass Regierungen allein in den Fällen von Streitigkeiten zu Öl-, Gas- und Bergbauverträgen gezwungen waren, ausstehende Zahlungen von mindestens 72,4 Milliarden Dollar zu leisten. Der Aktivist ergänzt: »Die Rohstoffunternehmen klagen in 59 anhängigen Fällen, die bekannt sind, auf mindestens weitere 73 Milliarden Dollar [...]. Weitere Milliarden betreffen Schichtungsklagen von Unternehmen der Agrarindustrie, des Finanzwesens, des Energiesektors und vieler anderer Branchen [...]. Die Opfer werden also nicht ausländische Investoren sein, sondern die ärmsten und verletzlichsten Gesellschaften der Welt.«

Staaten sollen ausgebeutet und deren Ressourcen geplündert werden. Dass die Bürger dieser Staaten damit in Not und Elend geraten und das Land in Chaos gestürzt wird, interessiert nicht.

Doch manchmal treffen solche Schiedsverfahren auch die Industriestaaten, so wie es Deutschland gegen Ende des Jahres 2023 widerfuhr. Und das kam so: Der indische Staatskonzern Gail verklagte die Bundesregierung auf die Zahlung von 1,8 Milliarden US-Dollar, weil SEFE, das ehemalige Gazprom Germania, das im November 2022 von der Bundesregierung verstaatlicht wurde, zugesagte Lieferungen von Flüssiggas nicht erfüllte. Seit Mai waren 17 LNG-Ladungen nach Indien storniert und damit die Regierung in Neu-Delhi brüskiert worden.[335]

Um die Liquidität des verstaatlichten Unternehmens zu sichern, hatte die Bundesregierung ein Darlehen in Höhe von knapp 14 Milliarden Euro (aus Steuergeldern) bewilligt. SEFE ist einer der größten Gashändler Europas und liefert rund 30 Prozent des in Deutschland verbrauchten Gases.[336]

Zwar hatte SEFE an die indische Firma Gail bereits Konventionalstrafen in Höhe von 20 Prozent des vertraglich vereinbarten Preises bezahlt, aber das konnte offenbar den Verlust nicht ausgleichen. Und so fordert Gail das Unternehmen SEFE auf, die vertraglich vereinbarten Gasmengen anderweitig zu beschaffen, um ihren Lieferverpflichtungen nachzukommen. Die Klage findet vor dem London Court of International Arbitration statt. Sollte Deutschland dazu verurteilt werden, die 2 Milliarden Euro zu bezahlen, würde dies bedeuten, dass wir Steuerzahler dafür geradestehen müssten, denn SEFE ist ja »Staatseigentum«.

Das Ausbeuten und Plündern von Ländern und Ressourcen ist die eine Seite der Medaille, die andere heißt: Angst erzeugen durch Kriege, Terror und das dadurch erzeugte Chaos. Doch was wollen die Entscheider damit erreichen? Welche neue Ordnung soll aus diesem Chaos entstehen?

KAPITEL 6

Das Endziel – ein totalitärer Sklavenstaat

Die international angesehene Technische Hochschule Massachusetts Institute of Technology (MIT) hat einen Artikel ihres Chefredakteurs Gideon Lichfield mit dem Titel »We're not going back to normal« (»Wir kehren nicht zur Normalität zurück«) veröffentlicht, in dem er eine Art Programmplan für die Bevölkerung festlegt, der Wellen von Virusinfektionsausbrüchen und strenger sozialer Beschränkungen, gefolgt von Wellen begrenzter wirtschaftlicher Aktivität und begrenzter Ruhe voraussagt.[337] Lichfield prophezeit, »dass sich die Dinge nach einigen Wochen oder sogar einigen Monaten nicht wieder normalisieren werden. Manche Dinge werden es niemals tun.« Und so schlägt er eine »Massenüberwachung rund um die Uhr zur Virusverfolgung« vor.

Eine Massenüberwachung, wie sie etwa in der von Klaus Schwab gelobten Volksrepublik China praktiziert wird, wird allerdings auch notwendig sein, wenn infolge des immer größer werdenden Chaos die Panik ausbricht. Sollte die einheimische Bevölkerung durch Impfschäden, Terror oder Krieg dahingerafft werden, ist der Bürgerkrieg auf europäischen Straßen ohnehin vorprogrammiert. Der Gedanke, in den westlichen Gesellschaften werde es zu einem Massensterben kommen, mag auf den ersten Blick abstrus erscheinen. Auch mir kam diese Idee zunächst absurd vor, doch dann erschütterten mich die vielen Indizien, auf die ich bei meinen Nachforschungen zu der Frage stieß, ob es einen Plan zum bewusst herbeigeführten Massenmord gibt. Ich habe diese Fakten in meinem letzten Buch *Demozid* zusammengestellt. Ob der Plan aufgeht oder wieder fallen gelassen wird, wissen wir noch nicht. Aber wir wissen mit Sicherheit, dass es eindeutige Pläne gibt, uns rund um die Uhr zu überwachen. Wir wissen es, weil die ersten Schritte schon längst gemacht wurden.

Big Brother überall

Die Erkenntnis, dass wir bereits pausenlos überwacht werden, verdanken wir den Enthüllungen des Whistleblowers Edward Snowden. Seit Mitte 2013 publizierten ausgewählte Zeitungen und Zeitschriften in den USA, England, Frankreich und Deutschland Belege dafür, dass Telefonate, SMS, E-Mails, soziale Netzwerke und das gesamte Internet durch den US-Auslandsgeheimdienst NSA (National Security Agency) und den britischen Geheimdienst GCHQ (Government Communications Headquarters) ausspioniert werden. Diese Veröffentlichungen basierten auf Dokumenten von Snowden, der im Rahmen seiner Tätigkeit als technischer CIA- und NSA-Mitarbeiter Zugang zu streng geheimen Informationen über Geheimdienstaktivitäten hatte.

Darauf bin ich in meinem Buch *Besatzungszone* ausführlich eingegangen und habe nachgewiesen, dass die USA aufgrund der immer noch geltenden Besatzungsverträge tatsächlich die offizielle Erlaubnis zu dieser elektronischen Überwachung haben. Wie ich an einigen Entwicklungen aufzeigen möchte, soll diese Überwachung jetzt noch ausgeweitet werden.

So geht aus geleakten Papieren dieser Organisationen hervor, dass die OSZE (Organisation für Sicherheit und Zusammenarbeit in Europa), die Vereinten Nationen und das Department of Homeland

Security (»US-Ministerium für innere Sicherheit«) gemeinsam das Recht auf Flugreisen begrenzen wollen. Behördeneinträge sollen künftig entscheiden, wer fliegen darf und wer nicht.[338]

Beginnen wir mit Akteur Nummer eins, der OSZE, die eigentlich eine Staatenkonferenz zur Friedenssicherung ist. Sie hat ihren Hauptsitz in Wien und besteht aus folgenden 57 Teilnehmern: allen Staaten Europas (inklusive der Türkei), der Mongolei, den Nachfolgestaaten der Sowjetunion sowie den USA und Kanada. Die Arbeit der OSZE erstreckt sich also über die ganze Welt und umfasst drei Kontinente – Nordamerika, Europa und Asien – und mehr als eine Milliarde Menschen.

Diese Organisation wird in Zukunft vor Flugantritt jeden Passagier überprüfen und der Fluggesellschaft daraufhin eine »Authority to Carry« (»Beförderungsgenehmigung«) erteilen.[339] Ein API-System ermöglicht eine beidseitige Kommunikation in nahezu Echtzeit, wobei API (»application programming interface«) eine »Programmier- oder Anwendungsschnittstelle« bedeutet, die ein Softwaresystem an andere Programme anbindet.[340]

Und so soll das System funktionieren: Die Fluggesellschaften übermitteln beim Einchecken die API-Nachricht an die anfragenden Behörden. Die Strafverfolgungsbehörden haben dann die Möglichkeit zu entscheiden, ob eine bestimmte Person in ein Flugzeug einsteigen darf oder nicht. Um dieses Ziel zu erreichen, will die OSZE mit der International Air Transport Association (IATA) zusammenarbeiten. Übrigens werden seit 2017 bereits 50 Prozent der weltweiten Flugpassagiere durch die OSZE erfasst.[341]

Als »führende Behörde« unterhält die OSZE bei diesen Bestrebungen eine Teilbehörde mit dem Namen Transnational Threats Department (TNTD, »Abteilung für Transnationale Bedrohungen«), die sich unter anderem mit der Erstellung von Fluggasteinschätzungen beschäftigt. Das TNTD ist in vier Teilbereiche gegliedert: Terrorismus, Grenzsicherheit und -management, Strategische Belange und

Koordinierte Zellen. Zudem behandelt es Themen wie Cyber- und Internetsicherheit und ist für POLIS, das Austauschprogramm von Daten für Straftaten, zuständig.[342]

Bei der Einrichtung dieses weltweiten Kontroll- und Überwachungsprogramms spielten die Vereinten Nationen (UN) eine wichtige Rolle, denn im Dezember 2017 verabschiedete der Sicherheitsrat der UN einstimmig die Resolution 2396, die auf den vorangegangenen Resolutionen 2178 (aus dem Jahr 2014) und 2309 (aus dem Jahr 2016) aufbaut und die Mitgliedstaaten auffordert, API- und PNR-Informationen zu sammeln.[343]

Alle Daten und Vorgänge rund um eine Flugbuchung werden im Passenger Name Record (PNR; »Fluggastdatensatz«) elektronisch aufgezeichnet und auch nach Ende der Flugreise eine gewisse Zeit lang gespeichert. Für die rund sechzig einzelnen Passagierdaten werden sämtliche bei der Buchung anfallenden Kontaktangaben verarbeitet: Reiseverlauf, E-Mail-Adresse, Buchungscode, Rechnungsanschrift, Informationen über die Bezahlung, Titel, eventuelle Mitreisende oder mitfliegende Minderjährige, Zwischenstopps, dabei gebuchte Hotels oder Mietwagen, Angaben zum Reisebüro und Sachbearbeitern, Vielfliegerstatus, Sitzplatz, Gepäck, Sprachen und sogar Essensvorlieben. »Die PNR-Daten müssen bis 24 Stunden vor der planmäßigen Abflugzeit übermittelt werden, und ein zweites Mal, wenn sich die Türen des startenden Flugzeuges endgültig geschlossen haben. So können die Behörden auch schnell feststellen, wer seinen gebuchten Flug nicht angetreten hat.« Die Fluglinien leiten das umfangreiche Datenpaket an die Sicherheitsbehörden weiter – in Deutschland an das Bundeskriminalamt (BKA). Dort werden sie »mit Risikoprofilen abgeglichen, die aufgrund früherer Erfahrungen erstellt wurden. Kriterien für ein solches Muster sind Alter, Geschlecht, Nationalität und Zielland. Die Daten müssen 5 Jahre lang gespeichert werden.« So steht es jedenfalls in der EU-Richtlinie über die Verwendung von Fluggastdaten.[344]

Am PNR-System nehmen bislang 25 Luftfahrtunternehmen teil und es erfasst jährlich mehr als 200 Millionen Menschen, die in Deutschland abfliegen und landen. »Anhand der Daten über Flugpassagiere, die schon erhoben werden«, so schreibt die *Süddeutsche*, »sollen Algorithmen bald Verdächtige identifizieren – und zwar schon vor der Tat. Sie sollen aus den Daten herausfiltern, wer in der Zukunft eine Straftat begehen wird. Dann könnte zum Beispiel eine Kombination aus einer bestimmten Reiseroute, etwa in Nahost, und der Barzahlung von Tickets einen Alarm auslösen. Anschließend sollen menschliche Ermittler übernehmen.«[345]

Bürgerrechtler betrachten dieses System als anlasslose Massenüberwachung. Die Gesellschaft für Freiheitsrechte hat Klagen gegen das BKA und zwei Fluglinien eingereicht.[346]

Da die Resolution 2396 gemäß Kapitel VII der Charta der Vereinten Nationen verabschiedet wurde, ist ihre Einhaltung für alle Mitgliedstaaten obligatorisch. Doch bisher haben nur 48 Prozent der OSZE-Teilnehmerstaaten ein API-System eingerichtet, während nur 31 Prozent PNR-Daten sammeln.[347] Die vollständige Umsetzung dieser Resolution steht noch bevor. Die Vereinten Nationen haben bereits einen Testlauf absolviert: Im Zuge der Analyse des UN-eigenen Essensprogramms (UN Food Program) wurden 90 Millionen Menschen elektronisch erfasst und identifiziert.[348]

Neben UN und OSZE mischt noch ein weiterer mächtiger Spieler in diesem Bereich mit: das nach den Anschlägen vom 11.September 2001 geschaffene und seither immer mehr wachsende US-Ministerium für innere Sicherheit (Department of Homeland Security), von Kritikern die Stasi der USA genannt. Es hat derzeit mehr als eine Viertelmillion offizielle Mitarbeiter. Federführend ist die ihm unterstellte Transportation Security Administration (TSA, »Transportsicherheitsbehörde«) mit ihren 43000 Angestellten, die für die Wahrung der Öffentlichen Sicherheit auf Highways, Bahnen aller Art, Häfen (teilweise auch im Ausland) und 450 Flughäfen bundesweit zuständig ist.[349]

Auch die ebenfalls der Homeland Security unterstellte U.S. Customs and Border Protection (CBP; »Zoll- und Grenzschutzbehörde der Vereinigten Staaten«) mit mehr als 60 000 Mitarbeitern ist mit im Boot, indem sie Informationen über mögliche Gefährder an Fluglinien übermittelt und somit jedwede Person auf eine No-Fly-Liste setzen kann.[350]

Dass die OSZE zudem die Möglichkeit besitzt, als polizeiliche Einheit Fluggäste am Reisen zu hindern, macht das Ganze noch interessanter. Doch auch die UN besitzt eine solche Polizeieinheit, welche die örtliche Polizei unterstützt, »um Verbrechen zu verhindern und aufzudecken, Leben und Eigentum zu schützen, die öffentliche Ordnung und Sicherheit aufrechtzuerhalten und die Einhaltung der internationalen Menschenrechte zu sichern«.[351]

So schließt sich das Netz der weltweiten Fluggastüberwachung, und aus einem solchen Überwachungs- und Kontrollstaat wird es bald keine Fluchtmöglichkeit mehr geben.

Totale Überwachung

Doch offenbar reichen der EU diese Maßnahmen noch nicht. In der Arbeitsgruppe »Informationsaustausch« des EU-Rates wird diskutiert, ob der Passenger Name Record auf den See- und Landweg ausgeweitet werden soll, ob also in Zukunft auch Zug-, Bus- und Schiffsreisende überwacht werden sollen. Zwar unterstützen die meisten Staaten die Idee, warnen aber vor juristischen und praktischen Hindernissen. So wendet Elisabeth Niekrenz von der NGO Digitale Gesellschaft ein: »Würde auch der Schiffs- und Bahnverkehr erfasst, käme das einer vollständigen Überwachung der europäischen Reisebewegungen nahe – völlig unverhältnismäßig.«[352]

Wie aus der Zusammenfassung des Arbeitsgruppentreffens hervorgeht, wird der Vorstoß für eine vollständige Überwachung einmal mehr mit dem Kampf gegen den Terrorismus und die Organisierte Kriminalität begründet. Offenbar wechseln Terroristen oft die Verkehrsmittel, reisen beispielsweise erst per Flugzeug, dann per Bus oder Bahn. »Broken travel« ist der Fachbegriff für dieses unterbrochene Reisen.[353] In Belgien, wo seit Jahren auch die Erfassung von Zugfahrgästen gefordert wird, gibt es bereits Pilotprojekte, in denen Daten über Kunden von Flixbus und Eurostar-Zügen gesammelt werden.

Doch es gibt auch Gegner einer solchen Auswertung. Zu ihnen gehört aus technischen Gründen Moritz Körner, Mitglied der FDP-Fraktion im Europäischen Parlament: »Die Ausdehnung der anlasslosen Reiseüberwachung reduziert den privaten Bewegungsradius der Menschen weiter.« 99,7 Prozent der vermeintlichen PNR-Treffer seien Irrtümer gewesen. »Statt mehr Datenmüll brauchen wir endlich mehr Kooperation zwischen den Ermittlungsbehörden. Wir werden die Nadel im Heuhaufen nicht schneller finden, indem wir den Heuhaufen größer und größer machen.«[354]

Neben dem PNR ist ein weiteres Projekt zur Kontrolle über unsere Reisen vorgesehen, hinter dem das Weltwirtschaftsforum steht: die Known Traveler Digital Identity (KTDI, »Bekannte digitale Identität des Reisenden«). Das WEF machte die entsprechenden Einzelheiten auf einer Website für das KTDI-Projekt publik. Dort kann jeder nachlesen, was sich hinter diesem Vorhaben verbirgt, nämlich eine Handy-App, die folgende Daten eines Reisenden umfasst:[355]

- biometrische Daten (zunächst Gesichtsbilder, möglicherweise auch Fingerabdrücke, Iris-Scans und so weiter)
- von der Regierung ausgestellte Ausweise (Passnummer und so weiter)
- Reiseverläufe einschließlich Protokolle von Grenzübergängen, Hotelaufenthalten, möglicherweise auch Mietwagen und/oder Veranstaltungen, Kaufprotokolle und möglicherweise Bankkontoinformationen und/oder

andere Finanz- und Transaktionsaufzeichnungen
- vorausschauende »Risikobewertung« und Profilerstellung in Bezug auf mögliche Straftaten, die an jedem »Interventionspunkt« vor und während jeder Reise oder Transaktion erstellt wurden
- Immunitätsnachweise wie Impfungen oder zeitnahe Testungen

Nach dem KTDI-Plan soll jede Hotelübernachtung oder jede andere Transaktion in einen digitalen Reisepass (den sogenannten Trip-Pass) eingespeichert werden, der bei Bedarf von Behörden an »Interventionspunkten« wie Grenzübergängen oder Flughäfen kontrolliert und ausgelesen werden darf. Wie in einem Science-Fiction-Film werden mit der ID verknüpfte »Präkriminalitätsprofile« mit einer Bewertung von »hohes Risiko« bis »geringes Risiko« erstellt.[356]

Aktualität erhält das bislang kaum bekannte Projekt durch den geplanten »Immunity Passport«. Dieses digitale Dokument soll den Impfstatus des Besitzers aufzeichnen und damit die Erlaubnis beinhalten, ob er sich frei bewegen beziehungsweise reisen kann.[357]

Bei einer Konferenz der Hotel Electronic Distribution Network Association (HEDNA) prahlten Vertreter der US-Beratungsfirma Accenture, dem Hauptauftragnehmer des WEF für das KTDI-Projekt, und die Hotelkette Marriott, wie eine Person aufgrund von KTDI-Daten aus einer Menschenmenge herausgepickt werden könne, um diese per »Blacklisting« mit automatisierter Gesichtserkennung zu identifizieren, »ohne dass die Person stehen bleibt oder die Kamera bemerkt«. Damit ist neben dem Aufbau der Reisehistorie via KTDI eine unbemerkte und stetige Massenüberwachung möglich.[358]

Auf dem ID2020-Gipfel der Vereinten Nationen in New York haben Accenture und Microsoft den ersten Prototypen dieses digitalen Ausweises vorgestellt. Accenture hatte bereits für den UN-Hochkommissar ein ID-System für Flüchtlinge entwickelt, mit dem bisher 1,3 Millionen Geflüchtete in 29 Ländern biometrisch, also mit Fingerabdrücken und Iris-Scans, erfasst worden sind und das bis Ende 2020 auf 75 Länder ausgeweitet wurde.[359]

»In den Entwicklungsländern setzt ID2020 vor allem darauf, im Rahmen von Impfprogrammen die Kinder biometrisch zu erfassen.« So hat diese Organisation im September 2019 gemeinsam mit der Impfallianz GAVI, die von der Gates Stiftung maßgeblich mitfinanziert wird, eine Kooperation mit der Regierung von Bangladesch verkündet. In deren Rahmen soll »Impfung als Gelegenheit und Hebel genutzt werden, digitale Identitäten zu etablieren«.[360]

Das System »soll geeignet sein, nicht nur ein paar Millionen Flüchtlinge, sondern Milliarden Erdenbürger zu erfassen und den Zugriff auf deren Daten zu verwalten«, wobei diese die Identitätsnachweise »ergänzen und auch ersetzen können, die von den Regierungen der Heimatländer ausgestellt werden«.[361]

Neben WEF, Microsoft und Accenture nehmen am KTDI-Projekt teil: Accor, AirAsia, Amadeus, das Department of Transport of Canada, Google, Hilton Worldwide, die International Air Transport Association (IATA), die Organisationen International Civil Aviation (ICAO) und International Criminal Police (INTERPOL), Marriott International, das Ministry of Security and Justice of the Netherlands, die National Crime Agency, das National Migration Institute (INM), das US Department of Commerce sowie das US Department of Homeland Security, Visa, die World Tourism Organization (UNWTO), das World Travel & Tourism Council (WTTC) und die Zurich Insurance Group.[362]

Die Bundeswehr als Militärpolizei

Die Überwachung der Bevölkerung geschieht zwar mit elektronischen Mitteln, doch es sind auch Menschen erforderlich, die diese Überwachung notfalls mit Gewalt durchsetzen beziehungsweise gegen ihre Kritiker vorgehen.

Dazu stehen für den Einsatz im Landesinneren seit dem 3. April 2020 über die 350 000 Polizisten[363] hinaus rund 15 000 Bundeswehrsoldaten bereit, die merkwürdigerweise den Kampftruppen unterstehen statt wie bisher den Landeskommandos der Bundesländer und auch militärische Waffen einsetzen dürfen, obwohl dies das Grundgesetz verbietet.[364] Die Aufteilung der Inlandstruppe sieht 6000 Soldaten »für die nicht weiter definierte ›Unterstützung der Bevölkerung‹« vor, 5500 für »Absicherung/Schutz«, 600 Militärpolizisten der Feldjäger für »Ordnungs-/Verkehrsdienst«, »2500 Logistiksoldaten mit 500 Lastwagen für ›Lagerung, Transport, Umschlag‹« und »18 Dekontaminationsgruppen mit etwa 250 Soldaten der ABC-Abwehr für Desinfektionsaufgaben«.[365] Zur Leitung eines solchen Bundeswehrgroßeinsatzes, wie er in der bisherigen Geschichte der Bundesrepublik noch nicht vorkam, wurden Generalleutnant Martin Schelleis, dem Nationalen Territorialen Befehlshaber der Bundeswehr, vier regionale Stäbe unterstellt.[366]

Und genau in dieser Umstrukturierung liegt die Brisanz. Denn »bislang orientierte sich die Führungsstruktur der Bundeswehr für die Amtshilfe im Katastrophenfall an den Bundesländern, die für den Katastrophenschutz zuständig sind, und Ansprechpartner waren »die sogenannten Landeskommandos [...], übergeordnet das Kommando Territoriale Aufgaben in Berlin, das wiederum dem Inspekteur der Streitkräftebasis (SKB) als Nationalem Territorialen Befehlshaber untersteht«.[367]

Vom 3. April 2020 an wurden neue Organisations- und Führungsstränge gezogen. Um es vereinfacht zu sagen: Nicht mehr die Landeskommandos haben jetzt das Sagen, sondern die Führungsstrukturen der Kampftruppen. Unterhalb des Kommandos Territoriale Aufgaben ist jetzt die 10. Panzerdivision in Veitshöchheim bei Würzburg »als regionaler Führungsstab Süd [...] für die Länder Bayern, Baden-Württemberg, Rheinland-Pfalz, das Saarland, Thüringen und Sachsen« zuständig. »Die 1. Panzerdivision in Oldenburg organisiert als regionaler Führungsstab West die Hilfe in Nordrhein-Westfalen, Hessen, Niedersachsen, Bremen und Sachsen-Anhalt. Im Norden ist das Marinekommando in Rostock für Schleswig-Holstein, Mecklenburg-Vorpommern und Hamburg zuständig und im Osten das Luftwaffenkommando in Berlin für Berlin und Brandenburg.« Während SKB-Inspekteur Martin Schelleis in seiner Funktion als Nationaler Territorialer Befehlshaber »die direkte Kontrolle über Feldjäger und Einheiten der ABC-Abwehr behält, werden den vier regionalen Kampftruppen-Führungsstäben Soldaten für die logistische Unterstützung und zur Absicherung unterstellt«, wobei Letztere »für Raum- und Objektschutz, Schutz kritischer Infrastrukturen und Sicherung vorgesehen« sind.[368]

Die Bereitschaft von knapp 9000 Soldaten zur »Unterstützung der Bevölkerung«, Logistik und ABC-Abwehr lässt sich mit dem Artikel 35 im Grundgesetz (Amts- und Katastrophenhilfe) juristisch rechtfertigen. »Normalfall ist dabei überwiegend die technische/logistische Unterstützung ohne Wahrnehmung hoheitlicher Aufgaben, vor allem nicht als Organ der vollziehenden Gewalt.« Die Absätze 2 und 3 dieses Grundgesetz-Artikels sagen klar, dass die Soldaten, die zur Unterstützung eingesetzt werden, »an die Bestimmungen des jeweiligen Bundeslandes gebunden« sind. Und dies gilt ebenso für »ihre sogenannten Eingriffsbefugnisse, also in welchem Umfang sie zum Beispiel Polizeirechte wahrnehmen dürfen«.[369]

Einen Einsatz von über 6000 Soldaten und Feldjägern für polizeiliche Aufgaben im Inland gestattet das Grundgesetz allerdings nur im Fall eines sogenannten Inneren Notstands (Artikel 87a). Der ist aber nur dann gegeben, wenn der Bund, ein Land oder die Verfassungsordnung durch militärisch organisierte und bewaffnete Unruhen bedroht wären. »Die zweite Option ist der Spannungs- und Verteidigungsfall nach Artikel 115a, also der Moment, in dem die Regierung die Kriegsvorbereitung oder den Kriegseintritt Deutschlands erklärt.«[370] Allerdings gibt es eine interne Anweisung der Truppe, der zufolge »in besonderen Ausnahmefällen und auf Weisung des Bundesministers« der »Einsatz spezifisch militärischer Waffen [...] zulässig« ist. Hatte das Bundesverfassungsgericht dies 2006 noch für unzulässig erklärt, so hat es diesen Beschluss im Jahr 2012 revidiert und den Einsatz spezifisch militärischer Mittel, wenn auch mit gewissen Einschränkungen, erlaubt.[371]

Doch die Debatte über eine Grundgesetzänderung zur Ausweitung derartiger Einsätze hat bereits begonnen. Patrick Sensburg, Präsident des Bundeswehr-Reservistenverbandes sowie CDU-Bundestagsabgeordneter, fordert, man müsse »diskutieren«, was künftig unter »›Sicherung kritischer Infrastruktur durch die Streitkräfte‹ zu verstehen sei: ›Bislang war damit das Wasserwerk oder Elektrizitätswerk gemeint.‹ Nun aber zeige sich, dass es dabei ›auch um die Versorgung des Supermarkts um die Ecke oder von Lkw-Fahrern auf der Autobahn gehen kann‹. Eine Klarstellung sei sinnvoll.«[372]

Digitaler Mensch – digitale Geldbörse

Neben dem digitalen Marker ist das wichtigste Mittel zur Überwachung die geplante »digital wallet«. Diese digitale Geldbörse würde »jedem die Möglichkeit geben, eine digitale Dollar-Brieftasche einzurichten, die als ›FedAccount‹ [von der Federal Reserve Bank geführter Account, Anm. d. Verf.] bezeichnet wird«, erläutert der demokratische US-Senator Sherrod Brown. Dieses kostenlose Bankkonto könne zum Empfang von Geld, zu Zahlungen und zur Entnahme von Bargeld verwendet werden.[373]

Ähnlich wie der stolze 3000 Seiten umfassende Patriot Act, der nur wenige Wochen nach 9/11 verabschiedet wurde, im Vorfeld von dem ehemaligen US-Außenminister John Kerry erstellt worden war, dürften auch die 1100 Seiten des Banken-Bail-Out-Gesetzes zur »digital wallet« wohl kaum über Nacht redigiert worden sein.

Dieser digitale Dollar wird Bargeld sowie Debit- und Kreditkartentransaktionen in Geschäften durch ein Zahlungsmodell ersetzen, das nicht mehr interaktiv ist. Anfangs wird dies wahrscheinlich über eine Scan-App auf dem Mobiltelefon erfolgen, doch am Ende steht zu befürchten, dass alle vorhandenen biometrischen Daten dafür herangezogen werden. Damit wird das Mobiltelefon im neuen Zahlungsverkehrssystem unverzichtbar, was den Zwang erhöht, überall ein Mobiltelefon mit sich zu führen und sich überwachen zu lassen. Wer am gesellschaftlichen Leben teilnehmen möchte, hat keine andere Wahl.

Doch das digitale Geld ist keine Erfindung der US-Amerikaner, sondern der Versuch der globalen Elite, eine weltweite Kontrolle über das Geld der Bürger auszuüben. Und dabei spielt die Bank für Internationalen Zahlungsausgleich (BIZ) eine bedeutsame Rolle. Diese Zentralbank aller Zentralbanken führte ein neues Konzept namens BIZ-Innovationszentrum ein, das auch als Innovation BIZ 2025 (BIS Innovation Hub) bekannt ist. Als der BIZ-Generaldirektor Agustín Carstens dieses neue Innovationszentrum präsentierte, sprach er von einer »Neugestaltung der Finanzlandschaft«, die nach »den Narben, die die Finanzkrise hinterlassen« habe, nötig geworden sei. Es sei jetzt an der Zeit, die Arbeitsweise der Zentralbanken zu reformieren.[374]

Bei einem Blick in das BIZ-Innovationszentrum wird deutlich, dass der Kern des Projekts die Schaffung einer digitalen Zentralbankwährung (Central Bank Digital Currency, CBDC) ist. In der Praxis würde dies die Abschaffung materieller Vermögenswerte wie Banknoten und Münzen sowie die Hervorbringung einer neuen Form von digitalem Geld bedeuten, das von den Zentralbanken ausgegeben wird. Dementsprechend werden globale Zahlungssysteme derzeit reformiert, und die Zentralbanken beginnen damit, technologische Details zu verbreiten, wie ein CBDC ausgegeben werden könnte. Das unbeständige geopolitische Klima ist der BIZ bei ihren Bestrebungen förderlich. Propaganda für digitales Geld machen die Better than Cash Alliance,[375] zu deren Gründern auch die Bill & Melinda Gates

Foundation gehört, und ihrem »Working Paper« vom Januar 2020 zufolge die Europäische Zentralbank (EZB).[376]

Im Grunde geht es beim elektronischen Bezahlen nur darum, jedwede Menge an Daten über das Verhalten und die Eigenschaften eines Individuums zu sammeln, diese vermittels künstlicher Intelligenz (KI) auszuwerten und in riesigen Datenzentren zu speichern. Wie sehr dies gegen die Interessen von uns Bürgern geht, lässt sich detailliert in Ross Clarks Buch *The War Against Cash* nachlesen.[377] Denn »ist erst einmal die letzte Bastion der Freiheit – das Bargeld – gefallen, lassen sich alle unsere Käufe lückenlos nachvollziehen: Was wir kaufen, wo wir kaufen, wie viel und wie oft wir kaufen«. Wenn es kein Bargeld mehr gäbe, »ließen sich nicht nur Negativzinsen verwirklichen und Bankpleiten abwickeln«, sondern man könnte uns »vom Kauf bestimmter Dinge wie Gold, Tabak oder Alkohol« abhalten oder, »wie es in China bereits geschieht, die Strafe für Verkehrsübertretungen oder für Verstöße gegen Ausgangssperren sofort vom Konto abziehen«.[378]

Ein paar interessante Ideen, wie man uns gewisse Dinge verleiden könnte, hat auch der Club of Rome jüngst in einem »Planetary Emergency Plan 2.0« geliefert.[379] Punkt zwei der zehn staatlichen Handlungen, die für die kommende Transformation unentbehrlich seien, lautet: »Besteuern Sie, was wir nicht wollen«, und Punkt acht spricht von einer »sofortigen Einigung auf eine Halbierung der Konsum- und Produktionsfußabdrücke in Industrie- und Schwellenländern«.[380]

Die Zukunft der Erde

Das weltweit erzeugte Chaos, das zu einer totalen Überwachung führt, geht mit dem Untergang des Imperiums USA einher. So äußerte der Chef des russischen Auslandsgeheimdienstes (SVR), Sergej Naryschkin, im Oktober 2023 auf einem Treffen der Geheimdienstchefs der Gemeinschaft Unabhängiger Staaten (GUS) in Baku: »Der Westen, angeführt von den USA, kann seine Vorherrschaft auf globaler Ebene nicht länger aufrechterhalten. […] Aufstrebende Machtzentren sind nicht mehr bereit sich dem aggressiven Diktat des Westens zu beugen.«[381] Auf der ganzen Welt visiere eine immer größere Zahl »aufsteigender Mächte« größere Unabhängigkeit an und weise »die niedergehende Hegemonie des Westens zurück«. In seinem verzweifelten Versuch, »eine unipolare Weltordnung fortzuschreiben«, versuche der Westen, »seine globale Dominanz mit anderen und hybriden Methoden – wozu auch terroristische Mittel zählten – anderen Ländern aufzuzwingen [und] vorsätzlich wichtige Weltregionen zu destabilisieren«. Dabei würden Washington und seine Verbündeten in London und Paris auch nicht davor zurückschrecken, »verschiedene destruktive Kräfte der internationalen Bühne zu manipulieren, wenn es darum gehe ihre Ziele zu realisieren«.[382]

Und dazu gehörten auch »internationale Terrorgruppen, radikale Islamisten und ultranationalistische Bewegungen«. So unterstütze der Westen offen diverse »separatistische terroristische Strukturen, die zum Umsturz der russischen Staatsordnung und zur Verletzung seiner territorialen Integrität aufriefen«. Als Beispiel nannte der hohe russische Beamte das Free Nations of Post-Russia Forum (FNRF, das »Forum Freier Nationen Post-Russlands«). Dieses Forum sei ein loser Zusammenschluss verschiedener Oppositionsaktivisten sowie ethnischer und regionaler Separatistenbewegungen und setze sich unter den Schlagworten »Entkolonialisierung« und »De-Okkupation« offen für eine Zerschlagung Russlands ein.[383] Dergleichen hatte bereits – wir erinnern uns – die einflussreiche Washingtoner Tageszeitung *The Hill* propagiert.[384]

»Es ist für jeden vernünftigen Menschen offensichtlich, dass die Bekanntmachung solcher […] Wünsche dazu führt, Eurasien in einen schrecklichen ethnischen und religiösen Konflikt zu stürzen«, warnte Naryschkin und bezeichnete dies als Beweis für die Absicht Washingtons, »den eurasischen Kontinent in Brand zu stecken«. Der Westen spiele »mit dem Feuer [und] die Zukunft der Weltordnung stehe auf dem Spiel«. Daher rief er abschließend »verantwortungsvollere globale und regionale Akteure« auf, ihre Kräfte zu bündeln, um ihre Bemühungen zu koordinieren und die vom Westen angezettelte Destabilisierung zu verhindern und eine multipolare Weltordnung herbeizuführen.[385]

Doch genau um die Schaffung einer solchen multipolaren Welt scheint es dem russischen Präsidenten Wladimir Putin zu gehen, folgt man seiner Erklärung von Anfang Oktober 2023, eine solche Welt sei für die Mehrheit der Menschen gerechter und fairer, ja, »der Prozess des Aufbaus einer multipolaren Weltordnung [...] ist schlichtweg unvermeidlich und historisch notwendig. Dies gilt in vollem Umfang für die Schaffung solider wirtschaftlicher Grundlagen einer solchen Weltordnung.« Darüber hinaus, so Putin, befreie sich die Welt »allmählich von der Diktatur eines [...] Finanz- und Wirtschaftsmodells, dessen einziger Zweck es ist, in die Schuld und Knechtschaft zu treiben, zu wirtschaftlichen Kolonien zu machen und ganze Weltregionen ihrer Entwicklungsmöglichkeiten zu berauben«.[386] Und er betonte, dass gegenseitiges Vertrauen und Respekt für die Interessen des anderen bei der internationalen wirtschaftlichen Zusammenarbeit von äußerster Wichtigkeit seien.

Doch wenn diese neue multipolare Welt wirklich »von der Diktatur eines [...] Finanz- und Wirtschaftsmodells« befreit, »dessen einziger Zweck es ist, in die Schuld und Knechtschaft zu treiben«, weshalb haben dann auch jene Staaten, die sich dieser multipolaren Weltordnung verschrieben haben, die totale Kontrolle der Bürger im Sinn? Warum werden im mächtigsten Staat dieser neuen Struktur, in China, die Bürger schon heute rund um die Uhr überwacht? Warum waren sie mit voller Begeisterung bei der globalen Lockdown- und Impfkampagne 2020–2022 beteiligt? Warum finden regelmäßig Treffen des Weltwirtschaftsforums in Russland und China, den beiden führenden Staaten der BRICS-Gemeinschaft statt, die ja den Kern des multipolaren Modells bildet?

Die Antwort lautet: Weil auch diese Länder, die sich heute gegen den Westen aufzulehnen scheinen, von der globalen Finanzelite gesteuert werden, und so gar nicht anders können, als in das von den USA begonnene Spiel von Krieg und Chaos einzusteigen. Dieses grausame Spiel ist der einzige Weg, die historische Phase des Raubtier- oder Turbokapitalismus aufrechtzuerhalten, in der wir uns spätestens seit den 1980er-Jahren befinden. Der globalen Elite, die davon profitiert, entstehen aus einer neuen multipolaren Welt keinerlei Nachteile, sondern sie wird sich diese ebenso einrichten, wie sie sich die bisherigen Welten – von »duopolar« (USA-UdSSR) bis »unipolar« (USA) – eingerichtet hatte. Und da der Raubtierkapitalismus ohne Krieg nicht überleben kann, wird es auch in dieser eventuellen Neuen Weltordnung zu Kriegen kommen. Daher glaube ich auch nicht, dass die Eliten tatsächlich eine Eine-Welt-Regierung anstreben, denn dafür hat sich das Prinzip des »Teile und Herrsche« über die Jahrtausende zu gut bewährt.

Man sollte also nicht erwarten, dass eine multipolare Welt uns Bürgern mehr Freiheit bringt, sondern eher befürchten, dass uns der Niedergang des US-Imperiums mit den daraus folgenden wirtschaftlichen Verwerfungen und Nöten von den gleichzeitig laufenden Bestrebungen nach totaler Überwachung und Kontrolle ablenken soll. Denn die klare Erkenntnis, dass unsere Versklavung durch die digitalen Möglichkeiten perfektioniert werden wird, würde jeden freiheitsliebenden Menschen auf die Barrikaden treiben. Doch diesen schleichenden Prozess bewusst wahrzunehmen, fällt angesichts der Multimediashow mit ihren wechselnden schrillen Bildern schwer, die uns vom bösen Putin, dem niederträchtigen Imperium, der Xi-Diktatur, dem korrupten Netanjahu, den brutalen Hamas-Kämpfern bis hin zu den unfähigen Politikern des Westens permanent dargeboten werden.

Schlusswort

Betrachtet man die Ereignisse und Fakten in diesem Buch, so drängt sich der Eindruck auf, dass die Drahtzieher dieser Welt durch gezielte Unordnung staatliche Strukturen zerstören und mithilfe ihrer Netzwerke überall Chaos stiften. Dieses bewusst inszenierte Chaos führt dann in der Bevölkerung zu einem solchen Bedürfnis nach Ordnung und Sicherheit, dass sie bereit ist, die Einschränkung oder sogar Abschaffung von Bürgerrechten und letztlich der Demokratie in Kauf zu nehmen. Denn die Menschen wissen, dass es in unserer hochvernetzten westlichen Welt, in der 80 Prozent von ihnen nicht mehr in der Lage sind, sich mit lebensnotwendigen Gütern wie Wasser und Nahrung selbst zu versorgen, sehr wahrscheinlich ist, dass eine Unterbrechung der Versorgungsketten und -dienstleistungen zu Armut, Hunger und sogar Tod führen wird.

Woher aber kommt der Wille dieser Drahtzieher, der Elite, mit allen Mitteln die totale Kontrolle über uns zu bekommen? Verdienen sie selbst doch so viel wie nie zuvor, während die Bürger alle Hände voll zu tun haben, bei der enormen Belastung mit Steuern, Versicherungen und Kreditverträgen ihren Lebensunterhalt zu verdienen. Ich glaube, es handelt sich hier um ein menschliches Grundproblem: Mit der Kontrolle geht immer auch die Angst einher, sie wieder zu verlieren – sei es die Kontrolle über sich selbst oder andere oder sogar die gesamte Menschheit, ob es nun gelungen ist, sie gewaltsam zu reduzieren oder nicht. Und die Angst der Elite, die Kontrolle und damit die Macht zu verlieren, ist durchaus nicht unbegründet. Denn es könnte ja sein, dass mehr und mehr Menschen dieses falsche Spiel durchschauen, dass sie ihr naturgegebenes Selbstbestimmungsrecht und ihre Freiheit reklamieren und nicht mehr mitspielen. Womöglich fordern sie auch Gerechtigkeit für die zahllosen Übergriffe und Verbrechen.

Wie geht es nun weiter? Die wirtschaftliche Entwicklung zeigt, dass Staaten und Banken uns Bürger noch mehr auspressen müssen, wenn sie das bisherige Wirtschaftssystem am Leben halten wollen. Und das bedeutet, dass wir in großem Umfang die legale Konfiszierung von Bankguthaben, Pensionsfonds und Aktiendepots erleben werden. Staatseigentum wird an private Anleger verscherbelt, und die Bürger verlieren ihre Altersvorsorge und Ersparnisse. Das Ergebnis ist die finanzielle Kontrolle der Bevölkerung.

Hinzu kommt ein vorsätzliches Versorgungsdefizit. Will man die Menschen nicht verhungern lassen, so wird die Ressourcenverteilung zu einem Hauptthema werden. Die Rohstoffe, die zur Herstellung der Güter benötigt werden, »müssen« dann – »alternativlos« – von den Behörden beschlagnahmt und gemanagt werden, damit jeder davon »profitieren« kann und nicht nur wenige zum »Zwecke der persönlichen Bereicherung«. Dadurch wird die regionale Produktion, die einen Ausweg aus der Krise bieten könnte, verhindert. Natürlich müssen auch Tauschhandel und alternative Währungsformen limitiert beziehungsweise verboten werden, damit das digitale Wirtschaftssystem funktioniert.

Schließlich steht immer noch die Möglichkeit eines Krieges im Raum. Dabei sollten wir die Entwicklungen um China herum genau beobachten. Auch die Gas- und Öl-Dorados im Südkaukasus, im Nahen und Mittleren Osten und in Westafrika sollten in unserem Fokus bleiben. Hans Kronberger, Journalist und Abgeordneter im Europäischen Parlament, schreibt dazu in seinem Buch *Blut für Öl. Der Kampf um die Ressourcen*: »Es ist erstaunlich, wie die Spannungsfelder um die Wende des 19. zum 20. Jahrhundert denen des Überganges vom 20. ins 21. Jahrhundert ähneln.« Dann kommt Kronberger auf die Erdölfelder des Nahen und Mittleren Ostens, das Kaukasusgebiet und die Staaten nördlich und südlich der Sahara und prognostiziert: »Das ganze Umfeld der kaukasischen Erdöl- und Erdgasfelder schwärt wie eine eitrige Wunde, die jederzeit zur Blutvergiftung des gesamten Erdballs führen kann. Mitten im Spannungsfeld zwischen Russland und China verdichtet sich der Druck bis an die Grenzen der Explosionskraft.« Erste Funken sprühten bereits »von Berg-Karabach bis Tschetschenien, von Tadschikistan bis Georgien, von Aserbaidschan bis Kasachstan«, was die angrenzenden Staaten nicht unberührt lasse, »ja, letzten Endes wäre die ganze Welt betroffen«. Und es sei kaum vorstellbar, dass »Russland und China auf Dauer zusehen werden, wie ihre elementarsten Interessen vor ihrer Haustüre von Dritten [den globalen, US-dominierten Ölmultis, Anm. d. Verf.] wahrgenommen werden. Mit an Sicherheit grenzender Wahrscheinlichkeit ist auszuschließen, dass die Restressourcen der Erde friedlich verteilt werden.« Hinter Krisenherden stehe unvermeidlich »die Gier und die Jagd nach Rohstoffen […], ohne dass man diese Ursachen auf Anhieb erkennt.«[387]

Beim Thema Krieg sollten wir außerdem nicht vergessen: Deutschland beherbergt bedeutsame Militäreinrichtungen der USA, und dazu gehören auch Atomwaffen. Die von Transatlantikern durchsetzte deutsche Politikerclique beteiligt sich begeistert an Sanktionen und Kriegsspielen gegen Russland oder andere Länder, die der sogenannten regelbasierten Ordnung des Westens nicht folgen wollen. Wo auch immer es kracht, Deutschland und Europa werden beteiligt sein.

Wir sollten uns bewusst machen, dass in den Medien seit Jahren auf einen Kampf hingearbeitet wird: den ultimativen Showdown, denn der alte Champion – das Imperium USA, die bisher einzige Weltmacht – will nicht aufgeben, sondern wehrt sich verzweifelt gegen seinen Herausforderer China, der inzwischen die halbe Welt um sich schart. Nur ist dieser Kampf kein sportlich fairer Wettbewerb, in dem gewisse Regeln gelten. Die Waffen heißen jetzt Krieg, Terror und Chaos – und in ihrem Gefolge Hunger und Not.

Doch lassen wir uns von diesem Gefecht im Vordergrund nicht täuschen! Denn auch die Länder, die gerade im Begriff sind, eine neue multipolare Weltordnung aufzubauen und die sich im BRICS-Verbund zusammengeschlossen haben, werden von ihren nicht staatlichen Zentralbanken dirigiert, und diese sind wiederum Mitglied der Bank für Internationalen Zahlungsausgleich (BIZ) in Basel. Sie alle wollen möglichst rasch das digitale Zentralbankgeld einführen. Alle BRICS-Staaten sind »den höchst irreführenden ›Siebzehn Nachhaltigen Zielen‹ der UNO und der völlig gefälschten ›Wissenschaft‹ der vom Menschen verursachten globalen Erwärmung« verpflichtet. Vermutlich ist es so, wie ein »Insider und Whistleblower aus der City of London« verriet, als er sagte, die ganze Aufregung um die BRICS-Staaten und eine neue multipolare Weltordnung diene nur dazu, die notwendigen Argumente, das Chaos und die Spaltung zu schaffen, die nötig sind, um eine einzige globale digitale Währung zu verfolgen und voranzutreiben.[388]

Wie können wir uns dem entziehen? Oder anders gefragt: Gibt es eine Rettung?

Zunächst einmal müssen wir uns klarmachen, dass sich Pläne selten so verwirklichen lassen, wie sie gedacht waren. Denken wir an den Widerstand der Bevölkerung, der den Versuch einer Massenzwangsimpfung in Deutschland (vorerst) zum Scheitern gebracht hat. Auch die Einführung des digitalen Zentralbankgeldes kann durch den ausschließlichen Einsatz von Bargeld – zahlen Sie nie mit Karte! – verzögert, wenn nicht gar verhindert werden. Die beabsichtigten Versorgungsengpässe zu umschiffen, wird allerdings nicht so leicht. Wir können zur Vorbeugung einer Notlage zwar alternative Versorgungsketten aufbauen und uns mit lokalen Erzeugern vernetzen, doch selbst ein optimal gefüllter Vorratskeller wird irgendwann einmal leer sein.

Überhaupt ist der regionale Zusammenschluss meiner Ansicht nach die einzige Möglichkeit, um dem Chaos um uns herum zu entkommen.

Wenn wir uns der totalen Kontrolle entziehen wollen, müssen wir alternative Lebensformen finden, die uns ein Leben jenseits der hässlichen neuen Technowelt ermöglichen oder – um es anders zu formulieren – die es uns erlauben, aus diesem Spiel und dieser Big-Brother-Welt auszusteigen. Natürlich ist dies schwierig, solange wir über keine alternativen Ideen und Lebensentwürfe verfügen. Fangen wir aber jetzt damit an, so sind wir wenigstens vorbereitet.

Ich möchte das am Beispiel eines langjährigen Freundes von mir erläutern, der vor wenigen Jahren mit seiner Familie aufs Land gezogen ist, nachdem er einen verlassenen Bauernhof mit gut erhaltener Bausubstanz gefunden hatte. Was meinen Freund besonders ansprach, war, dass der Hof über einen intakten Brunnen verfügte. Und auch der alte Traktor erwies sich als Segen, denn er ließ sich mit nahezu allen Ölen betanken, im Notfall sogar mit Speiseöl. Heute ist die ganze Familie mit Gemüse, Salat und Obst vom eigenen Land versorgt, und es können sogar Vorräte angelegt werden. Das Entscheidende aber ist: Mein Freund hat im Lauf der letzten Jahre ein Netzwerk von Gleichgesinnten im Dorf aufgebaut, die sich die Selbstversorgung auf ihre Fahnen geschrieben haben. Jeder trägt etwas für die Gemeinschaft bei, und auch im Krisenfall wäre die Ernährung gesichert. Darüber hinaus treffen sich die Netzwerker regelmäßig, um weitere Aktionen zu besprechen. Beispielsweise haben sie sich mit Funkgeräten ausgestattet, um im Notfall kommunizieren zu können. Da in der Gruppe einige Jäger sind, ist nicht nur die Versorgung mit Fleisch gewährleistet, sondern es stehen auch Waffen zur Selbstverteidigung zur Verfügung. In letzter Zeit ist die Gruppe sogar dazu übergegangen, kleine Übungen durchzuführen, in denen Krisensituationen besprochen und geprobt werden. Natürlich kann eine solche Gemeinschaft eine allgemeine Notlage nicht verhindern, aber sie gibt den Menschen das Vertrauen, für den Fall X vorbereitet zu sein. Und das, so erzählt mein Freund mir immer wieder, gäbe ihm, seiner Familie und den anderen Familien ein Gefühl der Sicherheit.

Damit sind wir wieder beim Thema Chaos. Wenn um uns herum ständig mehr Chaos gestiftet wird, müssen wir in unserem Geist und unserem äußeren Umfeld für Sicherheit und Ordnung sorgen. Dazu gehört auf der persönlichen Ebene auch, dass wir uns immer wieder in die Stille zurückziehen und inneren Frieden suchen. Wir sollten uns klarmachen, dass Chaos kein plötzlich über uns hereinbrechendes Naturereignis ist, dem wir hilflos ausgeliefert sind. Das Chaos, das wir derzeit in der Welt vorfinden, ist vom Menschen absichtlich erzeugt, und wir müssen ihm seelische und geistige Ausgeglichenheit entgegenstellen. Auch hier hilft die Gemeinschaft mit anderen Menschen – beispielsweise in Gestalt von Meditationsgruppen – weiter und erleichtert uns den Weg in innere Gewissheit und Zuversichtlichkeit, die das Chaos im Außen ausbalancieren.

Lassen wir uns von den Chaosstiftern und Weltzerstörern nicht unterkriegen. Sie werden es auf Dauer nicht schaffen, uns alle zu unterjochen.

Literaturempfehlungen

Acemoğlu, Daron: *Why Nations Fail – The Origins of Power, Prosperity and Poverty*, Crown Business, London 2012.

Barnett, Thomas P. M.: *The Pentagon's New Map. War and Peace in the Twenty-First Century*, Putnam, New York 2004.

Barnett, Thomas P. M.: *Blueprint for Action. A Future Worth Creating*, Penguin Publishing, New York 2006.

Barnett, Thomas P.M.: *Great Powers. America and the World After Bush*, Putnam, New York 2010.

Beck, Friederike: *Die geheime Migrationsagenda*, Kopp Verlag, Rottenburg 2016.

Biermann, Werner; Klönne, Arno: *Ein Kreuzzug für die Zivilisation? Internationaler Terrorismus, Afghanistan und die Kriege der Zukunft*, PapyRossa Verlag, Köln 2002.

Bluhm, Harald: *Die Ordnung der Ordnung. Das politische Philosophieren von Leo Strauss*, Akademie Verlag, Berlin 2002.

Brzeziński, Zbigniew: *Die einzige Weltmacht. Amerikas Strategie der Vorherrschaft*, Kopp Verlag, Rottenburg 2016.

Brzeziński, Zbigniew: *The Choice: Global Domination or Global Leadership*, Basic, New York 2004.

Chossudovsky, Michel: *Das Szenario des Dritten Weltkriegs*, Kopp Verlag, Rottenburg 2012.

Crouch, Colin: *Postdemokratie*, Suhrkamp Verlag, Frankfurt/Main 2015.

Diringshoff, Lukas: *Der islamische Terror. Wie der IS unsere Weltordnung gefährdet*, CBX Verlag, München 2015.

Dyer, Gwynne: *Schlachtfeld Erde. Klimakriege im 21. Jahrhundert*, Klett Cotta, Stuttgart 2010.

Effenberger, Wolfgang: *Geo-Imperialismus. Die Zerstörung der Welt*, Kopp Verlag, Rottenburg 2016.

Engdahl, F. William: *China in Gefahr: Wie die angloamerikanische Elite die neue eurasische Großmacht ausschalten will*, Kopp Verlag, Rottenburg 2014.

Engdahl, F. William: *Amerikas heiliger Krieg. Was die USA mit dem Krieg gegen den Terror wirklich bezwecken*, Kopp Verlag, Rottenburg 2014.

Engdahl, F. William: *Mit der Ölwaffe zur Weltmacht. Der Weg zur neuen Weltordnung*, Kopp Verlag, Rottenburg 2014.

Engdahl, F. William: *Die Denkfabriken. Wie eine unsichtbare Macht Politik und Mainstream-Medien manipuliert*, Kopp Verlag, Rottenburg 2015.

Engdahl, F. William: *Russland und die neue Vernetzung Eurasiens. Wer mischt die Karten in der Geopolitik?*, Kopp Verlag, Rottenburg 2016.

Engels, David: *Auf dem Weg ins Imperium. Die Krise der Europäischen Union und der Untergang der Römischen Republik. Historische Parallelen*, Europa Verlag, Berlin/München 2014.

Friedman, George: *Die nächsten 100 Jahre. Die Weltordnung der Zukunft*, Campus Verlag, Frankfurt/New York 2009.

Friedman, George: *Flashpoints. The Emerging Crisis in Europe*, Doubleday, New York 2015.

Gieg, Philipp: *Great Game um Afrika? Europa, China und die USA auf dem Schwarzen Kontinent*, Nomos Verlag, Baden-Baden 2010.

Greenhill, Kelly M.: *Massenmigration als Waffe. Vertreibung, Erpressung und Außenpolitik*, Kopp Verlag, Rottenburg 2016.

Hardt, Michael; Negri, Antonio: *Empire. Die neue Weltordnung*, Campus Verlag, Frankfurt/Main 2002.

Hardt, Michael, Negri, Antonio: *Multitude. Krieg und Demokratie im Empire*, Campus Verlag, Frankfurt/Main 2004.

Hirn, Wolfgang: *Der nächste Kalte Krieg. China gegen den Westen*, Fischer Verlag, Frankfurt/Main 2013.

Huntington, Samuel P.: *Der Kampf der Kulturen. Die Neugestaltung der Weltpolitik im 21. Jahrhundert*, Europa Verlag, München/Wien 1996.

Jacques, Martin: *When China Rules the World*, Penguin, London 2012.

Kagan, Robert: *Macht und Ohnmacht. Amerika und Europa in der neuen Weltordnung*, Siedler Verlag, Berlin 2003.

Kagan, Robert: *Die Demokratie und ihre Feinde. Wer gestaltet die neue Weltordnung?*, Siedler Verlag, Berlin 2008.

Kissinger, Henry: *Die Herausforderung Amerikas. Weltpolitik im 21. Jahrhundert*, Propyläen, Berlin 2002.

Konzelmann, Gerhard: *Insch'Allah. Der Kampf um Glaube und Öl*, Herbig Verlag, München 2002.

Kronberger, Hans: *Blut für Öl. Der Kampf um die Ressourcen*, Uranus Verlag, Wien 1998.

Küppers, Bernd-Olaf: »Chaos und Geschichte. Lässt sich das Weltgeschehen in Formeln fassen?« in: Breuer, Reinhard (Hrsg.): *Der Flügelschlag des Schmetterlings. Ein neues Weltbild durch die Chaosforschung*, Herne (Heitkamp) 1993.

***Le Monde diplomatique** (Hrsg.): Atlas der Globalisierung*, Paris 2012.

Maier, Michael: *Die Plünderung der Welt – Wie die Finanz-Eliten unsere Enteignung planen*, FinanzBuch, München 2014.

Maier, Michael: *Das Ende der Behaglichkeit*, FinanzBuch, München 2016.

Mitterer, Hermann H.: *Bevölkerungsaustausch in Europa*, Kopp Verlag, Rottenburg 2019.

Obama, Barack: *Hoffnung wagen. Gedanken zur Rückbesinnung auf den American Dream*, Riemann Verlag, München 2007.

Orzechowski, Peter: *Der Dritte Weltkrieg – Schlachtfeld Europa*, Kopp Verlag, Rottenburg 2014.

Orzechowski, Peter: *Der direkte Weg in den Dritten Weltkrieg*, Kopp Verlag, Rottenburg 2016.

Orzechowski, Peter: *Durch globales Chaos in die Neue Weltordnung*, Kopp Verlag, Rottenburg 2016.

Orzechowski, Peter: *Besatzungszone*, Kopp Verlag, Rottenburg 2019.

Orzechowski, Peter: *Durch Corona in die Neue Weltordnung*, Kopp Verlag, Rottenburg 2021.

Orzechowski, Peter: *Demozid*, Kopp Verlag, Rottenburg 2023.

Quigley, Carroll: *Tragödie und Hoffnung*, Kopp Verlag, Rottenburg 2016.

Rachman, Gideon: *Nullsummenwelt – Das Ende des Optimismus und die neue globale Ordnung*, Edition Weltkiosk, London/Berlin 2012.

Reichel, Werner: *Der deutsche Willkommenswahn. Eine Chronik in kommentierten Zitaten 2015–2016*, Kopp Verlag, Rottenburg 2019.

Rinke, Andreas; Schwägerl, Christian: *11 drohende Kriege: Künftige Konflikte um Technologie, Rohstoffe, Territorien und Nahrung*, Bertelsmann Verlag, München 2012.

Risen, James: *Krieg um jeden Preis. Gier, Machtmissbrauch und das Milliardengeschäft mit dem Kampf gegen den Terror*, Westend Verlag, Frankfurt a. M. 2015.

Roberts, Paul Craig: *Amerikas Krieg gegen die Welt:… und gegen seine eigenen Ideale*, Kopp Verlag, Rottenburg 2015.

Roth, Jürgen: *Der stille Putsch. Wie eine geheime Elite aus Wirtschaft und Politik sich Europa und unser Land unter den Nagel reißt*, Heyne Verlag, München 2014.

Rügemer, Werner: *Die Kapitalisten des 21. Jahrhunderts: Gemeinverständlicher Abriss zum Aufstieg der neuen Finanzakteure*, PapyRossa Verlag, Köln 2018.

Sauermann, Ekkehard: *Neue Welt-Kriegs-Ordnung. Die Polarisierung nach dem 11.September 2001*, Atlantik, Bremen 2002.

Sandschneider, Eberhard: *Globale Rivalen – Chinas unheimlicher Aufstieg und die Ohnmacht des Westens*, Hanser Verlag, München 2007.

Scahill, Jeremy: *Schmutzige Kriege. Amerikas geheime Kommandoaktionen*, Antje Kunstmann Verlag, München 2013.

Schmidt, Helmut: Die Mächte der Zukunft, Siedler Verlag, München 2004.

Scholl-Latour, Peter: *Kampf dem Terror – Kampf dem Islam? Chronik eines unbegrenzten Krieges*, Propyläen Verlag, Berlin 2002.

Scholl-Latour, Peter: *Russland im Zangengriff – Putins Imperium zwischen Nato, China und Islam*, Propyläen Verlag, Berlin 2006.

Scholl-Latour, Peter: *Der Fluch der bösen Tat: Das Scheitern des Westens im Orient*, Propyläen Verlag, Berlin 2015.

Schubert, Stefan: *Die Destabilisierung Deutschlands: Der Verlust der inneren und äußeren Sicherheit*, Kopp Verlag, Rottenburg 2018.

Schulte, Thorsten: *Kontrollverlust: Wer uns bedroht und wie wir uns schützen*, Kopp Verlag, Rottenburg 2018.

Susbielle, Jean- François: *China – USA: Der programmierte Krieg*, Propyläen Verlag, Berlin 2007.

Talbott, Strobe *(Hrsg.)*: *Das Zeitalter des Terrors. Amerika und die Welt nach dem 11. September*, Propyläen Verlag, Berlin 2002.

Teusch, Ulrich: *Der Krieg vor dem Krieg. Wie Propaganda über Leben und Tod entscheidet*, Westend Verlag, Frankfurt 2019.

Trump, Donald J.: *Great Again – Wie ich Amerika retten werde*, Plassen Verlag, Kulmbach 2016.

Ulfkotte, Udo: *Vorsicht Bürgerkrieg! – Was lange gärt, wird endlich Wut*, Kopp Verlag, Rottenburg 2011.

Ulfkotte, Udo: *Unruhen in Europa – Der Vorsorgeplan für Staatsbankrott, Zwangsenteignung und Bürgerkrieg*, Kopp Verlag, Rottenburg 2014.

Ulfkotte, Udo: *Mekka Deutschland – Die stille Islamisierung*, Kopp Verlag, Rottenburg 2015.

Ulfkotte, Udo: *Die Asyl-Industrie – Wie Politiker, Journalisten und Sozialverbände von der Flüchtlingswelle profitieren*, Kopp Verlag, Rottenburg 2015.

Vine, David: *Base Nation: How US Military Bases Abroad Harm America and the World*, Metropolitan Books, New York 2015.

Wendt, Rainer: *Deutschland in Gefahr: Wie ein schwacher Staat unsere Sicherheit aufs Spiel setzt*, Riva, München 2016.

Wertz, Armin: *Die Weltbeherrscher: Militärische und geheimdienstliche Operationen der USA*, Westend Verlag, Frankfurt/Main 2015.

Zinn, Howard: *Amerika, der Terror und der Krieg*, Herder Verlag, Freiburg 2002.

Zumach, Andreas: *Die kommenden Kriege: Ressourcen, Menschenrechte, Machtgewinn – Präventivkrieg als Dauerzustand?*, Kiepenheuer & Witsch, Köln 2005.

Endnoten

Alle hier aufgeführten Links waren bei Redaktionsschluss online zugänglich. Möglicherweise haben Seiteninhaber in der Zwischenzeit Links hinter einer Paywall versteckt. Dies liegt nicht im Verantwortungsbereich von Autor und Verlag. Für Links, die nach der Veröffentlichung von den Seitenbetreibern gelöscht oder verändert wurden, übernehmen Autor und Verlag keine Verantwortung. Manche verlorenen Links können mithilfe der Wayback Machine im Internet Archive aufgefunden werden: *archive.org/web/*.

1 *www.cgjung.org/component/seminarman/7-philosophie-und-analytische-psychologie/427-chaos-und-ordnung.html.*

2 *www.focus.de/wissen/mensch/psychologie/chaos-verstaerkt-vorurteile-psychologie_id_2080966.html.*

3 »Divide et impera«, hier als »spalte, wiegle gegeneinander auf und herrsche« interpretiert, denn es lässt sich auch als Subsidiaritätsprinzip verstehen (Anm. d. Verlags).

4 *www.psychologie-aktuell.com/news/aktuelle-news-psychologie/news-lesen/das-chaos-und-das-unbewusste-warum-wir-haeufig-irren-und-pannen-ausloesen.html.*

5 *www.weforum.org/publications/global-risks-report-2023/.*

6 Ebd.

7 *www.weforum.org/agenda/2023/01/polycrisis-global-risks-report-cost-of-living/.*
8 Ebd.
9 Orzechowski, Peter: *Durch globales Chaos in die Neue Weltordnung*, Kopp Verlag, Rottenburg 2016.
10 Ebd., S. 10.
11 Ebd.
12 Ebd., S. 13.
13 Ebd.
14 *gloria.tv/post/3sbyN9Td7MxR3ibMTMkz6aupf.*
15 Stocker, Frank: »Das Scheitern des Öl-Kartells bedroht die Welt« in: *Welt,* 18. April 2016; *www.welt.de/finanzen/article154457087/Das-Scheitern-des-Oel-Kartells-bedroht-die-Welt.html.*
16 Ignatius, David: »Innocence Abroad: The New World of Spyless Coups« in: *The Washington Post,* 22. September 1991; *www.washingtonpost.com/archive/opinions/1991/09/22/innocence-abroad-the-new-world-of-spyless-coups/92bb989a-de6e-4bb8-99b9-462c76b59a16/.*
17 *www.oversight.gov/sites/default/files/oig-reports/aud-si-16-05.pdf.*
18 Engdahl, William: *Die Denkfabriken – Wie eine unsichtbare Macht Politik und Mainstream-Medien manipuliert*, Kopp Verlag, Rottenburg 2012, S. 152.
19 Ratio, Ioan: *The Milner-Fabian Conspiracy: How an international elite is taking over and destroying Europe, America and the World,* Free Europe Books, 2012.
20 *www.konjunktion.info/2016/10/buchtipp-the-milner-fabian-conspiracy-how-an-international-elite-is-taking-over-and-destroying-europe-america-and-the-world-von-ioan-ratiu/.*
21 Martin, Rick: »Depopulation of a Planet Thinning Out The ›Useless Eaters‹« in: *Critical Unity*, 19. November 1995; *criticalunity.org/news/nwo/population/293-depopulation-of-a-planet.*
22 Orzechowski, Peter: *Demozid – Will eine selbst ernannte Elite die Menschheit dezimieren?,* Kopp Verlag, Rottenburg 2023, S. 41.

23 Scott, Peter Dale: *The American Deep State – Wall Street, Big Oil, and the Attack on U.S. Democracy,* War and Peace Library, 2014.

24 Huntington, Samuel P.: »The Clash of Civilizations?« in: *Foreign Affairs,* 1. Juni 1993; *www.foreignaffairs.com/articles/united-states/1993-06-01/clash-civilizations.*

25 Huntington, Samuel P.: *Kampf der Kulturen. Die Neugestaltung der Weltpolitik im 21. Jahrhundert,* Goldmann Verlag, 2002; der englische Originaltitel: *The Clash of Civilizations and the Remaking of World Order,* Simon & Schuster, New York 1996.

26 Orzechowski, Peter: *Durch globales Chaos in die Neue Weltordnung,* Kopp Verlag, Rottenburg 2016, Seite 49.

27 Orzechowski, Peter: *Am Vorabend des Dritten Weltkrieges,* Kopp Verlag, 2013, S. 42.

28 Agerer, Stefanie: »The Clash of Civilizations – Huntington und seine Kritiker«, Grin Verlag, München 2000; *www.grin.com/document/104268?lang=en.*

29 Brzeziński, Zbigniew: *Die einzige Weltmacht – Amerikas Strategie der Vorherrschaft,* Kopp Verlag, Rottenburg 2015, Seite 16 und 49; *docplayer.org/7852-Unsere-adresse-im-internet-www-fischer-tb-de.html.*

30 Coss, Simon: »Time to face reality: Americans come from Mars, Europeans are from Venus« in: *Politico,* 26. Juni 2022; *www.politico.eu/article/time-to-face-reality-americans-come-from-mars-europeans-are-from-venus/.*

31 *www.academia.edu/70289904/About_Population_A ction_International.*

32 Al Tamimi, Jumana: »The ›New Middle East‹ and its ›constructive chaos‹« in: *World,* 10. August 2013; *gulfnews.com/world/americas/the-new-middle-east-and-its-constructive-chaos-1.1218872.*

33 Hegel, Georg Wilhelm: *Grundlinien der Philosophie des Rechts,* 1820; *www.zeno.org/Philosophie/M/Hegel,+Georg+Wilhelm+Friedrich/Grundlinien+der+Philosophie+des+Rechts/Vorrede.*

34 Dänzer-Vanotti, Irene: »Goethes Begegnung mit der Gottergebenheit« in: Deutschlandfunk, 28. August 2019; *www.deutschlandfunk.de/200-jahre-west-oestlicher-divan-goethes-begegnung-mit-der-100.html.*

35 Meyer, Thomas: »Die politische Philosophie von Leo Strauss« in: Bayern 2, 22. März 2016; *www.br.de/radio/bayern2/sendungen/nachtstudio/leo-strauss-politische-philosophie-neocons-neokonservativ-100.html.*

36 Meyssan, Thierry: »Die Blindheit der Europäischen Union gegenüber der Militärstrategie der USA« in: Voltaire Netzwerk, 27. April 2015; *https://www.voltairenet.org/article187423.html.*

37 Orzechowski, Peter: »Beginnt mit Trump eine neue Ära?« in: *erwacheblog,* 30. Januar 2017; *erwacheblog.wordpress.com/2017/01/30/die-neue-weltordnung-3-0-der-brd-schwindel/.*

38 *en.wikipedia.org/wiki/Cloward–Piven_strategy.*

39 Meyssan, Thierry: »Die Blindheit der Europäischen Union gegenüber der Militärstrategie der USA« in: Voltaire Netzwerk, 27. April 2015; *https://www.voltairenet.org/article187423.html.*

40 Kubbig, Bernd W.: »Wolfowitz' Welt verstehen«, HSFK-Report 7/2004; *www.files.ethz.ch/isn/29787/report0704.pdf.*

41 Meyssan, Thierry: »Die Blindheit der Europäischen Union gegenüber der Militärstrategie der USA« in: Voltaire Netzwerk, 27. April 2015; *https://www.voltairenet.org/article187423.html;* siehe auch Krugman, Paul: »Jetzt nicht kleckern« in: *Welt,* 12. Mai 2012; *www.welt.de/print/die_welt/literatur/article106294752/Jetzt-nicht-kleckern.html.*

42 Auf der Website *kopp online* nicht mehr abrufbar, aber vom Autor archiviert.
43 Friedman, George: »The Emerging Crisis in Europe« in: Talks at Google, 12. Februar 2015; *www.youtube.com/watch?v=r-8KV_GurLY.*
44 Friedman, George: *Die nächsten hundert Jahre. Die Weltordnung der Zukunft*, Campus, 2010, Seite 19; *www.comatoart.com/books/George%20Friedman/Die%20nachsten%20hundert%20Jahre%20%2837%29/Die%20nachsten%20hundert%20Jahre%20-%20George%20Friedman.pdf.*
45 *de.wikipedia.org/wiki/Woke.*
46 *de.wikipedia.org/wiki/LGBT.*
47 Haunhorst, Charlotte: »So queer ist Deutschland wirklich« in: *Süddeutsche Zeitung*, 19. Oktober 2016; *www.jetzt.de/lgbt/dalia-studie-zu-lgbt-anteil-in-der-bevoelkerung.*
48 *de.wikipedia.org/wiki/LGBT-Pride.*
49 Siehe Orzechowski, Peter: *Demozid*, Kopp Verlag, Rottenburg 2023.
50 Berger, Jens: »Wenn der Regenbogen zur Farce wird« in: *NachDenkSeiten*, 25. Juni 2021; *www.nachdenkseiten.de/?p=73695.*
51 Ebd.
52 Ebd.
53 Engels, David: »Die LGBTQ-Ideologie und die Auflösung der westlichen Identität« in: Unser Mitteleuropa, 29. März 2021; *unser-mitteleuropa.com/die-lgbtq-ideologie-und-die-aufloesung-der-westlichen-identitaet/.*
54 *de.wikipedia.org/wiki/Cancel_Culture.*
55 »Kultkrimis von Agatha Christie werden überarbeitet« in: *t-online*, 28. März 2023; *www.t-online.de/unterhaltung/literatur/id_100151264/agatha-christie-miss-marple-kultkrimis-werden-ueberarbeitet.html?fbclid=IwAR3KZ_fDvCfta1aNXzIJy6WGDIRTjP_e07UJzh0k3I8drTZj3SNJIopG6_k.*

56 Ebd.

57 Adorney, Julian: »Cancel Culture: The Digital Panopticon« in: Mises Institute, 4. April 2023; *mises.org/wire/cancel-culture-digital-panopticon.*

58 Ebd.

59 Harms, Björn: »Schlechtester Wert seit 70 Jahren: Mehrheit der Deutschen traut sich nicht, die politische Meinung frei zu sagen« in: *NiUS,* 19. Dezember 2023; *www.nius.de/Gesellschaft/schlechtester-wert-seit-70-jahren-mehrheit-der-deutschen-traut-sich-nicht-die-politische-meinung-frei-zu-sagen/f0d9ce69-0596-4c44-89ab-f4428687f760.*

60 Ebd.

61 Bernstein, Alison R.: *Funding the Future: Philantropy's Influence on American Higher Education*, R&L Education, 2013; *books.google.de/books?id=RrxiAgAAQBAJ&pg=PA6&lpg=PA6&dq=Rockefeller+Foundation+Helped+Fund+Feminist+Press+1972&source=bl&ots=xMMpspr1tY&sig=ACfU3U2APDsL4MEwSV1ioX3V5PpCuINDqw&hl=en&sa=X&redir_esc=y#v=onepage&q&f=false.*

62 *lobbypedia.de/wiki/Astroturfing.*

63 »Genderideologie: Sie wollen unsere Kinder« in: *www.konjunktion.info,* 11. März 2023; *www.konjunktion.info/2023/03/genderideologie-sie-wollen-unsere-kinder/.*

64 *worldpopulationreview.com/state-rankings/transgender-population-by-state.*

65 »Wie viele trans* Menschen leben eigentlich in Deutschland?« in: *Stern,* 30. April 2022; *www.stern.de/gesellschaft/wie-viele-trans--menschen-leben-eigentlich-in-deutschland--31810658.html.*

66 »Genderideologie: Sie wollen unsere Kinder« in: *www.konjunktion.info,* 11. März 2023; *www.konjunktion.info/2023/03/genderideologie-sie-wollen-unsere-kinder/.*

67 Ebd.

68 Versteegen, Sven: »Bundesregierung finanziert Fetischheft für Jugendliche« in: *Junge Freiheit*, 17. November 2023; *jungefreiheit.de/kultur/gesellschaft/2023/bundesregierung-finanziert-fetischzeitschrift-fuer-jugendliche/.*

69 Ebd.

70 Deblonne, Philippe: »EU-Leitfaden hält Weihnachten und Maria für diskriminierend« in: *Berliner Zeitung*, 1. Dezember 2021; *www.berliner-zeitung.de/news/eu-leitfaden-haelt-weihnachten-und-maria-fuer-diskriminierend-li.198034.*

71 »Dieses Jahr kein Weihnachtsbaum in einer Hamburger Kita« in: *Junge Freiheit*, 5. Dezember 2023; *jungefreiheit.de/kultur/gesellschaft/2023/kita-in-hamburg-dieses-jahr-kein-weihnachtsbaum/.*

72 »Wegen Diversität: Nikolaus erhält Hausverbot in Kindergarten« in: *Junge Freiheit*, 10. November 2023; *jungefreiheit.de/politik/ausland/2023/nikolaus-hausverbot-kita/.*

73 »Gazprom drosselt Gaslieferungen durch Ostseepipeline um 40 Prozent« in: *Spiegel*, 14. Juni 2022; *www.spiegel.de/wirtschaft/unternehmen/russland-reduziert-gaslieferungen-durch-nord-stream-1-pipeline-a-2b671021-26b8-4f90-890c-52f0e18eba08.*

74 *www.youtube.com/watch?v=3cE7LYGJoF8.*

75 »Der Erdgaspoker der EU (V)« in: *German-Foreign-Policy.com*, 18. Juni 2022; *www.german-foreign-policy.com/news/detail/8948.*

76 »Die Russland-Sanktionen der EU werden richtig teuer« in: *Anti-Spiegel*, 15. Juni 2022; *www.anti-spiegel.ru/2022/die-russland-sanktionen-der-eu-werden-richtig-teuer/.*

77 »Gates ›lässt‹ 70 Mio. Hektar Urwald roden um Klima zu retten« in: *Unser Mitteleuropa*, 20. November 2023; *unser-mitteleuropa.com/gates-laesst-70-mio-hektar-urwald-roden-um-klima-zu-retten/.*

78 *www.forbes.com/sites/christopherhelman/2023/07/28/chop-down-forests-to-save-the-planet-maybe-not-as-crazy-as-it-sounds/.*

79 *kodama.ai/.*
80 Ebd.
81 »Klimaschädliches Atmen« in: *www.konjunktion.info,* 19. Dezember 2023; *www.konjunktion.info/2023/12/klimahoax-schaedliches-atmen/.*
82 Siehe Orzechowski, Peter: *Durch globales Chaos in die Neue Weltordnung,* Kopp Verlag, Rottenburg 2016.
83 Paul, Henry: »Flüchtlinge sollen Europa zusammenbrechen lassen« in: *Contra Magazin,* 16. Juni 2015; *web.archive.org/web/20150616144641/www.contra-magazin.com/2015/06/fluechtlinge-sollen-europa-zusammenbrechen-lassen/.*
84 Ebd.
85 Auf *kopp online* nicht mehr abrufbar. Der Artikel ist aber vom Autor archiviert worden. (Anm. des Verfassers).
86 Reichel, Werner: »Europa oder Eurabia? Nahost-Konflikt ist auch für EU eine Zeitenwende« in: *Unser Mitteleuropa,* 26. Oktober 2023; *unser-mitteleuropa.com/europa-oder-eurabia-nahost-konflikt-ist-auch-fuer-eu-eine-zeitenwende/.*
87 Ebd.
88 Ebd.
89 Ebd.
90 Schack, Ramon: »Ihr werdet von einer Immigrationswelle aus Afrika überschwemmt werden« in: *Telepolis,* 23. April 2015; *www.telepolis.de/features/Ihr-werdet-von-einer-Immigrationswelle-aus-Afrika-ueberschwemmt-werden-3371456.html.*
91 *www.compareyourcountry.org/migration?cr=deu&lg=de&template=1.*
92 Adel, Ahmed: »Pakistan's Expulsion of Afghans Could Fuel New Refugee Crisis in Europe« in: *Global Research,* 15. November 2023; *www.globalresearch.ca/pakistan-expulsion-afghans-could-fuel-new-refugee-crisis-europe/5840179.*
93 Ebd.
94 Boffey, Daniel: »Isis trying to foment a wave of migration to

Europe, says UN official« in: *The Guardian,* 26. April 2018; *www.theguardian.com/world/2018/apr/26/isis-trying-to-foment-a-wave-of-migration-to-europe-says-un-official.*

95 Vine, David, u.a.: »Costs of War«, Watson Institute, 21. September 2020; *watson.brown.edu/costsofwar/files/cow/imce/papers/2020/Displacement_Vine%20et%20al_Costs%20of%20War%202020%2009%2008.pdf.*

96 Vine, David: »Millions displaced by U.S. combat since 9/11« in: *IRW,* 8. September 2020; *investigativereportingworkshop.org/news/displaced-news/.*

97 Vine, David, u.a.: »Costs of War«, Watson Institute, 21. September 2020; *watson.brown.edu/costsofwar/files/cow/imce/papers/2020/Displacement_Vine%20et%20al_Costs%20of%20War%202020%2009%2008.pdf.*

98 Pany, Thomas: »US-Kriege seit 9/11: mindestens 37 Millionen Flüchtlinge« in: *Telepolis,* 9. September 2020; *www.telepolis.de/features/US-Kriege-seit-9-11-Mindestens-37-Millionen-Fluechtlinge-4889620.html.*

99 Torreon S., Barbara; Plagakis, Sofia: »Instances of Use of United States Armed Forces Abroad, 1798–2023«, Congressional Research Service, 7. Juni 2023; *sgp.fas.org/crs/natsec/R42738.pdf.*

100 »EU warnt vor ›Migrationswellen‹ als Folge der globalen Nahrungsmittelkrise« in: *uncut-news.ch,* 12. Juli 2022; *uncutnews.ch/eu-warnt-vor-migrationswellen-als-folge-der-globalen-nahrungsmittelkrise/.*

101 Ebd.

102 Ebd.

103 »Vatikan-Organisationen und Caritas fordern ›geordnete Migration‹ für jährlich 20 Million Klimaflüchtlinge« in: *Unser Mitteleuropa,* 27. Oktober 2023; *unser-mitteleuropa.com/vatikan-organisationen-und-caritas-fordern-geordnete-migration-fuer-jaehrlich-20-million-klimafluechtlinge/.*

104 Heinsohn, Gunnar: »Wie viele Afrikaner nach Europa« in: *malik-management.com,* 26. Juni 2015; *www.malik-management.com/de/wie-viele-afrikaner-nach-europa-von-prof-dr-gunnar-heinsohn/.*

105 Ebd.

106 Siehe Orzechowski, Peter: *Durch globales Chaos in die Neue Weltordnung,* Kopp Verlag, Rottenburg 2016.

107 Migrationsbericht des Bundesamtes für Migration und Flüchtlinge 2015; *www.bmi.bund.de/SharedDocs/downloads/DE/publikationen/themen/migration/migrationsbericht-2015.pdf?__blob=publicationFile&v=6.*

108 »Zweifel an der Flüchtlingskrise durch die Politik« in: *Frankfurter Allgemeine Zeitung,* 21. Oktober 2015; *www.faz.net/aktuell/politik/fluechtlingskrise/zweifel-an-loesung-der-fluechtlingskrise-durch-die-politik-13866897.html.*

109 Seibel, Andrea: »Tiefe Beunruhigung in der Bevölkerung« in: *Welt,* 13. November 2015; *www.welt.de/politik/deutschland/article148790240/Tiefe-Beunruhigung-in-der-Bevoelkerung.html.*

110 Ebd.

111 »Zuzug von Flüchtlingen überfordert die Städte« in: *Frankfurter Allgemeine Zeitung,* 12. Dezember 2015; *www.faz.net/aktuell/politik/fluechtlingskrise/deutscher-staedtetag-will-fluechtlinge-von-den-grossstaedten-fern-halten-13972194.html.*

112 »Aktuelle Entwicklung: Deutlicher Anstieg der Gewaltkriminalität im 1. Halbjahr 2023«, Herbsttagung des BKA, 23. November 2023; *www.bka.de/DE/AktuelleInformationen/Publikationen/BKA-Herbsttagungen/2023/Gewaltkriminlitaet/Gewaltkriminalitaet.html.*

113 »NL-Kriminalitäts-Statistik: Migranten extrem überrepräsentiert – Groteske linke Realitäts-Verweigerung« in: *Unser Mitteleuropa,* 25. November 2023; *unser-mitteleuropa.com/nl-kriminalitaets-statistik-migranten-extrem-ueberrepraesentiert-groteske-linke-realitaets-verweigerung/.*

114 Neuerer, Dietmar: »Verfassungsschutz warnt vor eingeschleusten Terroristen unter Flüchtlingen« in: *Handelsblatt*, 4. Dezember 2023; *www.handelsblatt.com/politik/deutschland/ukraine-und-nahost-verfassungsschutz-warnt-vor-eingeschleusten-terroristen-unter-fluechtlingen/100002029.html.*

115 Helberg, Cristina: »Deutschen Sicherheitsbehörden ist keine CIA-Warnung vor Bürgerkrieg bekannt« in: *Correctiv*, 7. August 2018; *correctiv.org/faktencheck/2018/08/07/deutschen-sicherheitsbehoerden-ist-keine-cia-warnung-vor-buergerkrieg-bekannt/.*

116 Byzanz: »Europa wird Schlachtfeld für großen Kampf!« in: *PiNews*, 28. Oktober 2011; *www.pi-news.net/2011/10/europa-wird-schlachtfeld-fur-grosen-kampf/.*

117 »Europa ist alt und schwach geworden« in: *Idea*, 24. September 2015; *www.idea.de/Menschenrechte/detail/europa-ist-alt-und-schwach-geworden-99067.*

118 Maetzke, Heinrich: »Angst vor dem Funken zum Bürgerkrieg« in: *Bayernkurier*, 7. Juli 2016; *www.bayernkurier.de/ausland/15179-angst-vor-dem-funken-zum-buergerkrieg/.*

119 Ebd.

120 Ebd.

121 Ganser, Daniele: *NATO-Geheimarmeen in Europa*, Orell Füsli, Zürich 2008. Zitat aus: *dserver.bundestag.de/btd/17/132/1713214.pdf.*

122 Klöckner, Marcus: »Das Feld nicht den gewalttätigen Extremisten überlassen« in: *Telepolis*, 5. Januar 2015; *www.telepolis.de/features/Das-Feld-nicht-den-gewalttaetigen-Extremisten-ueberlassen-3369338.html.*

123 Ebd.

124 Coudenhove-Kalergie, Barbara: »Völkerwanderung« in: *Der Standard*, 7. Januar 2015; *derstandard.at/2000010102927/Eine-Voelkerwanderung.*

125 Coudenhove-Kalergie, Barbara: »›Wir‹ heißt: wir Europäer« in: *Der Standard*, 5. Juli 2018; *derstandard.at/2000082834084/Wir-heisst-wir-Europaeer?_blogGroup=1&ref=rec.*

126 »Der unbemerkte Niedergang: Eine Zivilisation gibt sich auf« in: *The Epoch Times*, 15. Februar 2018; *www.epochtimes.de/politik/welt/der-unbemerkte-niedergang-eine-zivilisation-gibt-sich-auf-a2349583.html?welcomeuser=1.*

127 Francis, Samuel: »Balkan War Shows Ethnicity Still Matters« in: *The Social Contract Press*, Vol. 9, Nr. 4, Sommer 1999; *www.thesocialcontract.com/artman2/publish/tsc0904/article_805.shtml.*

128 Ricardo Díez-Hochleitner im ZDF am 24. Januar 1999.

129 Pressemitteilung der UNO-Abteilung für Bevölkerungsfragen: »Ohne Einwanderung wird die Bevölkerung in fast allen europäischen Ländern schrumpfen«, UN-Studie vom 21.März 2000; *www.un.org/en/development/desa/population/publications/pdf/ageing/replacement-press-ger.pdf.*,

130 Pressemitteilung: »EU-Afrika-Partnerschaft: Abgeordnete stimmen für neue Strategie« in: Aktuelles, Europäisches Parlament, 25. März 2021; *www.europarl.europa.eu/news/de/press-room/20210322IPR00522/eu-afrika-partnerschaft-abgeordnete-stimmen-fur-neue-strategie.*

131 Prinz, Daniel: »Nicolas Sarkozy: ›Ziel ist, sich der Heruasforderung der Rassenvermischung zu stellen‹« in: *homment*, 21. Dezember 2018; *www.homment.com/Le2hGeFKcwWaczzAIvsK*

132 Beck, Friederike : *Die geheime Migrationsagenda – Wie elitäre Netzwerke mithilfe der EU, UNO, superreichen Stiftungen und NGOs Europa zerstören wollen*, Kopp Verlag, Rottenburg 2016.

133 »UN migration chief calls on EU to force member states to be multicultural as he says Britains's quota ›not legal‹« in: *Dailymail*, 24. Juni 2012; *www.dailymail.co.uk/news/article-2163969/UN-migration-chief-calls-EU-force-member-states-multicultural-says-Britains-quota-legal.html.*

134 Sutherland, Peter, Malmströ, Cecilia: »Europe's Immigration Challenge« in: *Project Syndicate*, 20. Juli 2012; *www.project-syndicate.org/commentary/europe-s-immigration-challenge?barrier=accesspaylog.*

135 »EU-Plan: Deutschland soll ein Viertel der Flüchtlinge aufnehmen« in: *Manager Magazin*, 7. September 2015; *www.manager-magazin.de/politik/europa/gabriel-fordert-strafen-fuer-eu-laender-die-keine-fluechtlinge-aufnehmen-a-1051714.html.*

136 »Gauck nennt Übergriffe auf Flüchtlingsheime ›widerwärtig‹« in: *Der Spiegel*, 9. Juli 2015; *www.spiegel.de/politik/deutschland/bundespraesident-gauck-nennt-angriffe-auf-fluechtlingsheime-widerwaertig-a-1042814.html;* siehe auch *www.deutschlandfunk.de/gauck-zum-thema-zuwanderung-offen-sein-ist-anstrengend-100.html.*

137 Mounk, Yascha: »Einzigartiges Experiment« in: *Der Spiegel*, Printausgabe 40/2015, 26. September 2015.

138 Mounk, Yascha: »Ein einzigartiges Experiment« in: *Tagesthemen*, ARD, 20. Februar 2018; *www.youtube.com/watch?v=eFLY0rcsBGQ.*

139 Auerbach, Doris: »Unsere Umvolkung – Ein Konzept« in: *politonline.ch*, 15. Dezember 2018; *politonline.ch/index.cfm?content=news&newsid=2881.*

140 Rössler, Hans-Christian: »UN-Generalsekretär Guterres verteidigt den Migrationspakt gegen ›Unwahrheiten‹« in: *Frankfurter Allgemeine Zeitung*, 10. Dezember 2018; *www.faz.net/aktuell/politik/ausland/un-generalsekretaer-guterres-verteidigt-den-migrationspakt-gegen-unwahrheiten-15934131.html.*

141 Pressemitteilung: »Verbesserung der legalen Migrationskanäle« in: Europäische Kommission, 13. Juli 2016; *europa.eu/rapid/press-release_IP-16-2434_de.htm.*

142 »New Yorker Erklärung für Flüchtlinge und Migranten«, Resolution der Generalversammlung, 19. September 2016; *www.un.org/depts/german/gv-71/band1/ar71001.pdf.*

143 Ebd.

144 »UN-Flüchtlingspakt« in: *www.konjunktion.info*, 21. November 2018; *www.konjunktion.info/2018/11/un-fluechtlingspakt-der-vollkommen-unverbindliche-aber-weit-wichtigere-pakt-als-der-un-migrationspakt/.*

145 Ebd.

146 »Resettlement und NesT-Programm« in: BAMF, 12. Februar 2023; *www.bamf.de/DE/Themen/AsylFluechtlingsschutz/ResettlementRelocation/Resettlement/resettlement-node.html.*

147 Muschter, René: »USA: Migrationssaldo von 2011 bis 2021« in: Statista, 3. August 2023; *de.statista.com/statistik/daten/studie/1328305/umfrage/migrationssaldo-usa/.*

148 »Ranking der zehn Länder, aus denen die meisten Flüchtlinge stammen« in: Statista, Stand Ende 2022; *de.statista.com/statistik/daten/studie/186108/umfrage/herkunftslaender-von-fluechtlingen/.*

149 »In der Heimat verfolgt, auf der Flucht misshandelt« in: *Süddeutsche Zeitung*, 29. Mai 2015; *www.sueddeutsche.de/politik/fluechtlingskrise-in-asien-in-der-heimat-verfolgt-auf-der-flucht-misshandelt-1.2499127.*

150 Ozechowski, Peter: *Durch globales Chaos in die neue Weltordnung*, Kopp Verlag, Rottenburg 2016, Seite 253.

151 Campbell, Brandon: »The food crisis will be the biggest crisis of the 21st century! (It will push up food prices and spread hunger and poverty.)« in: *Ultimate Survival*, 31. März 2023; *billkloss.law.blog/2023/03/31/the-food-crisis-will-be-the-biggest-crisis-of-the-21st-century-it-will-push-up-food-prices-and-spread-hunger-and-poverty/.*

152 »Wie der Hunger in der Welt bekämpft werden könnte« in: Deutschlandfunk, 19. Oktober 2022; *www.deutschlandfunk.de/welthunger-index-un-massnahmen-krieg-klimakrise-corona-100.html.*

153 Ebd.

154 Michael: »A List Of 33 Things We Know About The Coming Food Shortages« in: *The Economic Collapse*, 5. September 2022; *theeconomiccollapseblog.com/a-list-of-33-things-we-know-about-the-coming-food-shortages/.*

155 Ebd.

156 Capricornus: »Wetterterror« in: *DudeWeBlog*, 7. Juni 2020; *dudeweblog.wordpress.com/2020/06/07/wetterterror-alternative-hebemechanismen-zum-wasserklau-der-neuen-welt-unwetter-ordnung/;* Capricornus: »Die Welt im Würgegriff des globalen Wetterterrors« in: *DudeWeBlog*, 24. März 2023; *dudeweblog.wordpress.com/2023/03/24/2023-die-welt-im-wurgegriff-des-globalen-wetterterrors/.*

157 Ebd.

158 Ebd.

159 Allon, Cap: »Global Temperatures fall below 30-Year Baseline« in: *Electroverse*, 2. Februar 2023; *electroverse.co/temps-fall-below-30-year-baseline-now-down-0-75c-from-2016/.*

160 Allon, Cap: »New National Record Low Set in China« in: *Electroverse*, 24. Januar 2023; *electroverse.co/china-all-korea-zero-heathrow-national-grid-power-cuts-cold-records-fall-us-more/*; Allon, Cap: »Heavy Snow Strikes Lebanon« in: *Electroverse*, 10. Februar 2023; *electroverse.co/heavy-snow-lebanon-balkans-freeze-polar-vortex-we-should-fear-a-deep-temperature-drop/.*

161 *de.wikipedia.org/wiki/Zyklon_Freddy.*

162 Capricornus: »Die Welt im Würgegriff des globalen Wetterterrors« in: *DudeWeBlog*, 24. März 2023; *dudeweblog.wordpress.com/2023/03/24/2023-die-welt-im-wurgegriff-des-globalen-wetterterrors/.*

163 Shevchenko, Olena; Horiacheva, Kira: »Application of Technologies for Influencing the Weather in Contemporary Geopolitical Situation« in: *ResearchGate*, November 2022; *www.researchgate.net/publication/365216760_Application_of_Technologies_for_Influencing_the_Weather_in_Contempoprary_Geopolitical_Situation.*

164 Capricornus: »Die Welt im Würgegriff des globalen Wetterterrors« in: *DudeWeBlog,* 24. März 2023; *dudeweblog.wordpress.com/2023/03/24/2023-die-welt-im-wurgegriff-des-globalen-wetterterrors/.*

165 »Behörden evakuieren Waldbrandgebiete« in: *Frankfurter Allgemeine Zeitung,* 1. November 2023; *www.faz.net/aktuell/gesellschaft/thema/waldbrand-kalifornien.*

166 »High Energy Laser Directed Energy Weapons«, Technical Report, Air Power Australia, 27. Januar 2014; *www.ausairpower.net/APA-DEW-HEL-Analysis.html#mozTocId262135.*

167 HAARP CBC Broadcast control meteorological 1/2, 27. Januar 2010; *www.youtube.com/watch?v=r00BJR9qV-0;* HAARP CBC Broadcast control meteorological 2/2, 27. Januar 2010; *www.youtube.com/watch?v=TSJtBnbcm98.*

168 Moßmann, Richard: »Was ist Haarp?« in: *Focus online,* 17. August 2023; *praxistipps.focus.de/was-ist-haarp-einfach-erklaert_98472.*

169 Strainu, Emil (General), Vujici, Dragan: »Geoengineering: Romanian General Emil Strainu on the Terrifying Possibilities of Geo-Warfare« in: *GlobalResearch,* 14. März 2023; *www.globalresearch.ca/romanian-general-emil-strainu-terrifying-possibilities-geo-warfare/5811760.*

170 Dieter: »Insider warnt, HAARP wird ›biblische Katastrophen‹ auslösen, um eine ›neue Weltordnung‹ einzuführen« in: *Krisenfrei,* 8. April 2023; *krisenfrei.com/insider-warnt-haarp-wird-biblische-katastrophen-ausloesen-um-eine-neue-weltordnung-einzufuehren/.*

171 Winter, Rory: »Romanian Senator Diana Iovanovici Şoşoacă Speaks to Parliament about ›Eartquakes on Demand‹ Technology: ›By Killing People, They Served Their Interests‹« in: *Truth Comes to Light,* 11. Februar 2023; *truthcomestolight.com/romanian-senator-diana-iovanovici-sosoaca-speaks-to-parliament-about-earthquakes-on-demand-technology-by-killing-people-they-served-their-interests/.*

172 Ebd.

173 »Raytheon Whistleblower macht bizarre Enthüllungen über gezielte Energiewaffen in der Antarktis« in: *uncut-news.ch,* 17. November 2023; *uncutnews.ch/raytheon-whistleblower-macht-bizarre-enthuellungen-ueber-gezielte-energiewaffen-in-der-antarktis/.*

174 »Erschreckendes Video zeigt: WEF-Führer geben zu, die Nahrungsmittel- und Energieproduktion eingeschränkt zu haben« in: *uncut-news.ch,* 6. Juli 2023; *uncutnews.ch/erschreckendes-video-zeigt-wef-fuehrer-geben-zu-die-nahrungsmittel-und-energieproduktion-eingeschraenkt-zu-haben/.*

175 Ebd.

176 Peter Orzechowski: *Demozid*, Kopp Verlag, Rottenburg 2023, S. 144 ff.

177 Ian: »Researchers warn Net Zero Zealot's policies will cause half the world's population starve« in: *tapnewswire*, 6. März 2023; *tapnewswire.com/2023/03/researchers-warn-net-zero-zealots-policies-will-cause-half-the-worlds-population-to-starve/.*

178 »Colombo Declaration calls for tackling global nitrogen challenge« in: *UNEP,* 24. Oktober 2019; *www.unep.org/news-and-stories/press-release/colombo-declaration-calls-tackling-global-nitrogen-challenge.*

179 Hawthorne, Marie: »The Dutch Government Is About to Steal Farms Across the Netherlands« in: *The Organic Pepper,* 12. Dezember 2022; *www.theorganicprepper.com/dutch-government-steal-farms/.*

180 T. H. G.: »Die Entvölkerungsagenda, Teil 2« in: *uncut-news.ch,* 4. April 2023; *uncutnews.ch/die-entvoelkerungsagenda-teil-2-schaffung-von-nahrungsmittelknappheit/.*

181 Compson, Keely: »Here's 96 Examples of Food Shortages Being CREATED in Past Year« in: *Think Americana,* 12. August 2022; *thinkamericana.com/heres-96-examples-that-the-food-shortages-are-being-created-not-predicted/.*

182 Risdon, Melanie: »Exclusive: Destruction of food plants a global phenomenon« in: *Western Standard,* 26. April 2022; *www.westernstandard.news/news/exclusive-destruction-of-food-plants-a-global-phenomenon/article_d795f4fe-88ef-57a4-a671-957b584fb147.html.*

183 Kevany, Sophie: »Avian flu has led tot he killing of 140m farmed birds since last October« in: *The Guardian,* 9. Dezember 2022; *www.theguardian.com/environment/2022/dec/09/avian-flu-has-led-to-the-killing-of-140m-farmed-birds-since-last-october#:~:text=At%2520least%25204%2520million%2520birds,bird%2520flu%2520during%2520this%2520outbreak.*

184 Wood, Nathan; Lawlor, Rob; Freear, Josie: »Rationing and Climate Change Migration« in: *Taylors & Francis Online,* 19. Februar 2023; *www.tandfonline.com/doi/full/10.1080/21550085.2023.2166342.*

185 »Die echte Agenda hinter der künstlich geschaffenen Nahrungsmittelkrise« in: *uncut-news.ch,* 2. Juni 2022; *uncutnews.ch/die-echte-agenda-hinter-der-kuenstlich-geschaffenen-nahrungsmittelkrise/.*

186 James, Dana, u. a.: »Dismantling and rebuilding the food system after COVID-19: Ten principles for redistribution and regeneration« in: *Journal of Agriculture, Food Systems and Community Development* , 29. Juli 2020; *web.archive.org/web/20210511030305/https:/www.foodsystemsjournal.org/index.php/fsj/article/view/923/896.*

187 Bawden, Tom: »Scientists hope to feed primary school children edible insects to make the UK greener« in: *Inews,* 30. Mai 2022; *inews.co.uk/news/environment/edible-insects-scientists-plan-to-feed-primary-school-children-locusts-and-mealworms-to-make-the-uk-greener-1657372.*

188 Geddes, Linda; Carrell, Severin: »Gene editing could increase food security, UK adviser says« in: *The Guardian,* 25. Mai 2022;

www.theguardian.com/science/2022/may/25/gene-editing-could-increase-food-security-uk-adviser-says.

189 Hillier, David: »Meet the ›vegan bros‹ here to bust the myth that real men eat meat« in: *The Guardian,* 5. März 2022; *www.theguardian.com/lifeandstyle/2022/mar/05/vegan-bros-busting-myth-that-real-men-eat-meat.*

190 Jones, Katie: »What is cultured meat and how is it made?« in: *WEF,* 30. Mai 2022; *www.weforum.org/agenda/2022/05/science-behind-cultured-meat-production/.*

191 Monbiot, George: »Lab-grown food will soon be destroy farming – and save the planet« in: *The Guardian,* 8. Januar 2020; *www.theguardian.com/commentisfree/2020/jan/08/lab-grown-food-destroy-farming-save-planet.*

192 Cheng, Michelle: »Even with inflation, more than a third of Americans support a meat tax« in: *Quartz,* 11. Mai 2022; *qz.com/2164626/a-survey-finds-more-than-a-third-of-americans-support-a-meat-tax.*

193 Harvey, Fiona: »High-carbon goods imported to UK should be subject to new tariffs, says MPs« in: *The Guardian,* 4. April 2022; *www.theguardian.com/environment/2022/apr/04/high-carbon-goods-imported-to-uk-should-be-subject-to-new-tariffs-say-mps.*

194 »NITI Aayog studying proposal to tax foods high in sugar, salt to tackle obesity« in: *The Hindu,* 28. Februar 2022; *www.thehindu.com/news/national/niti-aayog-studying-proposal-to-tax-foods-high-in-sugar-salt-to-tackle-obesity/article65090417.ece.*

195 *en.wikipedia.org/wiki/Fat_tax.*

196 »NITI Aayog studying proposal to tax foods high in sugar, salt to tackle obesity« in: *The Hindu,* 28. Februar 2022; *www.thehindu.com/news/national/niti-aayog-studying-proposal-to-tax-foods-high-in-sugar-salt-to-tackle-obesity/article65090417.ece.*

197 Geretsen, Isabelle: »Everyday foods such as coffee, meat and

spices could become luxury items« in: BBC, 27. September 2021; *www.bbc.com/future/article/20210923-the-everyday-foods-that-could-become-luxuries.*

198 Engdahl, F. William: »Auf dem Weg zu einer globalen Nahrungsmittelkatastrophe, die durch politische Sabotageakte herbeigeführt wurde« in: *uncut-news.ch,* 6. Mai 2022; *uncutnews.ch/auf-dem-weg-zu-einer-globalen-nahrungsmittelkatastrophe-die-durch-politische-sabotageakte-herbeigefuehrt-wurde/.*

199 Ebd.

200 Menendez, Josefa: »Insider warnt, dass die Nahrungsmittelknappheit weitaus schlimmer sein wird, als man uns weismachen will« in: *Gloria.tv,* 3. Februar 2022; *gloria.tv/share/aheJfaTfMjyb419iHTuqiKNpF.*

201 Nass, Meryl: »WHO im Fokus: Geflügel impfen, Keulung von Nutzvögeln und Methoden zur Verringerung der Lebensmittelversorgung« in: *uncut-news,* 15. November 2023; *uncutnews.ch/who-im-fokus-gefluegel-impfen-keulung-von-nutzvoegeln-und-methoden-zur-verringerung-der-lebensmittelversorgung/.*

202 Compson, Keely: »Here's 96 Examples of Food Shortages Being CREATED in Past Year« in: *Think Americana,* 12. August 2022; *thinkamericana.com/heres-96-examples-that-the-food-shortages-are-being-created-not-predicted/.*

203 Orzechowski, Peter: *Demozid*, Kopp Verlag, Rottenburg 2023, S. 155 ff.

204 Risdon, Melanie: »Exclusive: Destruction of food plants a global phenomenon« in: *Western Standard,* 26. April 2022; *www.westernstandard.news/news/exclusive-destruction-of-food-plants-a-global-phenomenon/article_d795f4fe-88ef-57a4-a671-957b584fb147.html.*

205 Bilotta, Rocky: »Map released« in: U.S. *Drought Monitor,* 28. Dezember 2023; *droughtmonitor.unl.edu/.*

206 Wedeman, Ben: »Italian authorities: ›70% of crops are gone‹ in Po River Delta« in: CNN, 20. Juli 2022; *www.youtube.com/watch?v=7E4Eg_ixHBw.*

207 »Météo-France warnt vor Trockenheit und Dürre« in: *Nachrichten.fr,* 19. Mai 2022; *nachrichten.fr/meteo-france-warnt-vor-trockenheit-und-duerre/.*

208 *ifdc.org/.*

209 »EU Plan der Renaturierung – auch deutsche Staudämme müssen weg« in: *Unser Mitteleuropa,* 31. Oktober 2023; *unser-mitteleuropa.com/124565.*

210 *damremoval.eu/.*

211 »Burgerbrief van Rode«, 24. August 2023, *rotterdamraad.bestuurlijkeinformatie.nl/Agenda/Document/39bdfb2c-512d-43d8-9b68-8992be04ea8d?documentId=d0c7f0d9-13ba-491f-90e8-d85615cd97a7&agendaItemId=ba4620c2-3bbc-483b-926a-d3ab82af1c9b.*

212 »In den Niederlanden schlägt das Rote Kreuz wegen zunehmender Nahrungsmittelknappheit Alarm« in: *uncut-news.ch,* 30. August 2023; *uncutnews.ch/in-den-niederlanden-schlaegt-das-rote-kreuz-wegen-zunehmender-nahrungsmittelknappheit-alarm/.*

213 Ebd.

214 »WHO: ›Fleischversorgung‹ wird ›nächste Pandemie‹ verursachen« in: *uncut-news.ch,* 10. Oktober 2023; *uncutnews.ch/who-fleischversorgung-wird-naechste-pandemie-verursachen/.*

215 *www.globalmethanepledge.org.*

216 Jumle, Vihang: »Wer entscheidet, worum sich die WHO kümmert?« in: *Tagesspiegel,* 15. März 2023; *interaktiv.tagesspiegel.de/lab/diese-laender-zahlen-am-meisten-fuer-die-weltgesundheit/.*

217 »Wer bezahlt globale Gesundheit?« in: GandHI, 2023; *gandhi.bvmd.de/wer-bezahlt-globale-gesundheit/.*

218 Nass, Meryl: »One Health: what is it and why is it important?« in: *Meryl's COVID Newsletter*, 2. Dezember 2022; *merylnass.substack.com/archive?sort=search&search=One%20Health.*

219 *www.onehealthcommission.org/.*

220 Linder, Ann, u.a.: »Animal Markets and Zoonotic Desease in the United States« in: CEAP, ohne Datumsangabe; *animal.law.harvard.edu/wp-content/uploads/Animal-Markets-and-Zoonotic-Disease-in-the-United-States.pdf.*

221 Headline Report: »The Future of Urban Consumption in a 1,5°C World«, University of Leeds, Arup, C40; *www.arup.com/perspectives/publications/research/section/the-future-of-urban-consumption-in-a-1-5c-world.*

222 Jurgens, Jeremy: »WEF warnt vor einer neuen schrecklichen Krise« in: *Draven's Tales*, 8. Juli 2020; *www.dravenstales.ch/wef-warnt-vor-einer-neuen-schrecklichen-krise/.*

223 Ebd.

224 Koenig, Peter: »Beyond Orwell's 1984« in: *Global Research*, 2. Dezember 2023; *www.globalresearch.ca/pretty-easy-take-down-society-digital-tucker-carlson-%e2%80%a8unctad-attempts-accomplishing-doom-scenario/5840406.*

225 *de.wikipedia.org/wiki/United_States_Army_War_College.*

226 Ahmed, Hafeez: »Nach einer Pentagon-Studie droht dem US-Imperium der ›Kollaps‹« in: *Luftpost*, 17. Juli 2017; *www.luftpost-kl.de/luftpost-archiv/LP_16/LP13017_100817.pdf.*

227 Orzechowski, Peter: *Durch globales Chaos in die Neue Weltordnung*, Kopp Verlag, Rottenburg 2016.

228 »NATO ›Enhanced Forward Presence‹ im Baltikum und Polen« in: Bundeszentrale für politische Bildung, 27. Februar 2017; *www.bpb.de/politik/hintergrund-aktuell/243279/nato-einsatz.*

229 *de.sputniknews.com/kommentare/20200709327478930-nato-russlands-grenzen/* (Website nicht mehr abrufbar, aber vom Autor archiviert).

230 Ebd.

231 *de.sputniknews.com/kommentare/20190620325273819-nato-im-osten-auf-jedem-fleckchen-erde-ein-manoever/* (Website nicht mehr abrufbar, aber vom Autor archiviert).

232 Ebd.

233 »Grundakte über Gegenseitige Beziehungen, Zusammenarbeit und Sicherheit zwischen der Nordatlantikvertrags-Organisation und der Russischen Föderation« in: NATO, 1. Januar 12. Oktober 2009 (letztes Update); *www.nato.int/cps/en/natohq/official_texts_25468.htm?selectedLocale=de.*

234 Müller, Christian: »Neue US-Militärbasis in der Ukraine nahe der Krim« in: *infosperber,* 15. August 2017; *www.infosperber.ch/politik/welt/neue-us-militaerbasis-in-der-ukraine-nahe-der-krim/.*

235 Jeglinski, Nina: »Ukraine: US-Armee bildet Soldaten aus« in: *Tagesspiegel,* 20. April 2015; *www.tagesspiegel.de/politik/ukraine-us-armee-bildet-soldaten-aus/11658520.html.*

236 Decker, Peter: »›Westernization‹ der ukrainischen Armee« in: *Telepolis,* 11. Juli 2020; *www.heise.de/tp/features/Westernization-der-ukrainischen-Armee-4789647.html.*

237 Bugajski, Janusz: »Managing Russia's dissolution« in: *The Hill,* 9. Januar 2019; *thehill.com/opinion/national-security/424511-managing-russias-dissolution.*

238 *cepa.org/about/.*

239 Bugajski, Janusz: »Managing Russia's dissolution« in: *The Hill,* 9. Januar 2019; *thehill.com/opinion/national-security/424511-managing-russias-dissolution.*

240 Ebd.

241 Orzechowski, Peter: *Der direkte Weg in den Dritten Weltkrieg,* Kopp Verlag, Rottenburg 2016.

242 »Wladimir Putin: Rede auf der Münchner Sicherheitskonferenz 2007« auf: YouTube, 10. Februar 2007; *www.youtube.com/watch?v=pbYDJoR6jwc.*

243 »Treue Kameraden 03/14«, Rotabene Medienhaus, 2. Juni 2014; *issuu.com/rotabenemedienhaus/docs/sammelmappe1.*

244 »Nato ist das Ziel: US-General berät Regierung der Ukraine« in: *Deutsche Wirtschaftsnachrichten,* 10. September 2016; *deutsche-wirtschafts-nachrichten.de/2016/09/10/nato-ist-das-ziel-us-general-beraet-regierung-der-ukraine/.*

245 Ebd.

246 *en.wikipedia.org/wiki/Embassy_of_the_United_States,_Yerevan.*

247 Schult, Christoph: »Nato will ihren Einfluss im Osten stärken« in: *Spiegel,* 1. April 2014; *www.spiegel.de/politik/ausland/krim-krise-nato-will-mehr-uebungen-mit-ostlaendern-a-961801.html.*

248 Ebd.

249 Sitzungsbericht, 22. Oktober 2009; *www.europarl.europa.eu/doceo/document/CRE-7-2009-10-22-ITM-006_DE.html.*

250 Friedman, George: »Israeli Strategy After the Russian Georgian War« in: *Worldview,* 8. September 2008; *https://worldview.stratfor.com/article/israeli-strategy-after-russo-georgian-war.*

251 Ebd.

252 Brzeziński, Zbigniew: *Die einzige Weltmacht: Amerikas Strategie der Vorherrschaft,* Kopp Verlag, Rottenburg 2015, Seite 122; siehe auch *docplayer.org/7852-Unsere-adresse-im-internet-www-fischer-tb-de.html.*

253 Dugin, Alexander: »Lassen Sie uns versuchen, eines der möglichen Szenarien einer weiteren Eskalation im Nahen Osten zu beschreiben« in: *uncut-news.ch,* 26. Oktober 2023; *uncutnews.ch/alexander-dugin-lassen-sie-uns-versuchen-eines-der-moeglichen-szenarien-einer-weiteren-eskalation-im-nahen-osten-zu-beschreiben/.*

254 Ebd.

255 »Peters' ›Blood Borders‹ map« in: *Armed Forces Journal,* 2. Oktober 2012; *armedforcesjournal.com/peters-blood-borders-map/.*

256 Al Tamimi, Jumana: »The ›New Middle East‹ and its ›constructive chaos‹« in: *World,* 10.August 2013; *gulfnews.com/world/americas/the-new-middle-east-and-its-constructive-chaos-1.1218872.*

257 »Riesiges Erdgaslager im Nildelta« in: *Welt der Physik,* 2010; *www.weltderphysik.de/gebiet/erde/nachrichten/2010/riesiges-erdgaslager-im-nildelta/.*

258 *en.wikipedia.org/wiki/Yinon_Plan.*

259 Friedman, George: *Die nächsten hundert Jahre,* Campus, Frankfurt/Main 2009, S. 15.

260 Paraskova, Tsvetana: »Oil Prices Could Rise As Persian Gulf Becomes ›Danger Zone‹ For Tankers« in: *Oilprice,* 22. Mai 2019; *oilprice.com/Energy/Crude-Oil/Oil-Prices-Could-Rise-As-Persian-Gulf-Becomes-Danger-Zone-For-Tankers.html.*

261 Ennoson, Dói: »Suezkanal: Gaza-Krieg gefährdet jetzt Lieferketten – Inflation voraus?« in: *Finanzmarktwelt,* 17. Dezember 2023; *finanzmarktwelt.de/Suezkanal-gaza-krieg-gefaehrdet-jetzt-lieferketten-inflation-voraus-295296/.*

262 *wikileaks.org/clinton-emails/.*

263 Ebd.

264 »Einsatz im östlichen Mittelmeer« in: *German Foreign Policy,* 30. Oktober 2023; *www.german-foreign-policy.com/news/detail/9389.*

265 »Erster Einsatz: ›Baden-Württemberg‹ verlegt ins Mittelmeer«, Bundeswehr, 20. Oktober 2023; *www.bundeswehr.de/de/organisation/marine/aktuelles/erster-einsatz-fregatte-baden-wuerttemberg-5691612.*

266 Ebd.

267 Wiegold, T.: »Auslandsmissionen der Bundeswehr – wo und auf welcher Grundlage?« in: *Augen geradeaus!,* 7. März 2021; *augengeradeaus.net/2021/03/auslandsmissionen-der-bundeswehr-wo-und-auf-welcher-grundlage/.*

268 Wiegold, T.: »Sechs Jahre deutsch geführte NATO-Battlegroup in Litauen« in: *Augen geradeaus!*, 9. Februar 2023; *augengeradeaus.net/2023/02/sechs-jahre-deutsch-gefuehrte-nato-battlegroup-in-litauen-13-rotation-und-wechsel-bei-der-eva-brigade/.*

269 »Statement von Verteidigungsminister Boris Pistorius zu Litauen« in: Bundesministerium der Verteidigung, 11. Oktober 2023; *www.bmvg.de/de/mediathek/statement-von-verteidigungsminister-boris-pistorius-zu-litauen-5688570.*

270 Ebd.

271 »›Kriegstüchtigkeit‹ als Handlungsmaxime« in: *German Foreign Policy*, 13. November 2023; *www.german-foreign-policy.com/news/detail/9402.*

272 »Kampftruppenbataillone für Brigade Litauen aus Nordrhein-Westfalen und Bayern« in: Bundesministerium der Verteidigung, 8. November 2023; *www.bmvg.de/de/aktuelles/truppe-fuer-litauen-aus-nordrhein-westfalen-und-bayern-5699662.*

273 *Tagesschau*, 11. Oktober 2023, 20:00 Uhr; *www.tagesschau.de/multimedia/sendung/tagesschau_20_uhr/video-1259594.html.*

274 »Der nächste EU-Militäreinsatz in Westafrika« in: *Pressenza*, 10. September 2023; *www.pressenza.com/de/2023/09/der-naechste-eu-militaereinsatz-in-westafrika/.*

275 Gorbatschow, Michail: Preisträgerrede, Franz-Josef-Strauß-Preis 2011; *www.hss.de/fileadmin/user_upload/HSS/Dokumente/111210_RM_Gorbatschow.pdf.*

276 »Raketenabwehrschild in Rumänien in Betrieb genommen« in: *NZZ*, 12. Mai 2016; *www.nzz.ch/international/europa/nato-in-europa-us-raketenabwehrschild-in-rumaenien-in-betrieb-genommen-ld.82190.*

277 Lieber, Keir A.; Press, Darryl G.: »The Rise of U.S. Nuclear Primacy« in: *Foreign Affairs*, 1. März 2006; *www.foreignaffairs.com/articles/united-states/2006-03-01/rise-us-nuclear-primacy.*

278 Hinz, Linda: »Experten warnen: Die US-Präventivstrategie führt zu einem dritten Weltkrieg« in: *Focus Online*, 4. Juli 2017; *www.focus.de/politik/ausland/atomarer-erstschlag-als-option-experten-warnen-die-us-praeventivstrategie-fuehrt-zu-einem-dritten-weltkrieg_id_4795479.html.*

279 Roberts, Paul Craig: *Amerikas Krieg gegen die Welt*, Kopp Verlag, Rottenburg 2015.

280 Orzechowski, Peter: *Durch globales Chaos in die Neue Weltordnung*, Kopp Verlag, Rottenburg 2016, S. 173.

281 »NATO 2030: Secretary General Jens Stoltenberg on strengthening the Alliance in a post-COVID-19 world« in: Atlantic Council, 8. Juni 2020; *www.atlanticcouncil.org/event/nato-2030-secretary-general-jens-stoltenberg-on-strengthening-the-alliance-in-a-post-covid19-world/.*

282 Ebd.

283 Steinvorth, Daniel: »Die Nato-Staaten erklären China zur neuen möglichen Bedrohung« in: *Neue Züricher Zeitung*, 3. Dezember 2019; *www.nzz.ch/international/die-nato-staaten-erklaeren-china-zur-neuen-moeglichen-bedrohung-ld.1526062?reduced=true.*

284 *heute journal*, 4. Dezember 2019; *web.archive.org/web/20201020120149/https://www.zdf.de/nachrichten/heute-journal/heute-journal-vom-4-dezember-2019-100.html.*

285 »NATO 2030: Secretary General Jens Stoltenberg on strengthening the Alliance in a post-COVID-19 world« in Atlantic Council, 8. Juni 2020; *www.atlanticcouncil.org/event/nato-2030-secretary-general-jens-stoltenberg-on-strengthening-the-alliance-in-a-post-covid19-world/.*

286 Masala, Carlo, u.a.: »Maritime Sicherheit im Indischen Ozean« in: Analysen & Argumente, Konrad-Adenauer-Stiftung, Ausgabe 172, Juni 2015; *www.kas.de/c/document_library/get_file?uuid=4fe35189-5b15-dca6-a065-2f7a4c3bfebe&groupId=252038.*

287 Khan, Waqas A.: »The Uyghur Insurgency in Xinjiang: The Success Potential«, Masterarbeit (Military Art and Science), 1999; *apps.dtic.mil/sti/tr/pdf/AD1020463.pdf.*

288 *de.china-embassy.org/det/sgyw/t1611809.htm.*

289 »China's hidden camps« in: BBC News, 12. Juli 2015; *www.bbc.co.uk/news/resources/idt-sh/China_hidden_camps.*

290 »Human Rights Watch Assails Chinese Treatment of Muslim Uyghur Minority« in: Radio Free Europe, 10. Septemner 2018; *www.rferl.org/a/human-rights-watch-assails-chinese-treatment-of-muslim-uyghur-minority/29481221.html.*

291 Gallina, Marco F.: »Chinas Uiguren-Problem ist jetzt auch ein deutsches« in: *Junge Freiheit,* 12. November 2018; *jungefreiheit.de/politik/deutschland/2018/chinas-uiguren-problem-ist-jetzt-auch-ein-deutsches/.*

292 »Human Rights Watch Assails Chinese Treatment of Muslim Uyghur Minority« in: Radio Free Europe, 10. September 2018; *www.rferl.org/a/human-rights-watch-assails-chinese-treatment-of-muslim-uyghur-minority/29481221.html.*

293 Morgan, Peter: »Uyghurs: China Operates Plotical and Ideological Re-Education Camps in Xinjiang« in: *Unpo.org*, 14. September 2017, *unpo.org/article/20322*; Shih, Gerry: »›Permanent Cure‹: Inside the re-education camps China is using to brainwash Muslims« in: *Business Insider,* 17. Mai 2018; *www.businessinsider.com/what-is-life-like-in-xinjiang-reeducation-camps-china-2018-5*; Zenz, Adrian: »Brainwashing, Police Guards and Coercive Internment« in: *JPR*, 1. Juli 2019; *www.jpolrisk.com/brainwashing-police-guards-and-coercive-internment-evidence-from-chinese-government-documents-about-the-nature-and-extent-of-xinjiangs-vocational-training-internment-camps/.*

294 Hui, Lu: »China strikes at terrorism, extremism in accordance with law: white paper« in: *Xinhuanet,* 18. März 2019; *www.*

xinhuanet.com/english/2019-03/18/c_137903952.htm; Kuo, Lily; »China denies violating minority rights amid detention claims« in: *The Guardian,* 13. August 2018; *www.theguardian.com/world/2018/aug/13/china-state-media-defend-intense-controls-xinjiang-uighurs*; Gallina, Marco F.: »Chinas Uiguren-Problem ist jetzt auch ein deutsches« in: *Junge Freiheit,* 12. November 2018; *jungefreiheit.de/politik/deutschland/2018/chinas-uiguren-problem-ist-jetzt-auch-ein-deutsches/.*

295 »Syrische Armee geht bei Idlib mit Artillerie gegen Söldner vor« in: *Deutsche Wirtschaftsnachrichten,* 21. August 2018; *deutsche-wirtschafts-nachrichten.de/2018/08/21/syrien-reibt-soeldner-im-sueden-von-idlib-auf/.*

296 Schwarz, Bernhard: »Kaschmir-Konflikt: USA gegen China, die Seidenstraße und BRICS?« in: *Sputnik,* 4. März 2019; *web.archive.org/web/20200814175702/de.sputniknews.com/kommentare/20190304324193007-kaschmir-konflikt-usa-china-rolle/.*

297 Ebd.

298 »›Neue Seidenstraße‹: EU-Kritik an Chinas Programm wird lauter« in: *Kurier,* 17. April 2018; *kurier.at/wirtschaft/neue-seidenstrasse-eu-kritik-an-chinas-programm-wird-lauter/400022266.*

299 Saarela, Anna: »Eine neue Ära in den Beziehungen zwischen der EU und China: umfassendere strategische Beziehungen?«, Studie Fachabteilung Außenbeziehungen, Europäisches Parlament, Juli 2018; *www.europarl.europa.eu/RegData/etudes/STUD/2018/570493/EXPO_STU(2018)570493_DE.pdf.*

300 »Eine neue Route für die Seidenstraße durch das Polarmeer« in: BVDSI, 5. März 2018; *bvdsi.eu/eine-neue-route-fuer-die-seidenstrasse-durch-das-polarmeer/.*

301 Aikos2309: »China bekommt bald auch Marinebasis in Afrika« in: Prawda TV, 24. Mai 2015; *www.pravda-tv.com/2015/05/china-bekommt-bald-auch-marinebasis-in-afrika/.*

302 Meyssan, Thierry: »Nach Somalia, Südsudan und Sudan breitet sich das Chaos auf Äthiopien und bald auch auf Eritrea aus« in: *Voltairenet.org,* 16. November 2021; *www.voltairenet.org/article214721.html.*

303 »UNO sieht ›extreme Brutalität‹ im Tigray-Konflikt« in: *Spiegel,* 3. November 2021; *www.spiegel.de/ausland/uno-untersuchung-schwere-menschenrechtsverletzungen-im-tigray-konflikt-a-b4ce65b2-15cd-4c1f-8639-c4c047547117.*

304 Meyssan, Thierry: »Nach Somalia, Südsudan und Sudan breitet sich das Chaos auf Äthiopien und bald auch auf Eritrea aus« in: *Voltairenet.org,* 16. November 2021; *www.voltairenet.org/article214721.html.*

305 Ebd.

306 Felsenstein, Fritz: »Terror und Islam im Afrika der Sub-Sahara«, Münchner Beiträge zur Politikwissenschaft, 2014; *epub.ub.uni-muenchen.de/21823/1/75_M%C3%BCnchener%20Beitr%C3%A4ge%20zur%20Politikwissenschaft_Fritz%20Felsenstein.pdf.*

307 Corey, Charles W.: »Bush Explains Focus of Africa Military Command« in: U.S. Africa Command, 20. Februar 2008; *www.africom.mil/article/6113/bush-explains-focus-of-africa-military-command.*

308 Ruf, Werner: »Africom – Ressourcen statt Freiheit« in: *Utopie kreativ,* H. 216, Oktober 2008, Seite 883–892; *www.rosalux.de/fileadmin/rls_uploads/pdfs/Utopie_kreativ/216/216Ruf.pdf.*

309 Ruf, Werner: »Der Schwarze Kontinent: Exerzierplatz für die militärische Emanzipation Deutschlands?« in: *PROKLA,* Nr. 162, März 2011, Seite 69–82; *www.werner-ruf.net/pdf/Prokla_Afrika%20Exerzierplatz_Dez-10.def.pdf.*

310 Auf der Website *kopp online* nicht mehr abrufbar, aber vom Autor archiviert.

311 Ruf, Werner: »›Al Qaida im Maghreb‹ – oder der Kampf um das Öl« in: AG Friedensforschung, 21. April 2007; *agfriedensforschung.de/regionen/Algerien/terror-2.html.*
312 »Einsatz im östlichen Mittelmeer« in: *German Foreign Policy,* 30. Oktober 2023; *www.german-foreign-policy.com/news/detail/9389.*
313 Turse, Nick: »Das Pentagon erklärt den Krieg gegen den Terror in Afrika für gescheitert!« in: *uncut-news.ch,* 17. November 2023; *uncutnews.ch/pentagon-erklaert-krieg-gegen-den-terror-in-afrika-fuer-gescheitert-amerikas-ewige-kriege-fuehren-zu-75-000-mehr-terroranschlaegen/.*
314 Ebd.
315 Ebd.
316 Turse, Nick: »The Pentagon Proclaims Failure in its War on Terror in Africa« in: *TomDispatch,* 14. November 2023; *tomdispatch.com/the-pentagon-proclaims-failure-in-its-war-on-terror-in-africa/.*
317 Maetzke, Heinrich: »Reform oder Explosion« in: *Bayernkurier,* 17. Februar 2016; *www.bayernkurier.de/ausland/10712-reform-oder-explosion/.*
318 »Algerien treibt Ausbau seines Öl- und Gassektors voran« in: Ghorfa, ohne Datum; *www.ghorfa.de/de/algerien-treibt-ausbau-seines-oel-und-gassektors-voran/.*
319 Maetzke, Heinrich: »Reform oder Explosion« in: *Bayernkurier,* 17. Februar 2016; *www.bayernkurier.de/ausland/10712-reform-oder-explosion/.*
320 Ebd.
321 Ebd.
322 Ebd.
323 »Von der Leyen warnt vor ›Achse des Terrors‹ in Afrika« in: *Reuters,* 18. Januar 2016; *www.reuters.com/article/deutschland-von-der-leyen-libyen-islamis-idDEKCN0UW0F0/.*

324 Neumann, Lutz: »Öl und Gas am Golf von Guinea«, Forschungspapier, Deutsches Institut für Internationale Politik und Sicherheit, Dezember 2003; *www.swp-berlin.org/publications/products/arbeitspapiere/dp_4_03_ks.pdf.*

325 »Q & A with Gen. Carter F. Ham« in: U.S. Africa Command Page, 23. März 2012; *africom.wordpress.com/2012/03/23/q-and-a-africom-general-carter-ham/.*

326 Snyder, Michael: »This War Will Push Rapidly Escalating Global Food Prices Into Overdrive« in: *The Economic Collapse,* 30. Oktober 2023; *theeconomiccollapseblog.com/this-war-will-push-rapidly-escalating-global-food-prices-into-overdrive/.*

327 Callery, James: »Israel-Hamas war could push oil prices into ›uncharted waters‹, leading to higher food prices worldwide, World Bank warns« in: *Daily Mail,* 30. Oktober 2023; *www.dailymail.co.uk/news/article-12688365/Israel-Hamas-war-push-oil-prices-uncharted-waters-leading-higher-food-prices-worldwide-World-Bank-warns.html.*

328 Durden, Tyler: »›Sell, Mortimer, Sell‹ – Orange Juice Prices Hit Another Record High, Up 10%« in: Zero Hedge, 30. Oktober 2023; *www.zerohedge.com/commodities/hyperinflation-orange-juice-prices-hit-another-record-high-10.*

329 Food Security in the U.S.: »Key Statistics & Graphics« in: U.S. Department of Agriculture, 2022; *www.ers.usda.gov/topics/food-nutrition-assistance/food-security-in-the-u-s/key-statistics-graphics/.*

330 Snyder, Michael: »This War Will Push Rapidly Escalating Global Food Prices Into Overdrive« in: *The Economic Collapse,* 30. Oktober 2023; *theeconomiccollapseblog.com/this-war-will-push-rapidly-escalating-global-food-prices-into-overdrive/.*

331 »Warum nehmen die USA den Iran ins Visier?« in: *uncut-news.ch,* 10. November 2023; *uncutnews.ch/warum-nehmen-die-usa-den-iran-ins-visier/.*

332 Pérez-Rocha Loyo, Manuel; Schartz-Lauxd, Susanne (Übers.): »Forderungen internationaler Konzerne könnten für die armen Länder verheerend sein« in: *amerika21,* 7. Juli 2020; *amerika21.de/analyse/240721/covid-19-wirtschaftliche-folgen.*

333 Ebd.

334 Ebd.

335 O. A.: »Gazprom-Altlast Sefe sorgt für Ärger zwischen Berlin und Neu-Delhi« in: *institutional-money.com,* 11. November 2022; *www.institutional-money.com/news/maerkte/headline/gazprom-altlast-sefe-sorgt-fuer-aerger-zwischen-berlin-und-neu-delhi-219982.*

336 Damerius, Oliver, u. a.: »Gazprom Germania: BBL berät weiterhin in enger Zusammenarbeit mit der Bundesnetzagentur« in: BBL, 2022; *www.bbl-law.com/referenz/bbl-beraet-ehemalige-gazprom-germania/.*

337 Lichfield, Gideon: »We're not going back to normal« in: *MIT Technology Review,* 17. März 2020; *www.technologyreview.com/2020/03/17/905264/coronavirus-pandemic-social-distancing-18-months/.*

338 Hasbrouck, Edward: »8th Circuit finds TSA agents can be liable for assault« in: *Papers, Please!,* 31. August 2020; *papersplease.org/wp/category/freedom-to-travel/page/5/.*

339 Ebd.

340 Onsman, Alex: »Application Programming Interface (API)« in: tutorialspoint, 22. Juni 2020; *www.tutorialspoint.com/application-programming-interface-api#:~:text=Uses%20of%20Application%20Programming%20Interfaces%201%20Operating%20Systems.,server%20side%20or%20client%20side.%20Mais%20itens...%20.*

341 »Overview of the use of Advance Passenger Information (API) and Passenger Name Record (PNR) in the OSCE Area« in: OSCE, 21. Januar 2019; *www.osce.org/files/22.01.2019%20*

secgal0014%20API-PNR%20systems%20in%20the%20O SCE%20Area%202019.pdf.

342 »Action against terrorism« in: OSCE; *www.osce.org/secretariat/terrorism.*

343 Monroy, Matthias: »BKA startet Rasterfahndung von Fluggastdaten« in: *Telepolis,* 28. August 2018, Resolution 2396: »Threats to international peace and security caused by terrorist acts« in: UNSCR; *unscr.com/en/resolutions/2396.*

344 *»Richtlinie (EU) 2016/681 […] über die Verwendung von Fluggastdatensätze« in:* EUR-Lex, Document 32016L0681, 4. Mai 2016; *eur-lex.europa.eu/legal-content/DE/ALL/?uri=CELEX%3A32016L0681.*

345 Brühl, Jannis: »EU-Staaten streiten über Überwachung von Zug-, Bus- und Schiffsreisenden« in: *Süddeutsche Zeitung,* 17. Juli 2919; *www.sueddeutsche.de/digital/pnr-ueberwachung-eu-zuege-schiffe-busse-1.4526751.*

346 Ebd.

347 »Overview of the use of Advance Passenger Information (API) and Passenger Name Record (PNR) in the OSCE Area« in: OSCE, 21. Januar 2019; *www.osce.org/files/22.01.2019%20secgal0014%20API-PNR%20systems%20in%20the%20O SCE%20Area%202019.pdf.*

348 *www.wfp.org/.*

349 National Press Release: »TSA now acceptas IDs in Samsung Wallet on Samsung mobile devices, starting with Arizona« in: Transportation Security Administration (der USA), 20. Dezember 2023; *www.tsa.gov/news/press/releases/2023/12/20/tsa-now-accepts-mobile-ids-samsung-wallet-samsung-mobile-devices.*

350 »Trusted Travellers Program« in: Department of Homeland Security; *www.dhs.gov/trusted-traveler-programs.*

351 *de.wikipedia.org/wiki/United_Nations_Police_Support_Group.*

352 Brühl, Jannis: »EU-Staaten streiten über Überwachung von Zug-, Bus- und Schiffsreisenden« in: *Süddeutsche Zeitung,* 17. Juli 2919; *www.sueddeutsche.de/digital/pnr-ueberwachung-eu-zuege-schiffe-busse-1.4526751.*

353 Ebd.

354 Ebd.

355 »The Known Traveller: Unlocking the potential of digital identity for secure and seamless travel« in: World Economic Forum, 23. Januar 2018; *www3.weforum.org/docs/WEF_The_Known_Traveller_Digital_Identity_Concept.pdf.*

356 Ebd.

357 »What is an immunity passport and could it work?« in: World Economic Forum, 19. Juni 2020; *www.weforum.org/agenda/2020/06/immunity-passport-quarantine-work-covid-19/.*

358 Grider, Geoffrey: »Vorboten der Trübsal – Teil 40« in: *Die Endzeit-Reporter,* 23. April 2020; *endzeit-reporter.org/2020/07/12/vorboten-der-truebsalzeit-teil-40/.*

359 Roberts, Jeff J.: »Microsoft and Accenture Unveil Global ID System for Refugees« in: *Fortune,* 19. Juli 2017; *fortune.com/2017/06/19/id2020-blockchain-microsoft/.*

360 Burt, Chris: »ID2020 and partners launch program to provide digital ID with vaccines« in: *Biometric,* 20. September 2019; *www.biometricupdate.com/201909/id2020-and-partners-launch-program-to-provide-digital-id-with-vaccines.*

361 Häring, Norbert: »ID2020, Known-Traveller und Kontaktverfolgung durch Google und Apple: US-Konzerne werden zur Wettpassbehörde« in: *Geld und mehr,* 16. April 2020; *norberthaering.de/macht-kontrolle/id2020-ktdi-apple-google/.*

362 »Accenture Positioned as a Leader in Canadian Security Services by IDC MarketScap« in: Newsroom Canada, Acenture, 5. August 2022; *www.accenture.com/ca-en/company-news-release-canada-test-advancements.*

363 *de.wikipedia.org/wiki/Polizei_(Deutschland)#Personal_und_Zahlen.*

364 Wiegold, T.: »Bundeswehr und Coronavirus-Pandemie: Vorbereiten auf eine lange Krise« in: *Augen geradeaus!*, 27. März 2020; *augengeradeaus.net/2020/03/bundeswehr-und-coronavirus-pandemie-vorbereiten-auf-eine-lange-krise/.*

365 Klaus: »Die maskierte Finanzkrise – Im Gewand der Seuche«, »Einsatz der Bundeswehr« in: DKP-Köln, 31. März 2020; *dkp-koeln.de/index.php/dkp-koeln/831-die-maskierte-finanzkrise.*

366 Wiegold, T.: »Bundeswehr und Coronavirus-Pandemie: Vorbereiten auf eine lange Krise« in: *Augen geradeaus!*, 27. März 2020; *augengeradeaus.net/2020/03/bundeswehr-und-coronavirus-pandemie-vorbereiten-auf-eine-lange-krise/.*

367 Graulich, Dieter: »Hebloser Willi Dechert: ›Einen kleinen Beitrag zur Bewältigung der Corona-Pandemie geleistet‹« in: *Fuldaer Zeitung*, 4. Mai 2020; *www.fuldaerzeitung.de/vogelsberg/corona-heblos-bundeswehr-oberst-dechert-90000881.html.*

368 Wiegold, T.: »Bundeswehr und Coronavirus-Pandemie: Vorbereiten auf eine lange Krise« in: *Augen geradeaus!*, 27. März 2020; *augengeradeaus.net/2020/03/bundeswehr-und-coronavirus-pandemie-vorbereiten-auf-eine-lange-krise/.*

369 Ebd.

370 Kirsch, Martin: »Verfassungsbruch in Vorbereitung« in: Informationsstelle Militarisierung e. V., 27. März 2020; *www.imi-online.de/2020/03/27/verfassungsbruch-in-vorbereitung/.*

371 Dieter: »Gezielte Einschränkung der Grundrechte?« in: *Krisenfrei*, 2. April 2020; *krisenfrei.com/gezielte-einschraenkung-der-grundrechte/.*

372 »Gezielte Einschränkung der Grundrechte?« in: *Politonline.ch*, 31. März 2020; *www.politonline.ch/index.cfm?content=news&newsid=3009.*

373 Minority Press Release: »Brown Introduces New Legislation To Help Hardworking Americans In The Coronavirus Relief

Package« in: U.A. Senate Committee on Banking, Housing and Urban Affairs, 24. März 2020; *www.banking.senate.gov/newsroom/minority/brown-introduces-new-legislation-to-help-hardworking-americans-in-the-coronavirus-relief-package.*

374 Guinness, Steven: »Innovation BIS 2025: A Stepping Stone Towards an Economic ›New World Order‹« in: Steven Guinnness, Economic and Geopolitical Analysis from the United Kingdom, 23. Oktober 2019; *stevenguinness2.wordpress.com/2019/10/23/innovation-bis-2025-a-route-towards-an-economic-new-world-order/.*

375 »Call to Action: Responsible Digital Payments to Accelerate Climate Action« in: Better Than Cash Alliance, 3. Dezember 2023; *www.betterthancash.org/.*

376 Bindseil, Ulrich: »Tiered CBDC and the financial system« in: Working Paper Series, Nr. 2351, Januar 2020, European Central Bank; *www.ecb.europa.eu/pub/pdf/scpwps/ecb.wp2351~c8c18bbd60.en.pdf.*

377 Clark, Ross: *The War Against Cash*, Harriman House, London 2017.

378 »Die Corona-Pandemie ist ein abgekartetes Spiel zur Etablierung einer Neuen Weltordnung, die langfristig in den Totalitarismus führen könnte« in: *NomoNoma,* 1. September 2020; *www.nomonoma.de/corona-maskerade/.*

379 »Planetary Emergency Plan 2.0«, 20. August 2020; *web.archive.org/web/20200824174816/https://clubofrome.org/activities/.*

380 »Die Corona-Pandemie ist ein abgekartetes Spiel zur Etablierung einer Neuen Weltordnung, die langfristig in den Totalitarismus führen könnte« in: *NomoNoma,* 1. September 2020; *www.nomonoma.de/corona-maskerade/.*

381 Aikos2309: »Russlands Auslandsnachrichtendienst-Chef: Westen versucht mit Terrorgruppen global zu destabilisieren« in: Pravda TV, 19. Oktober 2023; *www.pravda-tv.com/2023/10/*

russlands-auslandnachrichtendienst-chef-westen-versucht-mit-terrorgruppen-global-zu-destabilisieren/.

382 Ebd.

383 Ebd.

384 Bugajski, Janusz: »Managing Russia's dissolution« in: *The Hill,* 9. Januar 2019; *thehill.com/opinion/national-security/424511-managing-russias-dissolution.*

385 Aikos2309: »Russlands Auslandsnachrichtendienst-Chef: Westen versucht mit Terrorgruppen global zu destabilisieren« in: Pravda TV, 19. Oktober 2023; *www.pravda-tv.com/2023/10/russlands-auslandnachrichtendienst-chef-westen-versucht-mit-terrorgruppen-global-zu-destabilisieren/.*

386 »Putin: Multipolare Weltordnung ist ›historisch notwendig‹ und unvermeidlich« in: *uncut-news.ch,* 5. Oktober 2023; *uncutnews.ch/putin-multipolare-weltordnung-ist-historisch-notwendig-und-unvermeidlich/.*

387 Kronberger, Hans: *Blut für Öl. Der Kampf um die Ressourcen,* Michaels Verlag, Peiting 2011, S. 15.

388 Wilkinson, Tom: »BRICS… Bitte lassen Sie sich nicht täuschen!« in: *uncut-news.ch,* 29. Oktober 2023; *uncutnews.ch/brics-bitte-lassen-sie-sich-nicht-taeuschen/.*